Colección
Educación, crítica & debate

Micheletti, Rafael Eduardo.
Pedagogía integral por niveles de profundidad : Una propuesta neuroeducativa para superar el memorismo y el igualitarismo

1ª ed. - Buenos Aires/ Barcelona: Miño y Dávila editores - Abril 2025.

264 p.; 23x15 cm.

ISBN: 978-84-19830-99-9
Depósito legal: M-1474-2025

Ilustración de cubierta: https://depositphotos.com/similar-images/189424930.html?
qview=149685792 (con las debidas autorizaciones)

Edición: Primera. Abril de 2025
Lugar de edición: Buenos Aires, Argentina / Barcelona, España

ISBN: 978-84-19830-99-9
E-ISBN: 978-84-96571-38-9
Depósito legal: M-1474-2025

THEMA: JNAM [Moral & social purpose of education]
JNF [Educational strategies & policy]

Armado y composición: Eduardo Rosende
Diseño: Gerardo Miño

Página web: www.minoydavila.com.ar

Dirección: Miño y Dávila s.r.l.
Tacuarí 540
(C1071AAL), Buenos Aires.

RAFAEL EDUARDO MICHELETTI

Pedagogía integral
por niveles de profundidad

Una propuesta neuroeducativa para superar
el memorismo y el igualitarismo

A mis padres,
por educarnos a mis hermanos y a mi
con amor profundo y sincero,
exigencia sabia y entrenadora
y sensibilidad genuina.

A todos los educadores
que batallan a diario,
a veces contra viento y marea,
por cultivar y embellecer el futuro humano.

ÍNDICE

Agradecimientos

Deseo agradecer, ante todo, a mi esposa, por la paciencia y el apoyo para que pudiera dedicarme a esta investigación, así como por sus consejos al leer el manuscrito y por hacer de mi mundo un lugar mejor y más inspirador durante estos últimos años.

A mis padres, por brindarme amor, exigirme sanamente y darme las mejores herramientas y oportunidades –además de su ayuda con este texto–. También a mis queridos hermanos, a toda mi familia y a mis amistades, que siempre me alientan en mis desafíos, me animan a superarme y me conceden una contención afectiva inestimable.

Agradezco a mis amigos Dora Micheletti, Christian Wechsler, Roberto Ryan, Cristina Gómez, Sandra Moretti, Paula Cifarelli, Laura Martorano y Pablo Eberlein, quienes se prestaron generosamente para revisar o leer el manuscrito o algunas de sus partes. A la Mesa de Educación de la Fundación Pensar de Santa Fe, de quienes he aprendido mucho durante los intercambios y charlas de trabajo. Y a Gerardo Miño y el equipo de la editorial Miño y Dávila, por confiar en mí, apostar por esta obra y trabajar codo a codo conmigo para lograr su mejor versión.

A los integrantes de la comunidad educativa San Patricio de Rosario, por brindarme una educación de calidad y tan valiosas oportunidades. Adicionalmente, a todos los profesores, directivos y personal en general de la Universidad Siglo 21, por hacer posible la Maestría en Innovación Educativa, en el marco de la cual me surgió la idea de escribir este libro. Y a mi Director de Tesis en dicha maestría, Gerardo Kahan, por su buena predisposición y solidaridad para aceptar la tarea sin siquiera conocerme, así como por sus valiosos consejos.

No quiero dejar de mencionar, finalmente, a los maestros y profesores de toda mi trayectoria educativa, incluyendo a mis padres, por estimular mi mente, a veces de forma consciente y otras de manera inconsciente, pero siempre con buena voluntad, amor y vocación. Sé que las posibilidades de nuestras mentes son, en cierta medida, fruto de todos aquellos que se preocuparon por nosotros a lo largo de nuestras vidas.

INTRODUCCIÓN

La idea de escribir este ensayo comienza, en parte, por la sensación de encontrarme abrumado como docente. Aula invertida, aprendizaje basado en proyectos, educación por fenómenos, educación por capas, método STEM o STEAM, trabajo interdisciplinario, trabajo en grupo, evaluación formativa, enfoque constructivista, planificación por competencias, inteligencias múltiples, macro habilidades, adaptaciones curriculares...

Necesitaba ordenarme. Entender en qué casos eran útiles, si lo eran, cada una de las múltiples estrategias y modas pedagógicas que circulaban por doquier. Investigando, me di cuenta de que muchas solían ser presentadas como la gran solución a los problemas educativos, incluso aunque fueran contradictorias entre sí. A raíz de esta preocupación, descubrí que me ayudaba pensar la educación en términos de niveles de profundidad. Me percaté de que algunas estrategias o métodos podían funcionar bien en un nivel y no en otros. Y, si me resultó útil a mí, quizás también les pueda parecer práctico a otros educadores.

Se propone en esta obra, entonces, una pedagogía por niveles de profundidad o "integral profunda". Ella concibe diferentes planos en los que opera la enseñanza. A saber: informacional, competencial, cognitivo, emocional y volitivo.

Simplificadamente –luego ahondaremos–, el nivel informacional se vincula con la transmisión de saberes; el competencial con el desarrollo de habilidades específicas; el cognitivo con las inteligencias; el emocional con los impulsos; y el volitivo con la fuerza de voluntad o "funciones ejecutivas". Cada uno de ellos tiene sus propias reglas, objetivos y métodos. Y merecen consideraciones específicas en aspectos como la planificación, la didáctica, la evaluación y el diseño curricular.

Se apuesta a que este enfoque ayudará a comprender y abordar mejor los grandes interrogantes que emergen de la realidad educativa del siglo XXI. Por ejemplo: ¿por qué los países occidentales evidencian cada vez peores resultados? ¿Qué tienen de distinto los orientales que, en términos comparativos, sacan cada vez más ventaja? ¿De qué modo está impactando la tecnología en el aula y en los cerebros de los más pequeños? ¿Era mejor la educación tradicional? ¿Cómo puede el enseñante recuperar autoridad y focalizarse en su tarea en medio de innovaciones y demandas tan abrumadoras, incluso a veces contradictorias? ¿Cómo lidiar con la inteligencia artificial? ¿Acabará ella sustituyendo a los maestros? ¿Se encuentra la escuela obsoleta? ¿Cuál es el futuro de la educación?

Parte de la respuesta pasa por comprender que todos los niveles de profundidad son relevantes. Una educación integral profunda abarca todos ellos de manera equilibrada y respeta sus particularidades. No pretende imponer modas acríticamente ni plantea que todos los enseñantes deban usar las mismas metodologías. Busca combinar y articular coherentemente lo mejor de lo viejo y de lo nuevo.

Guían esta obra, entonces, dos ideas elementales. Por un lado, la educación debe abarcar todos los "niveles de profundidad" sin desatender ninguno. Por otro, las prácticas de enseñanza deben ajustarse según el nivel de profundidad en el cual operen.

Asimismo, una pedagogía del siglo XXI debe incorporar los saberes científicos sobre la mente y el cerebro –la gran revolución de nuestro tiempo–. Por eso, se revisan y suman al modelo pedagógico los avances en ciencias cognitivas y neurociencia educativa que se han sucedido en las últimas décadas. Dentro de estos, se incluyen la perspectiva de inteligencias múltiples o modularidad de la mente, la plasticidad cerebral, el conexionismo, las ventanas de oportunidad y los últimos descubrimientos sobre desarrollo neuronal con aplicabilidad en el ámbito educativo.

Ahora bien, la transferencia de saberes neurocientíficos al ámbito de la educación no es ni puede ser automática o directa. Dichos saberes deben ser interpretados e integrados en el marco de una teoría pedagógica más amplia. De lo contrario, nunca se logrará la coherencia, sistematicidad y accesibilidad vitales para que se conviertan en herramientas prácticas y eficientes para el docente que trabaja en el aula.

Buena parte de los desacuerdos educativos existentes se vinculan con estrategias de enseñanza erróneamente concebidas como rivales. Por ejemplo, una educación puramente tradicional, basada en la transmisión de información, es seguramente incompleta. Pero la solución no es avanzar hacia una enseñanza exclusivamente competencial. Ello también sería incompleto.

Uno de los grandes errores, tanto del memorismo como del igualitarismo, es focalizarse en un solo nivel de profundidad y desatender los restantes. El memorismo prioriza lo informacional, pero descuida lo competencial y lo cognitivo. El igualitarismo, por su parte, se enfoca en lo competencial, pero posterga lo informacional, lo cognitivo y lo volitivo. Como todos los niveles son en algún punto interdependientes, descuidar algunos de ellos también lesiona a los demás.

En las últimas décadas, en especial en Occidente, se ha observado un declive educativo sostenido. Los exámenes estandarizados internacionales dan cada vez peores resultados. Eso puede explicarse, parcialmente, por una moda pedagógica que redujo la enseñanza a lo meramente competencial y que cayó en el error del igualitarismo.

Ante dicha circunstancia, el presente texto no se limita a criticar, sino que también propone. Y lo hace combinando enfoques teóricos y prácticos, para darle sustancia y utilidad al abordaje.

Si bien la educación es, ante todo, una actividad práctica, es preciso reivindicar la producción teórica en torno a ella. Pues, la teoría nos brinda herramientas para interpretar, debatir, imaginar y proyectar el fenómeno educativo. Como se ha expresado: "El proyecto de una teoría de la educación es un noble ideal, y en nada perjudica, aun cuando no estemos en disposición de realizarlo" (Kant, 1803: 2).

Esta obra es una invitación a pensar y actuar. Después de todo, urge que modernicemos la educación humana y la actualicemos al contexto actual, sin desconocer lo bueno de la enseñanza pasada. Difícilmente haya una tarea más importante que la educación, ya que ella consiste en sembrar en el ser humano la semilla del futuro.

PRIMERA PARTE:
CONTEXTO Y MARCO GENERAL

Introducción a los grandes paradigmas educativos

Al efecto de situar el análisis en un contexto más amplio, se hará un rápido repaso por las grandes posturas o corrientes pedagógicas. El tema es muy extenso. Por eso, inevitablemente, se deberá caer en una simplificación o síntesis.

Cabe aseverar que existen tres paradigmas o enfoques educativos primordiales. En ellos pueden encuadrarse prácticamente todas o casi todas las teorías y propuestas educativas: memorístico, igualitarista y desarrollista.

El memorismo focaliza en la incorporación de información, el igualitarismo en la autonomía presente del educando y el desarrollismo en el fortalecimiento de aptitudes.

La educación "memorística" tuvo que ver, en la era moderna, con los inicios del sistema educativo de masas y la industrialización. Su foco estaba en la creación de una ciudadanía uniformemente alfabetizada y de una clase de trabajadores manuales capaces de seguir instrucciones, junto con una minoría de profesionales y dirigentes.

La educación masificada significó un enorme avance respecto del oscurantismo que vino a erradicar. Empero, hoy la economía demanda crecientemente trabajadores mentales, creativos e innovadores. Además, las neurociencias han complejizado la imagen que tenemos de nuestra propia mente. Por eso, esta mirada ha quedado desfasada y carece de adhesión significativa en estos tiempos.

Aun así, algunos de sus postulados están siendo rescatados por los últimos avances científicos. Por ejemplo, la importancia de la memorización y automatización de ciertos saberes y competencias. O los beneficios de un entorno exigente que obtenga provecho de la plasticidad cerebral, así como de cierto rigor y disciplina para consolidar las funciones ejecutivas, en especial a edades tempranas (Mora, 2013; Dehaene, 2019; Goldin, 2022).

En su versión más absoluta (sin comprensión ni reflexión), la educación memorística ha sido utilizada para el adoctrinamiento autoritario. Todavía hoy pueden observarse ejemplos de instituciones religiosas fundamentalistas en las que el objetivo prioritario es la recitación literal del texto sagrado, incluso antes de llegar a comprenderlo (Gardner, [1983] 2017: 339-340). En las dictaduras, este tipo de enseñanza puede ser parte relevante del adoctrinamiento político-ideológico.

Es verdad que la educación moderna de masas no demoró en incorporar otras habilidades o competencias más allá de la memoria. En especial, se les dio importancia a las habilidades lingüísticas y lógico-matemáticas. Empero, el enfoque general sobre el rol del docente se centraba en la transmisión de información, y lo que se esperaba del estudiante era, fundamentalmente, que recordara, fuera un texto o un procedimiento matemático. En el mejor de los casos, cuando se alcanzó un equilibrio entre memorización y comprensión, se puede aludir a un "desarrollismo informacional" (suerte de punto medio entre el memorismo y el desarrollismo integral).

No es casual, por ejemplo, que Kant dividiera la educación principalmente en dos grandes aspectos, siguiendo la lógica de su época: cultura (principalmente nivel informacional) y disciplina (funciones ejecutivas), si bien incluyó en la cultura ciertas habilidades fundamentales, la moral y hasta llegó a hablar de educar la inteligencia (Kant, 1803).

En el "igualitarismo", en cambio, se enfatiza la plena autonomía presente (no necesariamente futura), la igualdad de resultado y la no estigmatización ni diferenciación cultural. Es una corriente que emerge de la sociología marxista, el posmarxismo y el posestructuralismo, y que ataca los fundamentos mismos de la educación moderna. Su versión más común y difundida se expresa en el constructivismo radical y las pedagogías llamadas "críticas" –si bien dicha denominación es incorrecta, ya que toda teoría es necesariamente crítica de sus paradigmas rivales–.

Algunos de sus enunciados más resonantes son, por ejemplo: que las instituciones políticas liberales esconden un sistema de opresión del cual la escuela forma parte; que el saber es una forma de dominación; que la escuela jerárquica y tradicional es una institución intrínsecamente opresora; que ella reproduce la desigualdad por medio de violencia simbólica; que el único rol legítimo y posible de la escuela es generar conciencia sobre la opresión y convicción antisistema; que se deben derribar las estructuras jerárquicas de aprendizaje y sustituirlas por prácticas de diálogo horizontal y trabajo colaborativo; etc. (Marx, [1867] 2008; Marx & Engels, [1848] 2008; Vygotsky, [1934] 1995; Foucault, 1973; Foucault, [1975] 2002; Bourdieu & Passeron, [1979] 1996; Althusser, [1970] 2003; Freire, [1970] 2008).

En el igualitarismo, el foco está puesto en la enseñanza relajada y sin mucha exigencia. Se prioriza lo competencial, así como una errática contención emocional –que no llega a ser educación emocional propiamente dicha y que suele derivar en sobreprotección o mal crianza–. Es decir, hay un abordaje parcial y defectuoso de los planos competencial y emocional, mientras se descuidan o abandonan completamente los aspectos informacional, cognitivo y volitivo.

La preferencia del igualitarismo por la faz competencial tiene una explicación lógica. Si bien toda acción educativa requiere de disciplina, la enseñanza competencial es la que en mayor medida permite disimular esto. Pues, en ella, el beneficio práctico del aprendizaje es visible de un modo más directo e inmediato, y suele obrar como incentivo para el estudiante.

Desde este paradigma igualitarista, el alumno es considerado un igual respecto del docente, al tiempo que se evita toda distinción o diferenciación en relación con sus compañeros. Se condena la meritocracia, que es un sistema de incentivos para el bien común. Es vista como una agresión y una discriminación contra los menos destacados (Puiggrós, 2016).

Un paréntesis: los antimeritocráticos cuestionan una caricatura de la meritocracia, y no lo que el ser humano medio entiende por ella. Es una típica estrategia de ridiculización del adversario para facilitar el ataque. Se apunta contra la versión distorsionada de la idea y no contra la idea en sí.

Algunos pretenden justificar el discurso antimeritocrático distinguiendo entre "mérito" y "meritocracia" (Canelo, 2020). El mérito sería lo bueno y la meritocracia lo malo, el exceso. Empero, este argumento carece de fundamento. Pues, la meritocracia es el sistema de asignación de reconocimiento basado en el mérito. Son dos caras de una misma moneda. Sería como hablar bien de la institución del voto universal y mal de la democracia. No tendría ningún sentido. Son sistema y principio.

Un sistema elitista y cerrado, que use un falso mérito como excusa para concentrar el poder, sería una aristocracia u oligarquía, no una meritocracia. De hecho, la democracia es –o debería ser– una forma de meritocracia: no gobierna el más violento o quien nace con privilegios, sino quien propone las mejores ideas y logra convencer a la mayoría.

En la tesitura igualitarista, se suele rehuir de clasificar o etiquetar al estudiante y, en muchos casos, eso lleva a aprobarlo o promocionarlo sin aprendizajes adecuados. "La ecuación se pensó al revés: a la población más pobre le exijo menos para atender su desventaja de origen. Este fenómeno (…) es el que hemos denominado 'pedagogía *compasional*'" (Tiramonti, 2022: 15-16).

La calidad educativa disminuye, ya que el sistema educativo se vuelve cada vez más ineficaz. Los alumnos con dificultades quedan crecientemente desconectados de sus compañeros, al tiempo que las familias adineradas son las únicas que pueden invertir recursos para compensar las falencias. Esto acrecienta y retroalimenta la desigualdad.

La paridad con el docente o adulto le otorga al menor de edad, en este esquema, una capacidad decisoria excesiva, para la cual no se encuentra preparado. El profesor pasa a ser una especie de amigo, animador de fiesta o psicólogo, mas no un maestro o educador propiamente dicho. Una madre mexicana ha escrito un testimonio muy difundido sobre este fenómeno bajo el provocativo título "¿Quién secuestró a los maestros?" (Rego de Planas, 2010).

La disciplina y el orden en el aula se ven seriamente afectados y el tiempo de la clase no se aprovecha de manera óptima. Incluso, suele suceder que muchos alumnos que desean o necesitan prestar atención no pueden hacerlo. Y los docentes, al carecer de autoridad, se ven sometidos a tareas psicológicamente desgastantes e insalubres, para las cuales tampoco están preparados ni forman parte de su vocación.

Esta visión igualitarista, de inspiración marxista y posestructuralista, es sombría. No tiene nada para ofrecerle al educando ni a la escuela. Cree, en el fondo, que, mientras no se extinga la democracia liberal capitalista –que inexplicablemente la ven como algo malo, cuando es el sistema que por lejos mejor ha funcionado en el mundo para dar libertad, dignidad e igualdad social–, la situación no cambiará y la escuela no podrá hacer ninguna diferencia. O, mejor dicho, la única diferencia que puede hacer es adoctrinar ideológica y políticamente para acelerar el curso de la historia.

En ocasiones, se ha aludido a esta forma de pensamiento como "constructivismo" (Heller Sahlgren, 2015). Podría hablarse, quizás, de un "igualitarismo-competencial-constructivista". Ahora bien, cabe diferenciar entre un constructivismo moderado y uno radical.

Como estrategia didáctica, el constructivismo moderado implicaría el aprendizaje activo y el enlace con saberes previos. Esto, bajo ciertas condiciones, puede ayudar a consolidar la memoria y optimizar el aprendizaje. En este sentido, podría usarse perfectamente en el marco de un paradigma no igualitarista. Un ejemplo sería la idea de Piaget ([1936] 1952) sobre que se incorpora la información asimilándola a esquemas mentales previos, que se van adaptando o acomodando a partir de la experiencia.

Sin embargo, desde el igualitarismo se adopta un constructivismo radical que exagera el saber previo, el autodescubrimiento y la autonomía del estudiante. No hay que hacer mucho esfuerzo para hallar un potencial lazo de unidad entre la idea de que el alumno puede aprender solo y la noción de que la escuela y el docente –con autoridad y jerarquizados– son fuerzas opresoras absolutamente innecesarias y contraproducentes.

Algunas ideas de Vygotsky ([1934] 1995) –precursor del constructivismo social e intelectual marxista afín a la URSS–, como la necesidad de ayudar al alumno, la naturaleza social del aprendizaje y la prioridad del trabajo colaborativo , interpretadas y aplicadas de forma generalizada, le sirvieron de insumo al igualitarismo para barrer con la jerarquía y la exigencia.[1]

Desde el igualitarismo, se da a entender que el saber del alumno es tan valioso e importante como el del maestro. Su conocimiento es "diferente", pero no de menor jerarquía. El rol del docente pasa a ser algo así como ayudar al estudiante a hilvanar y exteriorizar el saber que ya posee dentro, y darle libertad absoluta para seguir aprendiendo lo que desee y al ritmo que desee. La clase se convierte en un diálogo entre iguales (Freire, [1970] 2008). La enseñanza dirigida es percibida como imposición y como "violencia simbólica" (Bourdieu & Passeron, [1979] 1996).

Por ello, resulta fundamental distinguir entre el constructivismo moderado y el radical. Ambos suelen confundirse, pero pertenecen a paradigmas y metodologías muy distantes.

La visión de que los niños deben participar de manera activa y atenta en su propio aprendizaje, cuyos fundamentos son correctos, no debe confundirse con el constructivismo clásico o con los métodos de aprendizaje por descubrimiento, que son ideas seductoras pero, por desgracia, se demostraron ineficaces una y otra vez. La distinción es elemental, aunque pocas veces se comprende, en parte porque también estas últimas se dan en

---

1. Cabe afirmar que Vygotsky forzó al extremo el componente social de la educación porque quería demostrar la veracidad del materialismo histórico marxista, por el cual se creía que las circunstancias y procesos sociales determinaban la psicología y las ideas de los individuos. "Uno de los principios fundamentales que guiaron los intentos de Vygotsky de reformular la psicología desde los presupuestos marxistas era que, para entender al individuo, primero debemos entender las relaciones sociales en la que éste se desenvuelve" (Wertsch, 1988).

llamar "pedagogías activas", lo cual es fuente de numerosas confusiones. (…). Para Rousseau y sus sucesores, siempre es mejor dejar que la niña o el niño descubra por su cuenta y que construya su propio saber, con la libertad de perder horas andando a tientas, explorando… Según ellos, este tiempo no está perdido: contribuye a formar un espíritu autónomo, que piensa por sí mismo en lugar de engullir todo sin reflexionar y que sabe resolver verdaderos problemas en lugar de aprender de memoria soluciones ya elaboradas. (…). La teoría es seductora… Pero, por desgracia, una serie de estudios, extendidos a lo largo de varias décadas, demuestra que su valor pedagógico es cercano al ominoso cero. Si se los deja solos, los niños pasan por las mayores dificultades para descubrir las reglas abstractas que rigen un área del conocimiento, aprenden tanto peor, y en ocasiones no aprenden cosa alguna. (…). Los fracasos de este método son rotundos en todos los campos. (…). Esto es lo peor de la pedagogía del descubrimiento: deja a los estudiantes con la ilusión de que dominan determinado tema, sin darles jamás los medios para acceder a los conceptos profundos de la disciplina. (Dehaene, 2019: 241-243).

El aprendizaje por descubrimiento puede ser útil en casos muy específicos y excepcionales. No es que nunca deba aplicarse. Empero, cuando se transforma en un dogma y se generaliza, ahí surge el problema.[2]

De la idea del saber como mera construcción personal se desprenden postulados igualitaristas que pretenden tratar al estudiante como par del docente plenamente autónomo. Y ello obstruye el proceso de entrenamiento de la mente que supone la educación. Si el conocimiento es una mera construcción personal, ¿con qué fin y legitimidad el docente ha de intervenir y alterar arbitrariamente la construcción pura del estudiante?

En cuanto al "desarrollismo", este entiende que el principal objetivo de la educación es desplegar y potenciar aptitudes o capacidades. Esto exige un proceso de entrenamiento y, por ende, una relación jerárquica de autoridad.

---

2. El constructivismo educativo tiene una correlación con el filosófico o epistemológico. No es pertinente profundizar en este último aquí, pero vale la pena una mención somera. El constructivismo filosófico moderado implica reconocer que no accedemos directamente a la realidad, sino que la interpretamos a través de un modelo mental o "lente". Esto es, en cierto modo, compatible con el racionalismo y con la modernidad –de hecho, se remonta a Kant ([1787] 2003)–. Por su parte, el constructivismo filosófico radical implica la negación de la realidad externa objetiva y, por ende, una predisposición al relativismo. Es cierto que el ser humano no puede acceder de forma directa a la realidad objetiva externa, pero eso no quiere decir que ella no exista. El hecho de que nuestros modelos mentales de la realidad intermedien entre nosotros y aquella no implica que la realidad sea una mera construcción personal. Esta última noción, lógicamente, alimenta el constructivismo radical en educación.

Desde esta mirada, el maestro es un entrenador de la mente y de la persona considerada de forma integral. Como tal, necesita ejercer autoridad e imponer una firme disciplina. Sabe que será incómodo para el aprendiz, por momentos incluso desagradable, pero también que lo beneficiará a futuro. La autoridad y la exigencia emanan del reconocimiento del potencial del estudiante y del deseo de fomentar su máximo despliegue.

El movimiento educativo de la "Escuela Nueva", nacido a fines del siglo XIX, tuvo algunas características o vertientes que lo emparentaron con la educación desarrollista. Sin embargo, fue muy heterogéneo. Es difícil encasillarlo completamente. De hecho, algunas de sus expresiones anticiparon el igualitarismo constructivista.[3]

Fuera de ello, es preciso reconocerle un mérito claro a este movimiento pedagógico. Propuso prematuramente –quizás sin los saberes neurocientíficos necesarios y con algo de intuición– la superación del modelo memorístico, con una firme oposición a la educación autoritaria. En este sentido, fue una corriente adelantada a su tiempo.

De hecho, es factible inspirarse en algunos de sus postulados para construir el modelo desarrollista integral al que parece estar llamado el siglo XXI. El favorecimiento de un mayor compromiso activo del alumno, la aspiración a una educación más personalizada, el desarrollo de competencias prácticas para la vida real, así como la valoración de la experiencia vivencial o auténtica, son todos principios educativos plenamente vigentes. Incluso el planteo de la Escuela Nueva sobre la importancia del contacto con la naturaleza está siendo confirmado por los últimos avances en neurociencias. Estos indican que la naturaleza ayuda a reducir el estrés e, indirectamente, a causa de ello, mejora el aprendizaje (Goldin, 2022: 111).

Cuando se afirma que el desarrollismo educativo buscar entrenar la mente, debe entenderse en el sentido más amplio posible. Incluye la cultura general, las competencias, las inteligencias múltiples, las emociones y la voluntad.

---

3. Así se interpretaron, en ocasiones, las aserciones de Ellen Key sobre que el mayor crimen de la educación tradicional es "no dejar en paz al niño" (Planchard, [1948] 1978: 375-380), que "el fantasma de la cultura general debe ser expulsado de los programas escolares" o que debía implementarse "trabajo independiente durante todo el período escolar" (Key, [1900] 1909: 172, 203-214). Diversos exponentes de la Escuela Nueva promovieron un énfasis excesivo en las competencias, descuidando la enseñanza informacional y el entrenamiento cognitivo. Así es como se explica la frase de John Dewey: "La educación no es una preparación para la vida, es la vida misma" (Planchard, [1948] 1978: 30). Vale aclarar que este notable filósofo y pedagogo, a la luz de su experiencia trabajando con escuelas "progresistas", hizo una revisión que lo llevó a ubicarse en un punto más intermedio entre lo tradicional y lo novedoso, atisbando, quizás, una suerte de desarrollismo incompleto (Dewey, [1938] 1997).

Una ejercitación multidimensional, integral y sanamente exigente favorece la libertad y la plenitud del educando en el futuro, puesto que aumenta su capacidad de procesar información, crear y decidir. A partir del reconocimiento del principio de plasticidad cerebral y de la modularidad de la mente, las ciencias cognitivas y las neurociencias han aportado múltiples saberes que abonan esta perspectiva (Hebb, [1949] 2002; Gardner, [1983] 2017).

El desarrollismo educativo defiende la meritocracia, la cual va de la mano con la igualdad de oportunidades. En un sistema meritocrático bien calibrado, un alumno que se las ingenia para estudiar en condiciones muy adversas recibirá un reconocimiento por ese esfuerzo, incluso aunque su resultado no sea óptimo.

Calibrar un sistema de incentivos lleva mucho tiempo y experiencia acumulada. Su destrucción, como lo ha hecho el igualitarismo, es un doble crimen por el costo de oportunidad.

El incentivo o reconocimiento no busca igualar, sino sacar lo mejor de cada uno (lo cual, indirectamente, termina igualando, solo que hacia arriba). Se basa en el supuesto de que el conocimiento es un bien "no rival" y que no da lugar a un juego de suma cero.

Que un alumno adquiera un conocimiento no perjudica el saber incorporado por el otro. Al contrario, mejora las probabilidades de los demás estudiantes, tanto en el presente como en el futuro. En el presente, porque podrá explicarles. En el futuro, porque un ciudadano más instruido y mentalmente entrenado es más productivo y tiene más posibilidades de desarrollar una actividad que genere oportunidades de trabajo o aprendizaje.

Enseñar en un paradigma del mérito es también inculcar la idea de que el bien común debe priorizarse sobre intereses egoístas particulares o corporativos. Si el alumno o el docente se ve incomodado por una evaluación y calificación, pero sabe que eso genera un régimen de incentivos que hace funcionar mejor el sistema en su conjunto, debe someterse con gusto a esa incomodidad desafiante. Sabrá que lo hace con miras al bien común, incluso aunque su resultado no sea el más destacado.

Resulta paradójico que, para ser libre, el ser humano deba primero pasar por un sistema jerárquico, estricto y disciplinado. En su etapa de desarrollo temprano, la distribución del poder presente no se condice con la futura. El hecho de que la persona esté en proceso de desarrollo biológico y cultural, en vías de desplegar su potencialidad por medio de un entrenamiento inevitablemente jerárquico, es lo que genera esta aparente contradicción.

El igualitarismo aumenta superficialmente la autonomía del alumno en el presente y la restringe en el futuro. En cambio, el desarrollismo limita la libertad presente para potenciarla en el futuro. Pues, trabaja y se enfoca en la libertad interior, que se encuentra en pleno proceso de despliegue y consolidación. Lo que se haga a edades tempranas condicionará al educando durante toda su vida. Es una responsabilidad muy grande como para atarse las manos con dogmas rígidos y renunciar a la misión adulta.

La autoridad no solo es necesaria para que el entrenamiento mental sea eficiente, sino también para que la educación se produzca en un entorno de orden y justicia. Yendo a lo concreto, sin algo tan simple como una clase ordenada, no hay acceso al derecho a educarse. Sin poder crecer en un entorno de orden y justicia, la internalización de hábitos y valores morales se debilita o distorsiona.

La debacle educativa del igualitarismo

Cuando comenzó a propagarse y volverse una moda el igualitarismo educativo, su falta de fundamento científico era clara. La escuela, como todo, debía mejorarse, no destruirse o debilitarse. Más allá de sus imperfecciones, seguía cumpliendo un rol positivo en la sociedad. Así lo expresaba en 1983 Howard Gardner:

Nuestra sociedad ha tenido la oportunidad de reflexionar sobre esta institución. Esta introspección ha dado lugar, en decenios recientes, a ataques ásperos al sistema escolar por parte de todos los eruditos orientados educacionalmente. (…).

No es necesario que estos críticos se lleven el día. Un influyente estudio reciente de Michael Rutter y sus colegas en Londres indica que las escuelas pueden representar una diferencia positiva en las vidas de los niños. (…). Informes parecidos provienen del ambiente retador de la ciudad de Nueva York. (…). Y para las poblaciones que están en desventaja, un programa para el enriquecimiento temprano que comienza desarrollando las habilidades intelectuales en los primeros años de la vida puede tener efectos mensurables a largo plazo en las actitudes y los logros del estudiante. (Gardner, [1983] 2017: 347-348).

Sin embargo, todos estos saberes fueron desconocidos o ignorados por los pedagogos igualitaristas. Se demonizó sistemáticamente la institución escolar y esta corriente logró la hegemonía, por lo menos en la pedagogía occidental. Así, comenzó una larga era de decadencia.

Tal vez la herencia más pesada de Foucault sea la destrucción de la escuela. (…). Marc Le Bris, maestro francés autor de un brillante ensayo sobre la decadencia de la escuela, (…) culpaba esencialmente al Mayo francés por la crisis educativa.

Cuestiona a la "nueva pedagogía", esencialmente constructivista, que Mayo del 68 contribuyó a instalar y al modo en que ese movimiento dio por tierra con elementos que eran "constructores de sociedad" y que la escuela transmitía, como la disciplina y las más elementales normas de cortesía. (…).

Desde 1968, los maestros nos esforzamos por hacer lo que creíamos complacía a los niños: darles libertad, dejarlos entrar en ruidoso tropel a la clase, dejar que se interrumpan unos a otros e incluso que nos interrumpan a los docentes, dejarlos escribir sin respetar los renglones, etc. Porque se tomó a los niños por adultos, se consideró que no toleran la autoridad, cuando es todo lo contrario, la necesitan. (Peiró, 2024).

En Francia, cuna principal de la tendencia igualitarista, tras varias décadas de primacía cultural de dicho paradigma, se hicieron evidentes los perjuicios y el fracaso. En el ranking internacional de evaluaciones PISA, el país galo pasó de un puesto promedio de 12º en el año 2000 a uno de 20º en 2018 (OECD, 2000-2021).

Francia cada vez da peores y peores resultados en las pruebas de evaluación de educación internacional. Va muy por detrás de los países asiáticos, pero también de la mayoría de los países del Norte de Europa. Y un estudio reciente realizado por un organismo público francés muestra que lo que de verdad hace la escuela es ampliar las desigualdades entre alumnos. (Euronews, 2016).

Demasiados alumnos llegan a la secundaria sin saber leer ni escribir, y sin dominar las operaciones matemáticas básicas. Una escuela que fue de excelencia hoy no deja de retroceder en las evaluaciones internacionales. Y aunque se le inyecte mayor presupuesto no arroja mejores resultados. (Peiró, 2018).

Francia se encuentra en proceso de salir del pozo educativo al que la llevaron las ideas igualitaristas. Sin embargo, no es tan sencillo. Para ver los frutos, se debe comenzar desde abajo y esperar a que las nuevas camadas egresen luego de transitar por la escolaridad obligatoria.

Jean-Michel Blanquer, ministro de educación que estuvo a cargo de los inicios del intento de cambio, lo ha expresado con las siguientes palabras:

La noción de autoridad es fundamental. Desde el punto de vista pedagógico, la autoridad del profesor está ligada a su saber. No es sinónimo de tener un puntero para golpear, sino, por el contrario, el signo de la voluntad de elevar a los niños hacia la edad adulta. La autoridad debe ser primero la consecuencia natural de una pasión por el saber, de las personas y de las instituciones. Por otra parte, hay que restablecer también la autoridad en lo que respecta al comportamiento de los alumnos. Esto no se hará en un día, pero los grandes principios han sido afirmados. (Peiró, 2018).

Queda claro que el foco para la recuperación, en Francia, está puesto sobre la restauración de la autoridad del docente en varios sentidos. Además, muchas prácticas de sentido común, que el igualitarismo rechazó dogmáticamente por vincularlas con el memorismo o la jerarquía, se están reincorporando, como el dictado, la memorización y la alfabetización fonológica en edades tempranas. No se trata de volver al pasado, pero no todo lo viejo es malo y la educación integral debe tener en cuenta, también, las habilidades tradicionales, así como los métodos exitosos y probados.

Otro país que ha adherido en gran medida a esta óptica igualitarista, Argentina, evidenció retrocesos alarmantes en décadas recientes. Esta nación supo ser líder en Latinoamérica, pero no ha parado de descender. En Comprensión Lectora y Matemática, entre los países latinoamericanos, pasó de un puesto promedio de 3° en el año 2000 a uno de 8° en 2021 en las pruebas PISA. Más del 70% de sus alumnos no alcanzaron el nivel básico en Matemática en la última edición (OECD, 2000-2021).

Los líderes educativos argentinos no tuvieron mejor idea que abolir masivamente los exámenes de ingreso en la mayoría de las universidades. Asimismo, esto se vio acompañado por la ausencia de un examen final de egreso del nivel secundario. Y hay que agregar un fuerte debilitamiento de la autoridad educativa, fruto de la quita de herramientas de autoridad disuasorias a los docentes.

Así las cosas, el último año del nivel secundario se ha convertido en un año de fiesta. Los docentes saben que ese año será muy difícil que los alumnos trabajen. Muchos se conforman con que "no molesten demasiado". Cada vez se instalan más festejos estudiantiles que se fijan a propósito en días hábiles. Así, los jóvenes faltan a la escuela o caen en condiciones que tornan imposible aprovechar la jornada.

Hay que mirar con atención lo que pasa en el último año de la escuela secundaria. A diferencia de lo que ocurre en casi todos los países del mundo, donde esa es una instancia crítica, con exámenes muy difíciles que determinan las oportunidades en el mundo universitario, acá se ha consolidado como una especie de gran año festivo, en el que todo se relaja y cede a la lógica del divertimento. La energía y la cabeza de los futuros egresados no están puestas en el estudio y el rendimiento académico, sino en un ritual de fin de ciclo que se hace cada vez más largo y estridente. (Román, 2024).

En 2019, en Argentina, tres de cada diez alumnos del nivel secundario aseguraron haber sufrido violencia en la escuela. Y estos números se repiten en América Latina, donde el 31,3% de los jóvenes declaró ser víctima de peleas y el 25,6% de ataques físicos. El 32% de los estudiantes fue intimidado por sus compañeros al menos una vez en el último mes, y una proporción similar fue afectado por violencia física (Valenzisi, 2022: 46). "A la resistencia (…) [para dedicarse a los temas de convivencia] por el tiempo cedido, los contenidos transversales y la metodología de implementación se le suma otro factor, de suma importancia: la mayoría de los docentes no se sienten capacitados para este desafío" (*ídem*: 47).

Quien escribe pudo ser testigo privilegiado del verdadero derrumbe educativo en la Provincia de Santa Fe causado por el igualitarismo, en combinación con la pandemia del coronavirus. En palabras de María Cristina Gómez:

La no repitencia masiva, y el paso a mitad de año de los repitentes durante 2021, dejó aulas híper pobladas, alumnos fantasmas que solo aparecen en las listas como pendientes, hasta que decidan presentarse a voluntad y pasar entregando un módico trabajito escrito, en cualquier momento del año. Eso es "acompañar". El nuevo argot pedagógico ministerial inventó las trayectorias fragilizadas, y un diccionario de eufemismos puebla las escasas comunicaciones oficiales. Es por eso que cristalizar la mala praxis demagógica, para que la escuela sea el "lugar donde habitan" y no repiten los estudiantes, despertó a una comunidad que sumisamente fue acatando las órdenes de la superioridad. ¿Por qué la oposición? Básicamente, porque se vulnera el derecho a aprender de los más vulnerables, con el único objetivo de no mostrar el fracaso de la política educativa. (Gómez, 2022).

Aunque la adhesión de Finlandia al paradigma igualitarista no ha sido ni tan contundente ni tan ideológica como en las naciones anteriores,[4] es

---

4.   Comentaba en una entrevista de 2017 Anneli Rautiainen, de la Agencia Nacional para la Educación de Finlandia, en relación con la innovadora "educación por fenómenos", que es cierto que hay preocupación en muchas personas y que están introduciendo los cambios de manera gradual. Agregó que, por el momento, solo se les requiere a los colegios que incorporen un proyecto de aprendizaje basado en fenómenos para cada año. "Queremos alentar a los maestros a que enseñen así y a los alumnos a que lo prueben, pero estamos empezando despacio. Aún se enseñan materias y hay metas para cada materia, pero también queremos que se introduzcan las habilidades en ese aprendizaje" (Spiller, 2017). Incluso, el Ministerio de Educación de Finlandia ha tenido que emitir declaraciones públicas aclaratorias, como cuando desmintió que se hubieran eliminado las asignaturas. Otro ejemplo es la idea de que no se toman exámenes estandarizados.

cierto que ha incorporado, a partir del año 2000, algunos de sus postulados, flexibilizando la exigencia. A pesar de haber sido la gran sorpresa de las evaluaciones PISA en 2000, desde entonces no ha dejado de caer. Según un pormenorizado estudio, el éxito de Finlandia se debió al sistema implementado con anterioridad, más estricto y tradicional que el que pretendió exportar como modelo a partir de entonces (Heller Sahlgren, 2015; OCDE, 2018).[5]

Algunas voces han empezado a denunciar el avance de esta misma corriente en Estados Unidos. Según Michael Petrilli (2023), en los últimos tiempos las autoridades educativas han demostrado una tendencia a elegir el camino fácil. Con la excusa de la equidad –nos dice–, se ha nivelado para abajo y se ha favorecido la mediocridad, en vez de afrontar el complejo y arduo desafío de nivelar hacia arriba.

Por ejemplo, se han eliminado las clases de honor porque había en ellas una preponderancia de alumnos de extracción socioeconómica alta, en vez de iniciar un proceso de prueba y error orientado a buscar que más estudiantes de sectores bajos pudieran acceder a ellas. Como los alumnos de hogares disfuncionales presentan dificultades para realizar tareas en el hogar, ha crecido la inclinación a abolir esas tareas. Y concluye:

> Muchos estudiantes que se portan mal necesitan importantes apoyos de salud mental, como una terapia cognitivo-conductual intensiva y regular. (…). Se trata de cuestiones desafiantes que pueden generar grandes costos y controversias. Entonces, en lugar de eso, simplemente digamos a los

---

Es cierto que se ha disminuido mucho su uso, en especial en el nivel primario, pero también lo es que no han desaparecido del todo, y que las universidades e incluso en ocasiones las escuelas secundarias toman exámenes de ingreso vinculantes. Esto crea un fuerte incentivo a favor del buen desempeño escolar incluso en el nivel primario, ya que el futuro del alumno está atado a sus logros académicos (Bruns, 2015).

5. En palabras del sueco Heller Sahlgren: "Destaco dos factores [del éxito educativo de Finlandia]. El primero es que Finlandia tradicionalmente ha dado gran importancia al rol de los profesores, no solo en el colegio, sino también en la sociedad. (…). Es importante recordar que sus puntuaciones en las pruebas comenzaron a mejorar mucho antes de que el sistema actual fuese implementado. Si miras los datos, ha sido con este cuando las notas han empezado a caer. Su descenso entre 2006 y 2015 es el mayor entre todos los países nórdicos. (…). Cuando vimos las puntuaciones del año 2000 y dijimos 'Finlandia lo está haciendo muy bien', en realidad las notas ya estaban cayendo. Copiar a Finlandia tendría un efecto negativo. (…). Es lo que ha ocurrido en Escocia, que ha intentado copiar el sistema educativo finlandés, por ejemplo, eliminando exámenes estandarizados. Lo que ha ocurrido es que la educación escocesa está hundiéndose. Las investigaciones sugieren que los exámenes mejoran el aprendizaje" (Barnés, 2018). Más allá de que el sistema actual no es tan heterodoxo como muchos alegan, el modelo que llevó a Finlandia a la cima era más tradicional, así como altamente exigente y meritocrático, buena parte de cuyas cualidades se mantienen (Micheletti, 2022).

maestros que ya no pueden enviar a los estudiantes que se portan mal a la oficina del director.

El enfoque de salida fácil hacia la equidad es una forma de mediocridad. (…). Y la mediocridad, no la excelencia, es enemiga de la equidad. Como escribí recientemente, la excelencia es el antídoto contra la desigualdad. (Petrilli, 2023).

La destrucción de la autoridad y la disciplina no solo da lugar a un sistema educativo ineficiente y desigual, con escasa o nula ejercitación de las funciones ejecutivas. A eso hay que sumarle el desamparo de tantos niños y adolescentes, víctimas de violencia sistemática traumatizante, que observan indefensos mientras los adultos consagran la impunidad y se niegan a retirar de su entorno a los agresores reincidentes.

Como ha señalado Guillermo Etcheverry, ya en la década de 1990 se observaba un notorio incremento de la violencia escolar en Occidente. En vez de llevar los valores de la escuela a la sociedad, se estaban importando a la educación los disvalores de una sociedad en crisis. En lugar de colocar a la escuela al servicio de la democracia, se optó por una mal concebida democratización de la escuela.

Estaríamos, nada menos, que ante la desaparición de la escuela. Solo si se conserva la asimetría de un vínculo necesariamente desigual, que se establece en el contrato de aprendizaje, puede esperarse que la escuela no sea un sitio violento. (…). Vivimos una guerra cultural en la que chocan dos visiones del mundo. Unos no marcan los límites entre la buena y la mala conducta porque consideran como bien supremo una original concepción de la libertad individual. Otros sostienen que una ética social civilizada supone distinguir entre el bien y el mal y, sobre todo, reconocer la existencia y la importancia del bien común. (…). Este pedagogismo igualitario es, además, compasivo: propone que los errores no se corrijan, se privilegie un vago conocimiento "conceptual" y se evite enseñar lo que tiene apariencia de "regla" o "ley". Se devalúa el esfuerzo y la seriedad. (Etcheverry, [1999] 2005: 137-139).

El daño de este marco anómico para la salud mental de los docentes no es menor. Algunos lo sobrellevan mejor que otros, desde luego. Asimismo, unos tienen más habilidades de mando y liderazgo para sortear el vacío de autoridad institucional. Y ciertas escuelas lo padecen más que otras. Empero, se puede ver el desgaste que genera la falta de autoridad en la salud del docente.

Es cada vez más común encontrarse con enseñantes relativamente jóvenes y con genuina vocación que deciden abandonar la profesión o –no desprovistos de vergüenza y pesar– tomarse una licencia psiquiátrica. He sido testigo de casos de depresión o ataques de pánico derivados de la exposición continua y sistemática a la frustración de no tener herramientas para ordenar el aula y hacer mínimamente bien el trabajo o, en el peor de los casos, a situaciones de violencia que pueden aparecer en cualquier momento sin ninguna sanción disuasoria. Incluso, se ha obligado a docentes a decidir si renunciar o convivir con sus agresores.

Como no podía ser de otra forma, hace varias décadas que, especialmente en los países occidentales, se observa un constante descenso en las evaluaciones educativas internacionales. Por el contrario, la educación oriental se mantiene más estable y saca una creciente ventaja. En el año 2000, de los 8 países con mejor desempeño en las pruebas PISA, un 67% eran occidentales. En la edición de 2022, ese número había caído al 25% (OECD, 2010; World Population Review, 2022).

Si bien, seguramente, los sistemas educativos orientales tienen aspectos a mejorar, la gran diferencia con los occidentales es que en ellos no se deterioró la autoridad del maestro, no se abandonó la disciplina, no se descuidó la memoria y no se estigmatizaron las prácticas educativas tradicionales. En pocas palabras, no se implementó el "igualitarismo" –o no tanto como en Occidente–.

En la última ronda de Pruebas PISA realizada en 2022 en Singapur, los adolescentes superaron a los de todo el resto del mundo y sus calificaciones aumentaron incluso durante la pandemia. Pero estas estrellas en ascenso de Asia contrastan con los sistemas educativos de Occidente, que están logrando pocos avances y algunos casos van en peligroso declive. Durante la última década, pocos países vieron caer sus puntajes más rápida y marcadamente que Finlandia, antes la niña mimada de los reformistas y ahora con un desempeño mucho más común y corriente. Otros países de la OCDE que parecen estar retrocediendo son Francia, Alemania, Países Bajos y Nueva Zelanda. (The Economist, 2024).

Se puede aseverar, en definitiva, que el igualitarismo educativo ha fracasado rotundamente. Atacó los cimientos mismos del proyecto educativo moderno, destruyendo y debilitando las instituciones de enseñanza. Su dogma ha sido imponer la igualdad de resultados, no de oportunidades, lo cual es incompatible con la libertad y la calidad educativa. Los dogmatismos y extremismos, sean de izquierda o de derecha, siempre son nocivos para las instituciones y, por ende, para la sociedad.

El efecto del igualitarismo fue peor que el del memorismo. Este último, si bien no ejercitaba de forma integral las distintas capacidades y facultades humanas, por lo menos sentaba las bases para que ello pudiera suceder. En cambio, el igualitarismo destruyó esas bases.

La solución no es retornar a una educación memorística tradicional, sino consagrar un "desarrollismo" adaptado al siglo XXI. Pero, para ello, primero debemos ir un poco hacia atrás y reconstruir el camino que condujo a la actual revolución científica de las neurociencias.

Inteligencia, cognitivismo y neurociencia

El concepto de inteligencia es sumamente relevante para la educación. De hecho, como veremos más adelante, las inteligencias constituyen el nivel de profundidad central o intermedio. Este, en cierto modo, sirve de puente o enlace entre los niveles más superficiales y los más profundos. Según cómo comprendamos la inteligencia, se verá fuertemente modificada o condicionada nuestra concepción de la educación humana.

No es casual, por ejemplo, que la teoría de las inteligencias múltiples tuviera mayor difusión e impacto en la educación que en otras áreas, a pesar de no ser una teoría educativa propiamente dicha.

Los primeros estudios sobre la inteligencia con pretensiones científicas estuvieron vinculados con la frenología, fundada por Franz Joseph Gall. Esta apuntaba a identificar los perfiles de inteligencia según los rasgos físicos. Alcanzó gran popularidad en la primera mitad del siglo XIX. Sin embargo, la ciencia fue refutando uno a uno los postulados de esta seudociencia. En la década de 1860, el cirujano y antropólogo francés Pierre-Paul Broca demostró, por primera vez, la relación entre una lesión cerebral dada y un deterioro cognitivo específico (Gardner, [1983] 2017: 41-42). En cierto modo, se estaba anticipando a las ideas de modularidad de la mente y a la de inteligencias múltiples, aunque todavía no existía el marco intelectual para esas nociones.

También en la segunda mitad del siglo XIX, Francis Galton argumentó que la inteligencia era hereditaria y que las habilidades intelectuales se transmitían de generación en generación. Diseñó algunas de las primeras herramientas de medición de las capacidades intelectuales (Torres, 2016).

En el año 1900, en París, le fue solicitado a Alfred Binet desarrollar un instrumento que permitiera identificar a los alumnos que requirieran ayuda escolar adicional. Así nació la primera prueba estandarizada de inteligencia (Hoerr, 2000).

Durante la primera mitad del siglo XX, el interés estuvo puesto más en medir la inteligencia que en definirla. Ello devino en una concepción subordinada a los *tests*. Se aludía a "la" inteligencia, en singular.

En paralelo, a fines del siglo XIX, comenzó a desarrollarse otra concepción de la inteligencia a partir del funcionalismo de William James. Este la vislumbraba en términos de adaptación al entorno. El concepto de inteligencia empezaba a flexibilizarse y relativizarse.

En la década del 40, aunque buena parte de sus postulados serían luego refutados por las neurociencias, Piaget tomó distancia de las concepciones de la inteligencia basadas en su mensurabilidad. Postuló una teoría general sobre su génesis sin el uso de instrumentos de medición para clasificarla, a partir del modo en que el individuo construye conocimiento (Orozco Giraldo, 2019: 67). "Piaget llegó a la conclusión de que no importa la exactitud de la respuesta infantil, sino las líneas de razonamiento que invoca el niño" (Gardner, [1983] 2017: 45).

Por su parte, Vygotsky, aunque no elaboró una teoría de la inteligencia propiamente dicha, concibió la psique como un sistema apto para el desarrollo. Este proceso sería suscitado por una relación entre el cerebro y el mundo social cambiante (Orozco Giraldo, 2019: 67). Empezaban a quedar atrás las concepciones estáticas y hereditarias puras sobre el intelecto.

A mediados del siglo XX, comenzó a gestarse la "revolución de la ciencia cognitiva". Gracias al desarrollo de la teoría de sistemas y la informática, la mente empezó a ser vista como un sistema informacional complejo. El cerebro era algo más que la mera suma de sus partes.

Fue cuestionado duramente el otrora hegemónico conductismo, que subestimaba o directamente negaba la existencia de la mente y se enfocaba en lo material y observable. En sintonía con Vygotsky, se le criticó su incapacidad para dar cuenta de fenómenos complejos. La ciencia cognitiva se gestó, de esta forma, como el estudio interdisciplinario del procesamiento de la información por parte del sistema complejo mente-cerebro.

A principios de los años cincuenta, el matemático John Von Neumann llevó a cabo un símil entre la computadora y el pensamiento. En virtud de ello, se abrió la puerta al análisis de la mente como sistema de cómputo, concepto esencial para las teorías cognitivas psicológicas (Orozco Giraldo, 2019: 68).

Jerome Bruner interpretó la percepción como una forma de procesamiento influida por necesidades, creencias y expectativas. Por ejemplo, cuando tenemos hambre, agudizamos el olfato y eso nos permite percibir antes olores de comida que, si bien existen independientemente de nosotros, son "destacados" del conjunto de aromas por nuestro interés. Trabajando con niños de bajos recursos, Bruner halló que percibían las monedas como de mayor tamaño del que poseían. "El estímulo externo existe, pero es el individuo quien lo selecciona y procesa, para luego acumularlo en una suerte de depósito de la memoria o almacenamiento" (Belinco, 2021).

A partir de la "revolución cognitiva", se le otorgó mayor protagonismo a la parte inmaterial del cerebro. Esto dio pie para una concepción más activa de la persona en el proceso de aprendizaje. La mente procesa, ordena, categoriza, organiza, interpreta, etc.

Chomsky, desde la lingüística, aseveró a partir de los años sesenta que todas las lenguas humanas comparten una estructura subyacente común, independientemente de sus diferencias superficiales. Esta estructura universal incluiría reglas gramaticales y principios que son innatos y están codificados en el cerebro humano desde el nacimiento. Por lo tanto, implícitamente, Chomsky estaba afirmando cierta autonomía de la inteligencia lingüística.

En la década de 1980, la ciencia cognitiva comenzó a adquirir mayor notoriedad. Según Howard Gardner: "En su atención a los detalles del procesamiento, y en su iluminación de la microestructura de una tarea, la teoría de la inteligencia del procesamiento de información es un avance respecto de líneas anteriores de estudio" ([1983] 2017: 49-50).

En este marco, empezaron a surgir distintas teorías cognitivas complejas sobre la inteligencia. Por ejemplo, la Teoría Triárquica de la Inteligencia de Robert Sternberg (1985). Puede señalarse, asimismo, a Joy P. Guilford como un precursor, con su Estructura del Intelecto (Hoerr, 2000: 3).

Jerry Fodor defendió por esos años la "modularidad" de la mente. Aseveró que los procesos mentales se consideran mejor como módulos independientes o "encapsulados", en los cuales cada uno opera de acuerdo con sus propias reglas y muestra sus propios procesos. Supuso que los módulos tenderían a reflejar los distintos sistemas sensoriales, en los cuales el lenguaje constituye un módulo separado. Sin embargo, se apartó de una visión modular pura al afirmar la existencia de un procesador central superior (Gardner, [1983] 2017: 283).

Después de identificar diversos componentes de la inteligencia, debemos preguntarnos si éstos se relacionan y cómo lo hacen. Algunos estudiosos, como Raymond Cattell (1971) y Philip Vernon (1971), señalan la existencia de una relación jerárquica entre los factores, y consideran que la inteligencia general, verbal o numérica domina sobre componentes más específicos. Sin embargo, otros, como Thurstone, se resisten a crear una jerarquía de factores, y sostienen que cada uno de ellos se debería considerar como miembro equivalente (…). (Gardner, [1983] 2017: 13).

En este contexto, en 1983 Howard Gardner creó su Teoría de las Inteligencias Múltiples (TIM). La ubicó dentro de lo que él denominaba "enfoque de los sistemas simbólicos", ya que, desde esta tesitura, cada inteligencia se habría desarrollado para interpretar uno de los sistemas simbólicos que proporcionaba el entorno.

Varios investigadores (...) hemos preferido tomar los sistemas simbólicos humanos como un centro primario de atención. Desde nuestro punto de vista, mucho de lo que es distintivo acerca de la cognición humana y el procesamiento de información comprende el despliegue de estos diversos sistemas simbólicos. Se trata al menos de una pregunta abierta, una cuestión empírica, el que la operación de un sistema simbólico como el lenguaje comprenda las mismas habilidades y procesos como los sistemas afines que incluyen la música, ademanes, matemáticas o cuadros. (*Ídem*: 52-53).

Gardner plantea que la inteligencia no es un conjunto unitario que agrupe diferentes capacidades específicas, sino una red de conjuntos autónomos relativamente interrelacionados.

Se encontraba trabajando en el Centro Médico de la Administración de Veteranos de Boston, cuando fue testigo privilegiado de que el daño cerebral afectaba habilidades distintas según la zona donde se localizara. Por ejemplo, lesiones en el lóbulo frontal resultaban en dificultades para producir un discurso gramatical, aunque no interferían en la capacidad de entender lo que se decía. O algunas personas perdían sus habilidades musicales y no así sus aptitudes lingüísticas (Hoerr, 2000).

Más allá de las discrepancias internas, la ciencia cognitiva dio lugar a una visión más compleja y sistémica de la mente. Empezó a hablarse de inteligencias múltiples, módulos de procesamiento independientes, flexibilidad, adaptación, percepción, etc.

Como es lógico, no todas las tendencias del cognitivismo condujeron a visiones educativas uniformes. Algunas exageraron lo inmaterial y descuidaron lo observable o empírico, decantando en miradas educativas igualitaristas y constructivistas radicales. En este sentido, la neurociencia vino a recordar la importancia de la evidencia empírica y el soporte físico, cuestionando algunas posturas cognitivistas extremas y favoreciendo, indirectamente, el desarrollismo educativo.

Como siempre ocurre en el campo de las ideas, tiende a generarse cierta dialéctica en la que polos epistemológicos opuestos (generalmente, uno más racionalista y otro más positivista) van actualizándose y desarrollando nuevas versiones de sí mismos para superar al adversario.

Simplificadamente, se puede aseverar que el "racionalismo" epistemológico acepta variables tanto observables como inobservables, mientras que el "positivismo" se basa exclusivamente en variables directamente observables y el "pensamiento mágico" solo en variables inobservables u ocultas (Micheletti, 2020).

Así, en paralelo a la revolución cognitiva, fue gestándose la revolución de la "neurociencia". Este es un campo de estudio, también interdisciplinario, que investiga el sistema nervioso, y en particular el cerebro, pero más positivista y materialista que la ciencia cognitiva (aunque quizás no tanto como el viejo conductismo).

En cierto sentido y salvando las distancias históricas y disciplinarias, el binomio "ciencia cognitiva / neurociencia" actualiza el más viejo de "psicología introspectiva / conductismo".

¡Ojo! No hay que pensar que las tendencias viejas desaparecen por completo. Lo que suele suceder es que pierden influencia y notoriedad, pero algunas o muchas de sus enseñanzas sobreviven. De hecho, el conductismo parece tener peor fama de la que merece, puesto que no son pocos quienes aplican –y muchas veces con éxito– múltiples de sus postulados. Es muy común escuchar hablar de terapias "cognitivo-conductuales". Por ello, se ha sostenido que no hubo una "revolución" cognitiva propiamente dicha, sino una "evolución" e "integración" (Minici, Dahab & Rivadeneira, 2012).

Sin ánimo de generalizaciones absolutas, la tendencia racionalista suele ser más inventiva y útil para los saltos o revoluciones científicas, mientras que la visión más positivista tiende a frenar avances exagerados o desviados y a consolidar y delimitar los acertados.

El racionalismo es más innovador, pero, en ocasiones, ese espíritu creativo puede degenerar en posturas proclives a patrones de "pensamiento mágico" (basados en variables inaccesibles y arbitrarias). Así ocurrió, por ejemplo, en gran medida en el caso del psicoanálisis freudiano (Meyer, Borch-Jacobsen, Cottraux, Pleux, & Van Rillaer, 2007). El positivismo, en cambio, es más prudente y preciso, pero puede dar lugar a una ciencia estancada o lenta, incapaz de procesar la parte de la realidad que no se puede observar directamente.

Si bien el racionalismo parece, en principio, más acertado porque permite una visión más completa e integral de la realidad (Micheletti, 2020), el positivismo también cumple una función útil y necesaria para el desarrollo científico. Es capaz de hacer aportes relevantes, e incluso a veces revolucionarios. Por eso, el avance de la neurociencia de nuestros tiempos es muy importante.

Los polos racionalista y positivista parecen acercarse con el tiempo, aunque, como la distancia es relativa, tiende a percibirse, a veces, con la misma magnitud que en el pasado. Así, ciencia cognitiva y neurociencia se influyen mutuamente y se solapan, pero también se cuestionan mutuamente. A medida que se desarrollaron herramientas más sofisticadas para observar el cerebro, en las décadas de 1980 y 1990 emergió el campo de la "neurociencia cognitiva", como un puente entre la ciencia cognitiva y la neurociencia. Esta combina el interés por los procesos mentales de la ciencia cognitiva con el estudio empírico del cerebro proveniente de la neurociencia. Y es en este campo mixto y amplio donde parecen hallarse las corrientes más fértiles y productivas para la tarea educativa.

¿Sigue vigente la teoría de las inteligencias múltiples?

Ha expresado Gardner que "los seres humanos han evolucionado para mostrar distintas inteligencias y no para recurrir de diversas maneras a una sola inteligencia flexible" ([1983] 2017: 12). Y definió la inteligencia como "un potencial biopsicológico para procesar información, que se puede activar en un marco cultural para resolver problemas o crear productos que tienen valor para una cultura" (Gardner, [1999] 2016: 29).

La inteligencia es un conjunto de habilidades potenciales, una suerte de "capacidad instalada", a diferencia de la competencia, que es una habilidad "efectiva" o "vigente". Es decir, una inteligencia proporcionará el potencial para aprender o adquirir competencias, pero la inteligencia sola, sin competencias vinculadas con ella, no se traduce necesariamente en aplicaciones útiles y prácticas.

Gardner identificó inicialmente siete inteligencias: lingüística, lógico-matemática, musical, espacial, intrapersonal, interpersonal y cinestésico-corporal. Sin embargo, luego agregó una octava, la inteligencia naturalista, y admitió la posibilidad de una inteligencia existencial (Gardner, [1999] 2016). Reconoció que el listado estaba en proceso de construcción y que no era ni sería nunca taxativo.

Según la perspectiva de inteligencias múltiples, cada inteligencia es un sector del cerebro que se encarga de procesar determinado tipo de información o determinada forma de procesamiento de la información (Gardner, [1983] 2017). "La inteligencia no es una capacidad única, sino que abarca una gran variedad de destrezas y habilidades que permiten enfrentar y resolver problemas de distinta naturaleza" (Prada, Rincón & Hernández, 2018).

Estas inteligencias "están interconectadas entre sí, pero (…) a la vez pueden trabajar de manera independiente y tener un nivel individual de desarrollo" (Campos, 2010: 7). Este es uno de los aspectos más revolucionarios de la teoría. Al ejercitar la mente, estoy entrenando una o algunas de las múltiples inteligencias, y no "la" inteligencia en general. Por ende, a partir de esta premisa, empieza a importar, y mucho, qué inteligencia o inteligencias se trabajan en cada momento o instancia educativa.

Como dijimos, la neurociencia vino, en parte, a frenar y corregir los "excesos de racionalismo" –si cabe la expresión– de algunas vertientes de la ciencia cognitiva. Y uno de los puntos atacados fue la teoría de las inteligencias múltiples. En particular, su forma de clasificar y agrupar las inteligencias y su planteo de una horizontalidad plena –esto es, la negativa tajante de Gardner a admitir jerarquías o cierta generalidad en algunas inteligencias–. Lo anterior ha provocado dudas acerca de la medida en que esta teoría posee actualmente validez científica.

No corresponde ni está dentro del alcance de este texto analizar las críticas neurocientíficas a la teoría de las inteligencias múltiples. Lo que nos interesa aquí es la faz o implicancia educativa de la idea de modularidad y multiplicidad de la inteligencia. Únicamente en ese sentido se servirá esta obra de la perspectiva de inteligencias múltiples. Empero, no se descarta la posibilidad de cierta jerarquía parcial o relativa entre las capacidades cerebrales. El propio Gardner admitió: "Aunque la teoría de las inteligencias múltiples es coherente con muchos indicios empíricos, no ha sido sometida a pruebas experimentales serias dentro del ámbito de la psicología" ([1993] 2015: 47).

Uno de los aspectos más revolucionarios de la teoría en cuestión fue el hecho de haber usado la palabra "inteligencias" en plural. Gardner reconoció que buena parte de sus ideas venían siendo trabajadas desde antes por diversos estudiosos. Lo que nadie había hecho era elevar las diversas facultades esenciales del cerebro humano a la categoría de "inteligencias". El objetivo de esa audacia fue quebrar definitivamente la concepción unitaria de la inteligencia.

Se llamen inteligencias, facultades o capacidades, sean relativamente igualitarias o jerárquicas, lo importante a los fines educativos es la multiplicidad y maleabilidad de las estructuras cerebrales fundamentales.

Es cierto que algunas tendencias educativas inspiradas en la teoría de las inteligencias múltiples parecieron reeditar la simbiosis del igualitarismo y el competencialismo, solo que esta vez en una suerte de igualitarismo-cognitivo. El cognitivismo educativo –es decir, una óptica pura y exclusivamente centrada en las capacidades o inteligencias– corre el riesgo de convertirse en un nuevo enfoque parcial o unidimensional y, por ello, insuficiente.

Ahora bien, también la propagación de esta teoría en el ámbito educativo ha ayudado a una comprensión más profunda de la didáctica, la gestión curricular, la evaluación y la personalización (Gardner, [1983] 2017; De Bono, [1992] 2014; Nadal Vivas, 2015; Hoerr, 2000; Sánchez & Llera, 2006; Prada, Rincón & Hernández, 2018; De Luca, 2004; Campos, 2010). La idea de que las inteligencias pueden entrenarse y mejorarse por separado abrió una nueva dimensión en la enseñanza. Ya no solo se trata de transmitir información o ejercitar competencias específicas, sino también de entrenar inteligencias o capacidades potenciales.

Hacia un listado de *inteligencias educativas*

Más allá de la polémica sobre la teoría de las inteligencias múltiples, es posible hablar sobre inteligencias en plural a los fines educativos.

Como advirtió el propio Gardner, la complejidad cerebral impide identificar una estructura mental unívoca. Pues, no hay fronteras o delimitaciones claras entre los distintos sectores del cerebro. Existen funciones que utilizan neuronas de diversas zonas y "la proximidad física en el sistema nervioso puede no reflejar mecanismos neurales semejantes" (Gardner, [1983] 2017: 56).[6] A esta complejidad se suma una cierta flexibilidad que hace que puedan existir variaciones de persona a persona.

No existe, y jamás puede existir, una sola lista irrefutable y aceptada en forma universal de las inteligencias humanas. (…). Podremos aproximarnos más a esta meta si nos atenemos solo a un nivel de análisis (por ejemplo: la neurofisiología) o a una meta (por ejemplo: la predicción del éxito en una universidad técnica); pero si estamos buscando una teoría decisiva del rango de la inteligencia humana, podemos esperar que jamás completaremos nuestra investigación. (…). En la actualidad debe reconocerse que la selección (o rechazo) de una posible inteligencia recuerda más un juicio artístico que una apreciación científica. (*Ídem*: 82-83 y 86).

---

6. Si bien Howard Gardner alega que ningún criterio para identificar inteligencias es perfecto, reconoce que el neurológico es el más importante. "Cada investigador tiene una inclinación, y en mi propio caso creo que la información más valiosa (y menos engañadora) proviene de un conocimiento profundo del sistema nervioso: cómo está organizado, cómo se desarrolla, cómo falla. Me parece que los hallazgos sobre el cerebro sirven como la corte de última instancia, el último árbitro entre descripciones en competencia de la cognición" (Gardner, [1983] 2017: 57).

Si bien las neurociencias han avanzado desde que Gardner escribió esas palabras, en última instancia, dónde empieza y termina cada inteligencia y subinteligencia es, en parte, una cuestión de convención y practicidad. Es decir, el acuerdo sobre cuáles son las inteligencias existentes en el ámbito de la educación no tiene por qué ser necesariamente el mismo que el que rija en la medicina o en la psicología. Esto no implica negar el valor de la unificación de criterios, pero no debe hacerse a costa de la practicidad.

Al escribir sobre las inteligencias múltiples, siempre he señalado que cada inteligencia está compuesta a su vez de unidades constituyentes. Hay varias subinteligencias musicales, lingüísticas y espaciales; y para ciertos propósitos analíticos o de entrenamiento, puede ser importante analizar la inteligencia en este nivel de sutileza. (Gardner, 2022: 12).

En este sentido, nos tomaremos ciertas licencias en favor del interés educativo. Tendremos por "inteligencias educativas" las capacidades mentales fundamentales que son ejercitables de modo relativamente autónomo y directo. Entrenar una inteligencia, como dijimos, tiene que ver con aumentar la "capacidad instalada" o la "potencialidad" de la mente.

El propio Gardner expresa que "la identificación de la historia del desarrollo de la inteligencia, junto con el análisis de su susceptibilidad a la modificación y capacitación, constituye la más alta trascendencia para los profesionales de la educación" (Gardner, [1983] 2017: 88).

Debe haber un criterio de economía o simplificación. No resultaría viable un listado demasiado largo de inteligencias. Se debe reconocer la mínima cantidad necesaria que sirva para no dejar ninguna capacidad principal o medular sin ejercitar.

Apuntaremos, en cierto modo, a los centros de gravedad de ejercitación neurocognitiva; esto es, a las capacidades de ejercitación más profunda, estratégica y ramificada.

No es objeto de este trabajo ahondar en detalle en cada inteligencia o función, pero se brindará una breve definición o idea orientadora de cada una. La siguiente lista no pretende ser definitiva, sino más bien ejemplificativa y, como dijimos, útil a fines educativos. Es solo una propuesta entre muchas que puede ser usada a fines prácticos.

Dicho esto, las inteligencias educativas que consideraremos son:

1) *Inteligencia memorística:* Capacidad de recordar y usar tipos de información almacenada en el cerebro a largo, mediano y corto plazo. Habitualmente, como dijimos, no es incluida dentro de las inteligencias al ser interpretada como una "facultad horizontal", al haber distintos

tipos de ella (episódica, implícita, semántica, etc.) y tener vinculaciones o asociaciones diversas con las inteligencias. En palabras de Gardner: "Existen considerables indicios neuropsicológicos que permiten separar la memoria lingüística de la memoria espacial, facial, corporal o musical" (Gardner, [1993] 2015: 56). Sin embargo, al efecto educativo, resulta conveniente agregarla. Después de todo, ella hace a una aptitud del cerebro que nos ayuda a resolver problemas y que, en principio, puede ser entrenada (Arias Silva, 2022), por más que debamos admitir que habrá múltiples tipos de memoria a ejercitar (y quizá solo algunas de ellas puedan ejercitarse autónomamente).[7]

2) *Inteligencia lógico-analítica:* Capacidad de realizar razonamientos y deducciones coherentes o no contradictorios a partir de un conjunto de premisas o datos iniciales. ¿Es la lógica pedagógicamente separable de la abstracción? ¿En qué medida se vincula esta última con la imaginación? El propio Gardner ha deslizado sus dudas sobre la posibilidad de que la inteligencia que él llama lógico-matemática sea una súper inteligencia o función más general (Gardner, [1983] 2017: 172).

3) *Inteligencia imaginativa:* Capacidad de representar y manipular mentalmente imágenes, objetos o ideas. También llamada "espacial" o "visual". Surge la duda, a los fines educativos, sobre si se la debe entender en estrecha vinculación con la abstracción y/o la creatividad. ¿Cabe considerar, a fines pedagógicos, a la abstracción (o alguna variante de ella) como una forma superior de la imaginación? ¿Debiéramos aludir a una "imaginación-abstracción" o a una inteligencia imaginativa-creativa?[8]

---

7. Expresa Gardner en relación con la memoria: "Tampoco existe mucha simpatía por la noción de la memoria funcional general o espacio de almacenamiento que pueden usar igualmente bien (o pedir prestada) los distintos mecanismos computacionales de propósito general. En vez de ello, la acometida de esta posición orientada biológicamente es que cada mecanismo intelectual opera en forma sensible bajo su propio impulso, empleando sus propias capacidades perceptoras y mnemotécnicas con poca razón (o necesidad) para pedir prestado espacio de otro módulo. (…). Bien pueden existir propiedades y regiones comunes, pero con seguridad no son lo único e incluso pueden no ser la parte más pertinente (y educacionalmente importante)" (Gardner, [1983] 2017: 80-81).

8. En palabras de Gardner: "La inteligencia espacial comprende una cantidad de capacidades relacionadas de manera informal: la habilidad para reconocer instancias del mismo elemento; la habilidad para transformar o reconocer una transformación de un elemento en otro; la capacidad de evocar la imaginación mental y luego transformarla; la de producir una semejanza gráfica de información espacial, y cosas por el estilo. Es concebible que estas operaciones sean independientes entre sí y que pudieran desarrollarse o fallar por separado; sin embargo, así como el ritmo y tono operan juntos en el área de la música, así típicamente las capacidades mencionadas ocurren juntas en el ámbito espacial. En efecto, operan como una familia, al punto que el uso de cada operación bien puede reforzar el uso de las demás. (…). En efecto, tras de muchas teorías

Según Arnheim: "El pensamiento en verdad productivo en cualquier área de la cognición ocurre en el ámbito de la imaginación" (1969). Por su parte, Gardner afirma que "a menudo los científicos e inventores han narrado el papel vívido de la imaginación en la solución de problemas" (Gardner, [1983] 2017: 201). En cualquier caso, no se puede subestimar la importancia central y destacada de la imaginación. Esta debiera ser estimulada de forma sistemática y continua por el sistema educativo.

4) *Inteligencia creativa:* Capacidad de elaborar ideas originales a partir de la combinación novedosa de nociones previas. No es entendida como una inteligencia separada desde el enfoque de inteligencias múltiples, ya que se la asocia a distintas inteligencias. Sin embargo, dada su importancia, a los fines educativos la abordaremos por separado. De todas maneras, puede uno permitirse dudar sobre el rango o naturaleza de la creatividad. De hecho, en su teoría triárquica, Sternberg la considera una inteligencia (Sternberg, 1985). "Para seleccionar o conformar entornos, se requiere la imaginación que cree una visión de cómo debería ser ese entorno y de cómo ese entorno idealizado puede hacerse realidad" (Sternberg & O'Hara, 2005: 114). Para Guilford, la creatividad era un subconjunto de la inteligencia (1967). También se ha expresado que "si la inteligencia significa seleccionar y moldear entornos, entonces inteligencia es creatividad" (Ochse, 1990: 104). ¿Es la creatividad un estado de desarrollo elevado de cada una de las demás inteligencias? Una persona con una inteligencia musical extraordinaria, ¿será necesariamente creativa musicalmente? ¿Puede existir una persona muy creativa, que constantemente reformula, innova y crea nuevas ideas, pero con escasa inteligencia en el ámbito en que se desempeña, de manera tal que sus inventos no resulten funcionales, oportunos o eficaces? ¿Está la creatividad asociada a la imaginación y la abstracción o solo puede servirse de ellas sin ser reducible a ellas?

5) *Inteligencia lingüística escrita:* Capacidad de estructurar, sintetizar y comunicar por medio del lenguaje escrito las ideas y pensamientos.

6) *Inteligencia lingüística oral:* Capacidad de estructurar, sintetizar y comunicar por medio del lenguaje hablado las ideas y pensamientos.

---

científicas se encuentran 'imágenes' de alcance amplio: la visión de Darwin del 'árbol de la vida', la noción de Freud del subconsciente como si estuviera sumergido como un témpano, la vista de John Dalton del átomo como un pequeñísimo sistema solar son las figuras productivas que dan lugar, y ayudan a dar cuerpo, a concepciones científicas fundamentales. Es posible que tales modelos o imágenes mentales también desempeñen un papel en formas más mundanas de la solución de problemas" (Gardner, [1983] 2017: 187-188).

Rafael Eduardo Micheletti

7) *Inteligencia emocional-intrapersonal o "introspectiva":* Capacidad de identificar y comprender las propias intenciones, motivaciones, emociones y sentimientos.

8) *Inteligencia emocional-interpersonal o "empática":* Capacidad de identificar, comprender y vivenciar las intenciones, motivaciones, emociones y sentimientos ajenos.

9) *Inteligencia corporal:* Capacidad de realizar y coordinar movimientos del cuerpo con precisión en función de un objetivo. También llamada "cinestesicocorporal". "Una característica de este tipo de inteligencia es la habilidad para emplear el cuerpo en formas muy diferenciadas y hábiles, para propósitos expresivos al igual que orientados a metas. (…). Igualmente característica es la capacidad para trabajar hábilmente con objetos" (Gardner, [1983] 2017: 215).

10) *Inteligencia musical:* Capacidad de reconocer y manipular mentalmente sonidos, notas y melodías.

11) *Inteligencia naturalista:* Capacidad de reconocer, analizar e interactuar con los procesos biológicos y seres vivos que se desarrollan en la naturaleza. O, dicho de otro modo, la capacidad de "explorar el mundo de las plantas y los animales" (Gardner, [1999] 2016: 31) en contraposición con el de otros seres humanos. Dado que la mayor parte de nuestra historia evolutiva estuvo ligada a la naturaleza, nuestro cerebro habría desarrollado, según Gardner, una sección especializada en ello. De hecho, tanto es así que los estudios confirman que el contacto con la naturaleza (o con algunos elementos de ella, como la madera, espacios verdes o el sonido del agua corriendo) ayuda a reducir el estrés y mejora la concentración, la atención dirigida y el funcionamiento emocional (Goldin, 2022: 111).

12) *Inteligencia intuitiva:* Capacidad de procesar información de manera rápida e inconsciente, accediendo de forma directa a la conclusión o resultado final y liberando inteligencia consciente. Por esto último, es un apoyo vital para todas las demás inteligencias y suele estar muy asociada con la creatividad. No es una inteligencia autónoma para Gardner. "La intuición en las cuestiones sociales predice poco acerca de la intuición en el ámbito mecánico o musical" (Gardner, [1983] 2017: 90). Sin embargo, a fines educativos, permanece una duda razonable acerca de si puede ser ejercitada autónomamente. Descubrimientos recientes parecieran reconocerle cierta autonomía cognitiva o biológica, por lo menos parcial. Por eso, tentativamente, la consideraremos una inteligencia. A diferencia de lo que ocurre en otros ámbitos, en materia educativa la presunción, en

caso de duda, debe ser a favor de incluir la función como inteligencia. Pues, es mejor ejercitarse de más que de menos.

Estas son, de manera simple y tentativa, las inteligencias (y quizás en algunos casos subinteligencias) que cabría esperar que se trabajaran de forma directa y sistemática en el sistema educativo. No se trata solo de entrenarlas para aumentar la capacidad instalada, sino también de reconocerlas, entenderlas y saber usarlas. Además, es importante combinarlas, para evitar que una interfiera con la otra y lograr que se potencien mutuamente (Moran, Kornhaber & Gardner, 2006).

Como dijimos, el listado de inteligencias educativas no está cerrado y puede variar según el avance científico, el contexto y los objetivos para los que lo usemos. Por ejemplo, se ha debatido la realidad de una inteligencia "existencial". Ella consistiría en la capacidad para contemplar fenómenos o cuestiones más allá de los datos sensoriales y encontrar los sentidos últimos y las esencias de la realidad (Gardner, [1999] 2016).

Sin embargo, es dudoso si esto es realmente una inteligencia autónoma. Podría ser más bien el resultado de –lo que veremos más adelante– un desarrollo volitivo elevado que altere la percepción de la realidad y nos permita darle un sentido más profundo a la existencia, probablemente en combinación con una fuerte inteligencia intrapersonal. A los fines de esta obra, la espiritualidad será considerada una dimensión separada de las inteligencias. Puede nutrirse de ciertos aspectos de la inteligencia, pero la trasciende.

La intuición es otro caso, como dijimos, de inteligencia polémica. Generalmente, no es considerada una inteligencia. Ahora bien, es importante que las personas aprendan a identificar correctamente y a usar responsablemente las ideas intuitivas, diferenciándolas de los impulsos emocionales y revisándolas de manera consciente. A fines educativos, ante la duda, es conveniente jerarquizarla como inteligencia.

En palabras de Bruner:

El pensamiento intuitivo, la ejercitación de *corazonadas*, es un rasgo esencial y muy descuidado del pensamiento productivo, no solo en las disciplinas académicas formales, sino también en la vida diaria. (…). ¿Pueden los niños (…) ser conducidos a dominar este don? (Bruner, [1960] 1963: 21).

Howard Gardner reconoce la existencia de una habilidad intuitiva, aunque, como dijimos, no la considera una inteligencia. La define como "el reconocimiento de una solución a través de medios instantáneos, no reflexivos" ([1983] 2017: 316) y admite que unos individuos son más intuitivos que otros (2022: 13). "Muchos matemáticos informan que perciben una solución o una dirección mucho antes de que hayan resuelto cada paso en detalle" ([1983] 2017: 155-156).

Es factible que buena parte de la capacidad intuitiva, si no toda ella, se encuentre en el cerebelo, una suerte de segundo cerebro que se halla debajo del cerebro principal.

> El cerebelo (del latín "pequeño cerebro") es una estructura de dos hemisferios localizada justo bajo la parte anterior del cerebro. (…). Contiene más neuronas que todas las demás áreas del cerebro juntas. (…). Este área coordina el movimiento. (…). Es importante para el rendimiento y la temporización de tareas motoras complejas. (…). El cerebelo también puede almacenar los recuerdos de movimientos automatizados, tales como el tecleo frente al ordenador o atarnos los cordones de los zapatos. Mediante estos automatismos se puede mejorar el rendimiento, dado que las secuencias de movimiento se pueden realizar con mayor rapidez, mayor exactitud y menor esfuerzo. (…). Estudios recientes indican que se había subestimado el papel del cerebelo. Los investigadores creen, en la actualidad, que también actúa como una estructura de apoyo en el procesamiento cognitivo, coordinando y afinando nuestros pensamientos, emociones, sentidos (especialmente el tacto) y los recuerdos. (…). Puede realizar dichas habilidades de forma automática, sin una atención consciente en el detalle. Esto permite que la parte consciente del cerebro tenga la libertad de atender otras actividades mentales, ampliando así su alcance cognitivo. Dicha ampliación de las capacidades humanas no se puede atribuir a ninguna parte concreta del cerebelo y contribuye a la automatización de numerosas actividades mentales. (Sousa, 2014: 25).

La intuición puede usarse, por lo menos, de dos formas: tanto en calidad de "atajo" (conclusión rápida y espontánea) como en condición de "alerta temprana" (percepción de que algo anda mal). Y es de suponer que su uso sistemático y continuo pueda afinar y potenciar esta capacidad. Así, se liberaría espacio en la inteligencia consciente para alcanzar una mayor rapidez, eficiencia y complejidad y para lograr aprovechar y procesar una mayor cantidad de información.

Cabe deducir que el procesamiento inconsciente de información sea energéticamente menos demandante que el procesamiento consciente. Así, la intuición amplía la cantidad total de información que somos capaces de procesar. No quiere decir que no se pueda equivocar, pero revisar conscientemente conclusiones elaboradas inconscientemente es más rápido y menos costoso que elaborar y revisar esas ideas de manera consciente.

En cualquier caso, el listado anterior de inteligencias educativas es un puntapié inicial, un modelo o guía abierto, modificable y adaptable según el contexto, los objetivos prioritarios y el avance de la ciencia.

Es fundamental que seamos conscientes de las inteligencias que se trabajan en la escuela, en cada curso o materia, en cada clase... Quizás no podamos, al menos en un comienzo, ejercitarlas ni evaluarlas todas. Sin embargo, el hecho de identificar cuáles estamos entrenando y midiendo es una base crucial para apuntar hacia la mayor diversificación, sistematicidad e integralidad que sea posible.

Hacia una neurociencia cognitiva educativa

La revolución que nunca llega

En las últimas décadas, los estudios sobre educación y neurociencia se han desarrollado profusamente. Sin embargo, existe cierta desazón en relación con su impacto concreto. Se sigue esperando una gran revolución que parece no llegar nunca (Puebla & Talma, 2011: 383; Blakemore & Frith, 2000).

La transferencia de saber desde las neurociencias hacia la pedagogía no ha sido tan sencilla, pacífica ni automática. Por eso, se precisan investigaciones y desarrollos orientados a tender puentes entre ambos mundos. "Estas disciplinas, así como las modernas ciencias cognitivas, requieren de articuladores especialmente preparados para, desde las pedagogías, ir promoviendo una útil y prolongada complementariedad" (Puebla & Talma, 2011).

Según Puebla y Talma, la debilidad de esta conexión se debe a que las neurociencias y la educación poseen objetos de estudio de naturaleza diferente, que llevan a metodologías de investigación también disímiles, muchas veces difíciles de compatibilizar. "Nada asegura que las serias contribuciones que se han hecho hasta ahora desde estas disciplinas vayan a tener aplicación o repercusión directa sobre las disciplinas propias de la educación" (2011: 384).

Asimismo, se han señalado barreras de idioma y falta de comunicación entre los investigadores neurocientíficos y los profesionales de la educación (Pickering & Howard-Jones, 2007).

Los neurocientíficos como tales están aún lejos de poder acercarse sin más a intentar resolver los problemas educativos dado que, como se ha señalado antes, aún su principal foco de estudio son las representaciones mentales. (…). La disciplina de las neurociencias de la educación tiene que llegar a establecerse como tal. (Puebla & Talma, 2011: 385).

Es por lo anterior que toda transposición de saber neurocientífico a la educación debe ser tomada con cautela. Esto, tanto si la realiza un neurocientífico como si la hace un pedagogo. Pues, en ambos casos, es difícil que puedan comprender cabalmente el área que no sea de su incumbencia principal. Esta investigación, desde luego, queda afectada por dichas limitaciones, ya que es realizada desde la pedagogía, sin conocimientos avanzados de neurociencia cognitiva.

En este marco, se han desplegado argumentaciones escépticas sobre el real potencial de las neurociencias para aportar a la educación. Estas críticas han alertado sobre la extrapolación de resultados neurocientíficos, de animales a seres humanos y de instrumentos de laboratorio a contextos de aula, con criterios de generalización y descuido de la complejidad de los procesos educativos (Barrios-Tao, 2016: 399; Bruer, 1997). No han faltado voces a favor de una pausa estratégica, para dejar que el transcurso del tiempo esclarezca aún más el ámbito neurocientífico antes de ensayar aplicaciones educativas (Salas Silva, 2003).

Otros, más optimistas, afirman que es cuestión de tiempo y de encontrar los puntos de conexión estratégicos que brinden los puentes entre ambas disciplinas. Después de todo, "los nuevos conocimientos acerca de cómo el cerebro aprende y memoriza se suceden de un modo acelerado, cambiante, año tras año, mes tras mes" (Mora, 2013: 14).

Se ha hecho foco en el aprendizaje, así como en la conexión del aprendizaje con las emociones y con el medio o entorno, como ejes sobre los cuales cabría imaginar una imbricación fructífera entre ambas áreas (Barrios-Tao, 2016: 401-403). También se ha aseverado que la atención, la memoria y las funciones ejecutivas en general podrían servir de conexión, ya que son habilidades que se pueden entrenar (Arias Silva, 2022). Se ha insistido, así, en la urgencia por desarrollar una neurociencia educativa (Varma, McCandliss & Schwartz, 2008).

Es posible que algunas de las dificultades tengan que ver con la ausencia de paradigmas o modelos pedagógicos adaptados y actualizados según el avance de la ciencia. Esto solo puede realizarse desde la pedagogía. Mientras ello no se lleve a cabo, la aplicación de las neurociencias será relativamente limitada; una suerte de conglomerado de datos inconexos o asistemáticos difíciles de absorber y vincular para los docentes y pedagogos.

Lo anterior no implica negar que las ciencias cognitivas y las neurociencias han realizado desarrollos sorprendentes que son importantes para la educación. A continuación, veremos algunos de los más relevantes.

Complejidad

La alta complejidad del cerebro humano abre nuevos desafíos para la educación. Un cerebro más simple sería más fácil de educar. Pero, nos guste o no, tenemos uno extremadamente sofisticado. Por eso, se precisa de mucha constancia, perseverancia, astucia y sutileza para lograr el pleno potencial de nuestro órgano pensante.

La complejidad del cerebro nos remite a un modelo complejo de enseñanza. Este posee diversos niveles de profundidad, cual capas solapadas que se interrelacionan y, a su vez, cada una se compone de múltiples elementos, también interconectados entre sí. Hay emergentes propiedades del cerebro como un sistema total que no pueden ser reconocidas o entendidas cuando solo se exploran las partes separadamente (Caine & Caine, 1997; Salas Silva, 2003; Barrios-Tao, 2016: 399).

En el plano cognitivo, la complejidad no deviene exclusivamente de la multiplicidad de inteligencias o capacidades, sino también de las interacciones que pueden darse entre estas tanto al interior como hacia afuera de la persona.

Las inteligencias no están aisladas; pueden interactuar entre sí en un individuo para producir una variedad de resultados. Por ejemplo, un bailarín exitoso debe combinar inteligencias musicales, espaciales y corporal-kinestésicas; un novelista de ciencia ficción debe utilizar inteligencias lógico-matemáticas, lingüísticas, interpersonales y algunas existenciales; un abogado litigante eficaz debe combinar inteligencias lingüística e interpersonal; un camarero hábil utiliza las inteligencias lingüística, espacial, interpersonal y corporal-kinestésica; y un biólogo marino necesita fuertes inteligencias naturalista y lógico-matemática. En el ámbito educativo, las diferentes inteligencias pueden interactuar de dos maneras: dentro del estudiante y entre estudiantes. (Moran, Kornhaber & Gardner, 2006).

Las inteligencias pueden vincularse de distintas maneras entre ellas. A veces se interfieren u obstruyen. Por ejemplo, cuando un estudiante tiene buenas habilidades sociales (fuerte inteligencia interpersonal), pero posee problemas para hacer amigos al no lograr hablar con los demás fácilmente porque su inteligencia lingüística es muy débil. Otro caso podría ser el de un estudiante con deficiencias en la inteligencia intrapersonal, lo cual le dificulta regular sus estados de ánimo o pensamientos. Esto podría impedirle completar sus tareas de matemáticas de manera constante y, por lo tanto, ocultar su fuerte inteligencia lógico-matemática (Moran, Kornhaber & Gardner, 2006).

En otras ocasiones, una inteligencia apoya a la otra o compensa su debilidad. Por ejemplo, un estudiante puede hacer excelentes presentaciones en clase por usar eficazmente su postura corporal y sus gestos, aunque la estructura de sus oraciones sea algo complicada. O una fuerte inteligencia imaginativa o espacial puede mejorar la capacidad de un estudiante para conceptualizar un problema matemático (Moran, Kornhaber & Gardner, 2006).

Como se ha expresado, el cerebro no solo posee múltiples zonas asignadas a funciones en distintos niveles o planos de análisis, sino que además se encuentra interconectado. Las zonas poseen autonomía para expresarse y desarrollarse, pero no son completamente independientes. En muchas ocasiones, y en mayor medida cuanto más compleja es la actividad, las diversas zonas y funciones colaboran entre ellas. Por ejemplo, "en el caso del dibujo de imitación hecho a pulso, determinadas estructuras del hemisferio izquierdo son decisivas para proporcionar detalles, en tanto que estructuras del hemisferio derecho tienen igual importancia para dominar el contorno global del objeto retratado" (Gardner, [1983] 2017: 79).

Como vemos, la dimensión de la complejidad cerebral es prácticamente inabarcable. Son tantas las singularidades, combinaciones y yuxtaposiciones potenciales de las inteligencias o capacidades humanas que, inevitablemente, debe hacerse un recorte o priorizarse determinadas actividades, saberes o competencias sobre otros. Sin embargo, por otro lado, la interconexión y el funcionamiento interdependiente de las diferentes zonas obliga a enfatizar la importancia de la educación integral.

Esto conduce a entender la integralidad de la educación en un sentido vertical, además de horizontal. Resulta crucial abarcar razonablemente todos los "niveles de profundidad educativos" (como veremos más adelante), garantizando un mínimo de ejercitación y evaluación en cada uno, así como en cada componente dentro de cada nivel. También es relevante bregar por una adecuada retroalimentación entre los diversos niveles y componentes.

Luego, el inevitable recorte podrá realizarse de manera más sencilla, según el perfil de cada institución o el contexto sociocultural, pero a sabiendas de que lo indispensable estará presente. Es decir, el recorte podrá llevarse a cabo con una conciencia mucho más tranquila.

Apuntar a lo profundo permite suponer, también, que se le estarán dando a los estudiantes las herramientas y habilidades que podrán usar en el futuro para rellenar cualquier hueco más superficial que hubiera sido desatendido en su recorrido educativo.

Diversidad

La diversidad cerebral de los seres humanos es un dato importante para pensar la educación. El hecho de que nuestras experiencias, pensamientos, acciones y esfuerzos vayan modelando e impactando en nuestra propia estructura y dinámica cerebral nos hace más diversos de lo que pensábamos. Cada cerebro está organizado de manera única: todos tenemos el mismo conjunto de sistemas y, sin embargo, todos somos diferentes. Algunas de estas diferencias son una consecuencia de nuestra herencia genética. Otras son consecuencia de experiencias diferentes y entornos diferentes. (…). Un importante corolario es apreciar que los alumnos son diferentes y que necesitan elegir, mientras están seguros de que están expuestos a una multiplicidad de inputs. Las inteligencias múltiples y vastos rangos de diversidad son, por lo tanto, características de lo que significa ser humano. (Salas Silva, 2003).

Esta diversidad no debe llevar a paralizarnos ante tanta complejidad. Pues, es preciso verlo como una oportunidad, más que como un mandato dogmático. Además, hay una estructura básica que es bastante general. La esencia del ser humano es universal, si bien se expresa y se despliega de forma particular y diferente en cada persona.

Como veremos más adelante, la personalización tiene sus límites, y más todavía en el marco de un sistema educativo masificado. Y todo indica que este, por lo menos en su mayor parte, seguirá siendo masificado por un buen tiempo más.

Plasticidad

En los inicios del siglo XIX, Kant escribió: "Es probable que la educación vaya mejorándose constantemente, y que cada generación dé un paso hacia la perfección de la humanidad; pues tras la educación está el gran secreto de la perfección de la naturaleza humana" (Kant, 1803: 2). Y agregó: "La inteligencia, en efecto, depende de la educación, y la educación, a su vez, de la inteligencia" (*ídem*: 3). Más de dos siglos después, sus palabras no pueden ser más acertadas.

Uno de los filósofos y psicólogos más geniales de todos los tiempos, William James, también se anticipó, junto con Kant, al principio de plasticidad cerebral. "La materia orgánica, en especial el tejido nervioso, parece estar dotada con un grado de plasticidad extraordinario" (James, [1890] 1989: 87).

En 1949, Donald O. Hebb publicó una obra revolucionaria en la que sentó las bases de la comprensión del principio de plasticidad cerebral. En ella, postuló que las sinapsis entre neuronas se fortalecen cuando se activan repetidamente en conjunto (Hebb, [1949] 2002). Es decir, el cerebro cambia. A medida que pasa el tiempo, crece la importancia que se le asigna a la capacidad plástica y adaptativa del cerebro. De esta manera, en paralelo, aumenta la importancia que se le reconoce a la educación. "Hoy sabemos que una buena educación produce cambios profundos en el cerebro que ayudan a mejorar el proceso de aprendizaje posterior y el propio desarrollo del ser humano" (Mora, 2013: 10).

Se ha descripto la plasticidad cerebral o neuronal como la "capacidad de las redes neuronales para extender, podar, reorganizar, corregir o fortalecerse con base en la adquisición de nueva información, obtener retroalimentación correctiva, y el reconocimiento de las asociaciones entre el conocimiento nuevo y previo" (Willis, 2010: 55). Ella opera, no solo en el nivel de la neurona y sus subestructuras, tales como dendritas y espinas dendríticas, sino también en el plano de agregados o redes neuronales (Barrios-Tao, 2016: 406).

Esta plasticidad, considerada como la capacidad inherente del cerebro para adaptarse a un entorno cambiante, está en la "base del desarrollo del cerebro y la maduración, y por lo tanto proporciona los mecanismos que subyacen en la adaptación y el aprendizaje" (De Jong, 2008: 51).

En algunos estudios se consideró la importancia de la plasticidad hasta el punto de calificarla como la adaptabilidad del cerebro "que hace posible el aprendizaje y la enseñanza" (Grushka, Donnelly & Clement, 2014: 361).

La información descubierta en las dos últimas décadas ha confirmado que el cerebro retiene su plasticidad a lo largo de toda la vida. Por ende, se supone que podemos aprender en cualquier etapa, aunque de formas un tanto diferentes en cada una de ellas (Barrios-Tao, 2016: 406).

La plasticidad no es, desde luego, absoluta. Como veremos más adelante, existen "ventanas de oportunidad" en el desarrollo cerebral, que implican períodos de máxima plasticidad, en especial a edades tempranas. Con el tiempo, la plasticidad parece disminuir, aunque nunca desaparece del todo.

Distintas zonas del cerebro poseen diverso ritmo de maduración y, por ende, diferentes tiempos para sus ventanas de oportunidad.

Las regiones que se desarrollan más tarde en la infancia, como los lóbulos frontales o el cuerpo calloso, resultan ser más maleables que las que se han desarrollado en los primeros días y semanas de vida, como la corteza sensorial primaria. (…). Cuando se trata de las capacidades humanas más complejas, como el lenguaje, el individuo puede soportar incluso daño masivo en sus primeros años de vida, como la extirpación de un hemisferio completo, y todavía adquirir la capacidad de hablar en forma razonablemente normal: esta recuperación indica que grandes porciones de la corteza se mantienen imparciales (y por tanto disponibles para usos diversos) durante la niñez temprana. (Gardner, [1983] 2017: 66).

La plasticidad cerebral opera de distintos modos y a diferentes niveles. El cerebro tiene varias maneras de ser flexible. William Greenough ha demostrado que, en animales criados en ambientes complejos, uno encuentra neuronas mayores en determinadas áreas cerebrales, al igual que más sinapsis, conexiones sinápticas y otras conexiones dendríticas. Es decir, los cambios neuronales que acompañan las diferencias en la experiencia están asociados con cambios en la cantidad, el patrón y las cualidades de las conexiones sinápticas (Gardner, [1983] 2017: 68).

En experimentos realizados con ratas, se demostró que aquellas criadas en ambientes enriquecidos, con más estímulos, obstáculos y desafíos (por ejemplo, mayor cantidad de población de ratas, juguetes, escaleras, ruedas, colores, etc.), mostraron mayor desarrollo cognitivo y mejor aspecto físico que aquellas criadas en entornos más empobrecidos. Las ratas "enriquecidas" se desempeñaron mejor en diversas tareas conductuales y sus cortezas cerebrales pesaron 4% más que las de las ratas "empobrecidas" (*ídem*: 68).

Estudios recientes sobre personas con oficios diversos muestran que, cuanto más complejas sean las actividades demandadas por la profesión en cuestión, mayor será el número de dendritas (especies de puertos de conexión para recibir axones de otras neuronas) que se hallen en las neuronas. Esto permitiría un mayor número de conexiones y mayor cantidad de lugares para almacenar aprendizajes (Sousa, 2014: 27).

Durante muchos años, los Vogt realizaron estudios neuroanatómicos de los cerebros de muchos individuos, incluso el de artistas talentosos. Un pintor cuyo cerebro estudiaron mostró una cuarta capa muy grande de células en su corteza visual, y un músico con perfecta entonación desde la niñez temprana tenía una región análogamente grande de células en la corteza auditiva. (Gardner, [1983] 2017: 69).

Se abona así la idea de aumentar progresivamente la complejidad de las actividades de enseñanza. A mayor "exigencia" del entorno, más complejidad cerebral tiende a desplegarse. Obviamente, debe ser una exigencia razonable, posible, soportable, estimulante, oportuna, pero exigencia al fin. No es cuestión de exigir por exigir, sino como medio para el aprendizaje, la adaptación y el desarrollo.

Hay mucho por investigar todavía sobre la naturaleza de la plasticidad cerebral. Empero, es un principio ampliamente demostrado de las ciencias cognitivas y las neurociencias. Las inteligencias y el cerebro pueden entrenarse y mejorarse con la práctica. Por eso el facilismo igualitarista ha sido tan dañoso. Es muy cómodo no exigir, o exigir poco, pero es tremendamente perjudicial.

Conexionismo

El conexionismo plantea que los procesos mentales pueden entenderse como el resultado de interacciones entre unidades neuronales. Explica la manera en que emergen funciones complejas a partir de la actividad colectiva de neuronas simples interconectadas.

En este sentido, el aprendizaje se explica como un proceso de ajuste de los pesos de las conexiones entre neuronas. Estos pesos cambian en respuesta a la experiencia, siguiendo reglas diversas.

El conexionismo y, más específicamente, las arquitecturas de redes neuronales (que son su aplicación concreta), han sido fundamentales para el desarrollo reciente de la inteligencia artificial avanzada. Esto ha permitido darles basamento empírico a procesos complejos, tendiendo un puente entre neurociencias y ciencia cognitiva (Puebla & Talma, 2011: 382).

El conexionismo puede articularse con la perspectiva modular de las inteligencias. Las arquitecturas de redes neuronales abonan la idea de que diversos modos de organización, interacción o funcionamiento de esas redes implican diferentes formas de procesar distintos tipos de datos. En eso consistirían, en última instancia, los distintos tipos de inteligencia.

Por otra parte, el conexionismo permite explicar también la lentitud del aprendizaje, en especial del aprendizaje o entrenamiento "profundo". El cerebro no aprende de manera directa y rápida, como cuando se instala un programa en un ordenador. Más bien requiere de un largo y repetitivo proceso de experiencia, prueba y error, así como de refuerzos positivos y negativos, todo lo cual va ajustando y perfeccionando las conexiones neuronales, sus pesos relativos y el funcionamiento de las redes cerebrales.

Por eso, el sistema de incentivos es crucial desde edades tempranas. No alcanza con dialogar con los niños y adolescentes. Tanto la concientización continua y sistemática como la estimulación y la generación de hábitos son importantes.

Si a la plasticidad le agregamos el conexionismo, podemos entender al mismo tiempo la flexibilidad y lentitud del desarrollo neuronal profundo.

Por eso, como veremos más adelante, para trabajar en los niveles educativos más profundos, deberemos armarnos de paciencia y no descartar el trabajo "a repetición", pero no una repetición mecánica o meramente memorística, sino entrenadora.

SEGUNDA PARTE:
NIVELES DE PROFUNDIDAD EDUCATIVOS

Nivel informacional

El nivel más superficial de la educación es el "informacional". No es superficial en un sentido peyorativo, sino porque se encuentra condicionado por los niveles más profundos. En cierto modo, este también condiciona a los demás, solo que de una forma más débil que a la inversa. Es, sin embargo, igual de importante. Pues, una educación integral y eficaz requiere de todos ellos trabajando juntos y retroalimentándose.

Las materias o espacios informacionales se refieren a la cultura general. Preparan al ciudadano para la vida adulta y le brindan la materia prima o caja de herramientas conceptuales que precisarán para desarrollarse laboral, social y democráticamente, así como para estimular los niveles educativos más profundos.

Si bien un espacio curricular informacional tendrá como prioridad la transmisión, internalización, manejo básico y comprensión de cierta información, deberá aprovechar las oportunidades que se le presenten, sin descuidar su objetivo principal, para abordar los demás niveles de profundidad.

En el marco de una materia informacional, los alumnos pueden, por ejemplo, incorporar y aplicar reglas mnemotécnicas y entrenar la memoria, que es tan importante como las demás capacidades cerebrales, o ejercitar la comprensión lectora. Así, se estarán cumpliendo múltiples objetivos en un solo espacio.

Toda transmisión de información lleva implícito el objetivo de desarrollar la facultad de comprenderla. De hecho, no se transmite información si no se desea que se la comprenda. Por eso, todo lo relativo a consolidación, manejo elemental y comprensión de la información queda subsumido en el nivel de profundidad "informacional".

Podría pensarse, quizás, en información tan básica que no requiera de ningún esfuerzo del maestro ni del alumno para su comprensión. Por ejemplo, el significado de los colores del semáforo.

Empero, por lo general, toda materia informacional, aunque su objetivo principal sea internalizar conceptos o contenidos, supondrá el desarrollo de la comprensión y de algún tipo de uso o aplicación básica de esa información. De hecho, esto último reforzará la retención e internalización (Perkins, [1992] 2001).

Para demostrar la comprensión de un concepto o teoría, el alumno puede realizar las llamadas actividades de comprensión. Estas incluyen, por ejemplo, sintetizar, crear mapas conceptuales o esquemas mentales, explicar, aplicar, ejemplificar, analizar, comparar, justificar, argumentar, criticar, contextualizar, etc. (*ídem*: 82-83). Como estas actividades de comprensión ayudan a crear imágenes mentales, indirectamente se estarán ejercitando, también, la inteligencia imaginativa y la capacidad de abstracción.

En ocasiones, la comprensión profunda de ciertos saberes exigirá el desarrollo de competencias o habilidades específicas más complejas, que trascienden lo meramente informacional. Por ejemplo, en Física, podría ser el hecho de explicar las acciones de los objetos y de los fenómenos del entorno cotidiano. O, en Historia, leer la prensa y recurrir a los principios históricos pertinentes para explicar lo que está ocurriendo y para realizar predicciones plausibles (Gardner, [1993] 2015: 207).

En estos casos, pueden crearse unidades competenciales en medio de los cursos informacionales. De todas formas, mientras la materia o unidad sea informacional, el objetivo último prioritario será la internalización y comprensión de saberes y toda competencia se usará como medio secundario para tal fin.

Los espacios curriculares informacionales son muchas veces vistos como anticuados. Diversas pedagogías novedosas pretenden desestimarlos por supuestas formas superiores de educación. Sin embargo, son vitales para el pleno desarrollo del ser humano. No se limitan a enriquecer la cultura general –de por sí importante–, sino que brindan las bases y la materia prima para funciones superiores, al tiempo que involucran, colateralmente, un fuerte entrenamiento múltiple: (1) competencial –técnicas de estudio, comprensión lectora, manejo de información, etc.–; (2) cognitivo –ejercitación de inteligencias memorística, lingüística y lógica, además de la automatización de saberes y procesos que liberan memoria de trabajo para actividades más complejas–; (3) emocional –hábito de lectura y estudio, curiosidad, etc.–, y (4) volitivo –capacidad atencional, constancia, esfuerzo, etc.–.

Vemos así que los cursos informacionales, cuyo objetivo principal es la transmisión, retención y comprensión de información, tienen efectos colaterales muy positivos en los restantes niveles de profundidad. Esto refuerza la idea de que los niveles de profundidad son en algún punto interdependientes, que deben atenderse todos ellos y que fue un grave error del igualitarismo competencial desechar completamente la enseñanza tradicional.

Incluso la enseñanza informacional estrictamente memorística, en su justa medida, posee importantes beneficios. Automatiza procesos que sirven luego de base para funciones más complejas. "Si bien este tipo de aprendizaje está algo desacreditado, utilizado de manera apropiada y en su justa medida tiene un valor intrínseco, más allá de recordar las capitales provinciales o el nombre de los huesos del cuerpo" (Goldin, 2022: 120).

Desde luego, no podemos quedarnos en la mera repetición y automatización, pero tampoco podemos desdeñarla. "Es necesario utilizar lo inconsciente para permitir que lo consciente dé su pleno desarrollo" (Planchard, [1948] 1978: 31). En palabras de William James:

El hábito simplifica los movimientos requeridos para obtener un determinado resultado, los hace más exactos y disminuye la fatiga. (…). Disminuye la atención consciente con que ejecutamos nuestros actos. (…). En una acción habitual, la simple sensación es una guía más que suficiente, y las regiones superiores del cerebro y de la mente quedan comparativamente libres. ([1890] 1989: 89-95).

Muchas veces ha sucedido que, por descuidar la enseñanza informacional clásica, así como la sana exigencia, los índices de aprendizaje descendieron. Se ha pretendido enseñar directamente actividades propias del pensamiento creativo y profundo sin pasar, primero, por las fases previas de automatización de saberes y procesos más básicos que le sirven de sostén.

Si bien es cierto que no puede toda la escolaridad ser solamente informacional, sin dudas una parte importante de ella debe serlo. Y no se pueden aplicar a los cursos informacionales las estrategias de enseñanza y evaluación propias de la educación competencial. Simplemente no van a funcionar adecuadamente para los objetivos informacionales. Cada docente debe adaptar sus prácticas de modo pragmático según la naturaleza de cada objetivo o unidad de enseñanza.

En el plano informacional existen contenidos estratégicos, especialmente necesarios o valorados por el entorno social. Por ejemplo, es crucial que, dentro de la cultura general a transmitir, se incluya la formación en valores y conocimientos democráticos. Solo una ciudadanía consciente sobre la importancia de la democracia liberal y de la participación ciudadana puede construir instituciones públicas eficientes y de alta calidad. Estas darán origen a un sistema educativo también eficiente y de alta calidad. Indirectamente, educar para la democracia es educar para la educación y hace a la calidad educativa futura.

Nivel competencial

Los espacios curriculares "competenciales" son aquellos cuyo objetivo prioritario es el desarrollo de una habilidad específica o conjunto de ellas. Entendemos las competencias como un saber hacer concreto y efectivo o como un uso relativamente complejo de la información.

Ejemplos de cursos competenciales podrían ser aquellos que tuvieran como finalidad la escritura de un ensayo, la pintura de un cuadro, la reparación de un electrodoméstico, la resolución de un problema matemático o el recitado de una poesía. La prioridad es, en este caso, enseñar a hacer algo. Habrá, seguramente, clases o unidades informacionales y, como hemos dicho, se deberán aprovechar las oportunidades que se presenten para abordar niveles educativos más profundos sin perjudicar el objetivo principal. Empero, todo lo demás quedará subordinado y supeditado al fin primordial de aprender una competencia específica o un conjunto de ellas.

Idealmente, las materias competenciales deberían incluir, en algún momento, las llamadas "formas superiores del pensamiento", vinculadas con la metacognición (Perkins, [1992] 2001: 102-109). Esto refiere, principalmente, al conocimiento y desarrollo de estrategias conscientes para el aprendizaje y la resolución de problemas.

A veces, lamentablemente, las palabras escogidas por los especialistas, o las que se ponen de moda, oscurecen más de lo que aclaran. Los términos "metacognición" o "metacurrículum" suelen ser usados con distintos sentidos y aluden a una combinación de fenómenos o aspectos que, en ocasiones, resulta conveniente abordarlos por separado. Por ejemplo, sería factible aludir, de forma más específica, a "técnicas de memorización y comprensión", "autoconocimiento cognitivo", "pensamiento científico" y "estrategias para el autoaprendizaje".

Existen competencias específicas de las distintas disciplinas o áreas del conocimiento, pero también hay competencias generales. Muchas veces, algunas competencias son, equivocadamente, dadas por sentado o pasadas por alto. Se presumen conocidas o incorporadas cuando, en realidad, no es así. En ocasiones, se les pide a los alumnos que estudien sin haberles enseñado a estudiar, o que transiten la escuela sin haberles inculcado las capacidades prácticas para gestionar su propia escolarización, como tomar notas, hacer buenas preguntas u organizar y administrar sus tiempos.

Las competencias son muy importantes, pero necesitan del insumo de la información para funcionar. A su vez, requieren de una capacidad instalada previa y de las emociones y la fuerza de voluntad para potenciarse. Por eso, es un error pensar la educación como un fenómeno exclusivamente competencial.

Nivel de las inteligencias o "cognitivo"

Las inteligencias consisten en una capacidad instalada o potencial. Son una suerte de "hardware" que posibilita el adquirir información y competencias (que vendrían a ser el "software").

Los cursos cognitivos, entonces, poseen como objetivo primordial el entrenamiento y desarrollo de una o varias inteligencias o capacidades fundamentales, así como la integración entre ellas. Buscan mover el umbral de la capacidad potencial. Ello significa trabajar en un nivel de profundidad mayor que el de enseñar una habilidad específica o un conocimiento cualquiera.

Es crucial la generación de conexiones neuronales entre las inteligencias, para que puedan trabajar en conjunto. Las actividades humanas más complejas suelen demandar, no solo un relativamente elevado desarrollo de las inteligencias, sino también su uso combinado. Por ejemplo:

No cabe duda de que la especialidad de la música, tal y como se practica en nuestra sociedad, precisa de una proporción no desdeñable de inteligencia musical. Sin embargo, dependiendo de qué aspecto de la música se trate, se aprecian también otras inteligencias. Un violinista debe poseer inteligencia cinético-corporal; un director de orquesta requiere una dosis considerable de inteligencia interpersonal; el director de una ópera necesita inteligencia espacial, personal y lingüística, además de la musical. (Gardner, [1993] 2015: 50).

Igual que en los casos anteriores, seguramente habrá en las materias cognitivas unidades informacionales y competenciales. Sin embargo, en la selección y diseño de estas y la dedicación de tiempo, se reflejará la primacía del entrenamiento cognitivo. Todo lo demás estará supeditado a ello.

Por ejemplo, el docente se basará, en lo posible, en información y competencias ya incorporadas, o elegirá aquellas mínimas necesarias y más simples, que lleven menos tiempo de enseñanza. Así, se maximizará el tiempo de dedicación a las actividades de entrenamiento cognitivo sistemático y continuo. Se bregará por un lento y a largo plazo proceso de incremento de las capacidades potenciales.

Más adelante ampliaremos y profundizaremos sobre las posibilidades, limitaciones y estrategias del entrenamiento cognitivo. Por ahora, basta recalcar que, si el objetivo primordial de un curso es ejercitar y desarrollar de forma directa y sistemática un área o función del cerebro, ello cambia por completo el modo de concebir, diseñar y llevar adelante ese curso.

Tener en cuenta el nivel de las inteligencias ha sido una de las principales consecuencias del desarrollo de las ciencias cognitivas, la perspectiva de inteligencias múltiples y las neurociencias. Al decir de Gardner: "Desde mi punto de vista, el objetivo de la escuela debería ser el de desarrollar las inteligencias y ayudar a la gente a alcanzar los fines vocacionales y aficiones que se adecuen a su particular espectro de inteligencias" ([1993] 2015: 22). Este fin es muy loable y necesario. Ahora bien, surge un problema si el cognitivo pasa a ser el único nivel de profundidad abordado. Una vez más: Lo correcto es abarcar todos los niveles.

La tradicional disputa entre saberes y competencias es superada más fácilmente al añadirse un tercer nivel de análisis. Esta complejización permite entender que todos los niveles son importantes y cumplen su función, al tiempo que predispone a explorar nuevos niveles, como el emocional y el volitivo.

La educación de las emociones

Una cosa es aprender a reconocer e identificar la tristeza y las causas de ella en una situación dada (inteligencia emocional) y otra, muy distinta, aprender a sentir tristeza por los motivos correctos y en una medida adecuada (educación de las emociones). En este último sentido, lo emocional puede considerarse un nivel de profundidad autónomo, que trasciende la mera inteligencia emocional –plano cognitivo–, las estrategias para procesar y canalizar emociones –aspecto competencial– y el conocimiento de los hábitos emocionalmente saludables –aspecto informacional–.

En la práctica, muchas veces será difícil separar el entrenamiento de la inteligencia emocional respecto de la educación de las emociones. Puede que estas dos cuestiones se aborden en conjunto o se solapen. Empero, son dos dimensiones o niveles de profundidad diferentes y es bueno ser consciente de ello para tenerlo en cuenta cuando sea necesario.

RAFAEL EDUARDO MICHELETTI

Podríamos definir los "impulsos" como procesos o reacciones químicas cerebrales estimulados externamente que empujan hacia una conducta determinada. Y clasificarlos en: (1) sensaciones –impulsos simples derivados directamente de los sentidos, como calor, frío, dolor, placer, sabor, etc.–; (2) emociones en sentido estricto –impulsos complejos, psicofisiológicos e inconscientes, como alegría, tristeza, miedo, enojo, sorpresa, etc.–; y (3) sentimientos –experiencia subjetiva y consciente de las emociones, como amor, odio, resentimiento, gratitud, remordimiento, etc.–.

Quizás sería más apropiado hablar de "educación de los impulsos", abarcando sensaciones, emociones y sentimientos. Sin embargo, para simplificar, en esta obra usaremos el término "emoción" en sentido amplio, incluyendo los sentimientos. Además, dentro de los impulsos, son las emociones, por su sofisticación e inconsciencia, las más protagónicas y relevantes a los fines educativos. Por su parte, en general, las meras sensaciones no son susceptibles de educarse.

Difícilmente se pueda exagerar la importancia de las emociones para el aprendizaje. "Las emociones y los pensamientos se moldean unos a otros y no pueden separarse. Las emociones dan color al significado" (Salas Silva, 2003).

Cognición-emoción es, pues, un binomio indisoluble que nos lleva a concebir de cierto que no hay razón sin emoción. Binomio cardinal para entender la esencia de lo que es enseñar y aprender. (…). Las emociones, en definitiva, son la base más importante sobre la que se sustentan todos los procesos de aprendizaje y memoria. (…). Todo aquello conducente a la adquisición de conocimiento, como la curiosidad, la atención, la memoria o la toma de decisiones, requiere de esa energía que hemos llamado emoción. Detectar fallos o un apagón emocional puede convertirse en una tarea central en el futuro neuroeducador. (Mora, 2013: 24, 37 y 40).

Ya en Platón y Aristóteles se observa una fuerte preocupación por educar las emociones. El último integró las emociones a la ética y planteó un cultivo del alma mediante un cultivo de las emociones (Quintanilla, 2007: 139). En sus palabras:

La virtud moral se relaciona con los dolores y con los placeres, puesto que la persecución del placer es la que nos arrastra al mal, y el temor del dolor es el que nos impide hacer el bien. He aquí por qué desde la primera infancia, como dice muy bien Platón, es preciso que se nos conduzca de manera que coloquemos nuestros goces y nuestros dolores en las cosas que convenga colocarlas, y en esto es en lo que consiste una buena educación. (Aristóteles, [Siglo IV aC] 2016: 38).

La plasticidad neuronal permite aludir a una "plasticidad emocional". Y esta abre amplios caminos para la teoría y la práctica educativas. A partir de ello, se reconoce el influjo del entorno sobre la estructura impulsiva o emocional. No se puede alterar la naturaleza humana ni reemplazar el sistema impulsivo de una persona. Intentarlo sería descabellado. Pero es factible apaciguar o fortalecer gradual, progresiva y limitadamente determinados impulsos, siempre que la persona en cuestión ponga voluntad y empeño en ello de forma sostenida en el tiempo.

De esta manera, queda claro que lo emocional constituye un nivel de profundidad autónomo en términos educativos. Más adelante, veremos algunas ideas que podrían aplicarse en el ámbito educativo para favorecer el desarrollo emocional. Por ahora, nos basta con puntualizar la existencia de este nivel de profundidad.

Teoría de la conciencia y desarrollo volitivo

Quizás lo más distintivo de nosotros como especie sea la habilidad para distinguir el bien del mal y elegir el bien. No siempre lo logramos, pero tenemos ese potencial. Surge entonces la pregunta: ¿Qué hace que una persona elija hacer el bien o el mal?

La respuesta más común es "su cultura". Empero, resulta insuficiente, porque el sentido moral básico del ser humano aparece espontáneamente con independencia de la cultura. Por otra parte, existen casos de rebelión contra la cultura propia y del entorno fundada en motivos morales. O también, a la inversa, personas a las que se les enseña intensamente qué está bien y qué está mal, pero elijen sistemáticamente el mal. Elegir el bien no es, por ende, algo que pueda resolverse o comprenderse en el ámbito de la información y las competencias. Parece depender de factores más profundos.

Se ha intentado, entonces, explicar la conciencia y la voluntad morales por medio de la inteligencia. En esta línea, se han empezado a usar expresiones como "inteligencia existencial", "inteligencia espiritual" o "inteligencia moral".

Sin embargo, por mucho que se avance en el entendimiento de la inteligencia humana, pervive un aspecto o dimensión de nuestra mente imposible de comprender a través de simples modos de procesamiento de la información. La capacidad de elegir y hacer el bien es algo más que eso.

Está claro que nos debemos esforzar por cultivar tanto las inteligencias como la moralidad y, en la medida de lo posible, combinarlas en forma de virtudes. Pero es un grave error confundirlas entre sí. (…). Decidir cómo hacer uso de las propias inteligencias es una cuestión de valores,

Rafael Eduardo Micheletti

no de mera capacidad. (…). Creo que lo más acertado es hablar del logro de un cierto "estado del ser". (…).

Las personas que obtienen puntuaciones altas en las pruebas de razonamiento moral, con frecuencia actúan de una manera inmoral fuera de las situaciones de prueba, y hay muchas personas con un gran coraje y una gran capacidad de sacrificio que no destacan en las pruebas de razonamiento moral. (Gardner, [1999] 2016: 38, 47 y 153).

La inteligencia emocional, de hecho, puede usarse tanto para el bien como para el mal. Podría ponerse en acción, por caso, para manipular a una persona de forma egoísta, en beneficio propio.

Tampoco la conciencia moral del ser humano puede reducirse a una cuestión meramente impulsiva o emocional. Si fuera así, no seríamos capaces de elegir el bien aún en contra de tentaciones emocionales e, incluso, en casos extremos, en oposición a instintos elementales de supervivencia. Todos experimentamos internamente, aunque no lo logremos muchas veces, que somos capaces de identificar un bien y de elegirlo aún en contra de nuestras fuerzas impulsivas.

La empatía puede ser considerada una inteligencia (comprender lo que siente el otro) o también una emoción o fuente emocional (sentir lo que siente el otro). En ambos casos, nada garantiza que se use correctamente. La empatía se conecta con la información y las recompensas emocionales que facilitan o dificultan –y, por ende, condicionan, aunque no determinan– el ejercicio de la voluntad.

No siempre el impulso asociado con la empatía es racional o moral. Por ejemplo, puedo sentir lástima al retar a mi hijo porque se portó mal. Si me dejara llevar por ese impulso de lástima, dejaría de retarlo. Sin embargo, sé que lo debo hacer por su bien. La empatía, como todo impulso, es favorable al bien y la moral en algunos casos, pero no en otros. Y no siempre que hacemos el bien coincidimos con nuestra empatía –si bien, desde luego, ella es una señal de alarma importante que debemos atender cuidadosamente–.

La inteligencia emocional y el sistema impulsivo pueden, en ciertos casos, brindar apoyo al desarrollo volitivo –como fuente de información y recompensa–. Pero, por si solos, no alcanzan para explicar la conducta moral.

Finalmente, muy vinculadas con la voluntad aparecen las denominadas "funciones ejecutivas". Estas, sin embargo, aunque sirven de base y apoyo para la capacidad volitiva –son, de hecho, un elemento secundario de ella–, no pueden explicar la conciencia y la voluntad morales.

El desarrollo volitivo se sirve de las funciones ejecutivas, pero no se limita a ellas. Pues, las funciones ejecutivas carecen de sentido moral. Pueden usarse para fines negativos y estar motivadas, en última instancia, por un impulso irracional. Por ejemplo, podrían usarse para administrar una organización criminal. En cierto modo, cabe señalar que la capacidad volitiva refiere a la dirección adecuada de la voluntad, mientras que las funciones ejecutivas aluden a su fuerza o eficacia.

En el caso de la perspectiva de las inteligencias múltiples, esta parece inclinarse por vincular las funciones ejecutivas con la inteligencia intrapersonal (Gardner, 2022: 13). De todas maneras, las funciones ejecutivas parecen ser más bien una capacidad general y, aunque fueran un aspecto de la inteligencia intrapersonal, la capacidad volitiva es algo más que una mera función ejecutiva. No se trata solo de la capacidad para decidir y ejecutar, sino de la capacidad para desarrollar una conciencia moral y para decidir a favor del bien común según la información disponible en la mente.

Es dudoso, incluso, hasta qué punto el ser humano podría alcanzar una conducta propia de un estado espiritual promedio solamente con funciones ejecutivas y empatía. Pues, en la mayoría de los casos, el impulso de empatía no parece ser de los más poderosos comparativamente, y menos aún en estados iniciales del desarrollo volitivo. Pareciera requerirse de un cierto entrenamiento volitivo previo para que el impulso de empatía se haga relativamente más poderoso y dominante, como recompensa más que como causa de la acción moral. La autorregulación espiritual o volitiva más elevada exige el desplazamiento de todo impulso (o la mayoría de ellos) por parte de una noción interior de bien común que solamente puede existir en un ser, precisamente, consciente y trascendente. A esto hay que sumar la propia experiencia introspectiva que poseemos los humanos, que nos dice que, en última instancia y bajo ciertas condiciones, podemos decidir libremente.

La conciencia, y la voluntad que emerge de ella, son los aspectos más herméticos y misteriosos de la mente humana. La ciencia sencillamente no puede explicarlos ni comprenderlos. No se pretende en este apartado resolver la cuestión ni mucho menos, pero sí enfatizar su existencia en un nivel de profundidad autónomo, así como su interrelación en un fenómeno complejo que las engloba.

La conciencia moral es universal en su origen, mas no necesariamente en sus conclusiones. Estas podrán ser diversas según la información disponible en cada mente. Sin embargo, para situaciones simples y cotidianas, en que la información es relativamente la misma para todos, las conclusiones tienden a ser coincidentes. En este sentido, puede hablarse de una conciencia moral universal "de origen" y solo parcialmente "de resultado".

La noción básica del bien y el mal deriva de nuestra naturaleza consciente y racional. Ella nos permite identificar otros seres conscientes iguales en esencia a nosotros mismos y, así, acceder a una noción interior de bien común. Al ser conscientes y pensantes, sabemos que existimos y detectamos la existencia de otros seres conscientes, con nuestra misma naturaleza, dignidad y, lógicamente, nuestros mismos derechos y obligaciones esenciales (Descartes, [1642] 1977).

De aquí surge una noción de bien común que es la única puramente interna y cuyo acatamiento es la única forma de ejercitar y fortalecer la conciencia y la voluntad. Ambas están entrelazadas y son dos aspectos de un mismo fenómeno, que podríamos llamar simplemente conciencia en sentido amplio o "capacidad volitiva".

Toda motivación de conducta, ajena a la noción interior de bien común, será, necesariamente y en última instancia, impulsiva. Pues, el motivo o criterio de acción no vendrá del interior, sino del exterior. La noción interior de bien común es el único criterio de acción que usa el mundo exterior como mera fuente de información y no como fuente de estímulos impulsivos determinantes de la conducta.

Seguir el dictado de la propia consciencia moral racional sería la única forma de ser real y genuinamente libre –en el sentido interior y profundo de la palabra–. Es la única manera de liberarse de las cadenas de los estímulos externos y los impulsos. Parafraseando a Descartes, podríamos decir que "pienso el bien común, luego soy libre". Hay una aptitud en el ser humano que se relaciona con la probabilidad o facilidad para elegir el bien, según su propia conciencia.

Así las cosas, la capacidad volitiva abre un nuevo nivel de profundidad educativo. Ampliar la capacidad volitiva de una persona es un objetivo educativo radicalmente diferente, de naturaleza distinta a la del entrenamiento de las inteligencias, e incluso a la educación de las emociones. Mucho más respecto de la transmisión de información y la enseñanza de competencias.

La capacidad volitiva se deriva, teóricamente, de un estado de conciencia. Cabe discutir si solo las personas somos conscientes o si poseemos un tipo de conciencia más profunda y compleja que otros seres que no consideramos personas. Pero no hay duda de que ser conscientes nos dota de capacidad pensante, moral y volitiva. En palabras de Diego Golombek:

Hay otro concepto que en mi opinión nos hace mucho más gente que el resto de las especies: la conciencia. Bueno, conciencias hay muchas: puedo ser consciente de que me agarré un dedo contra la puerta y de que me duele, o bien puedo ser consciente de todo lo que perciba. El término "conciencia" también se usa para referirse a organismos despiertos ("el paciente está consciente"). Pero voy a ser más preciso: me refiero aquí a la conciencia de que existimos, de que somos un cuerpo y unos sentimientos y que nos pasan, pasaron y pasarán cosas. Eso podríamos llamarlo "autoconciencia", por ejemplo. (…).

En este "yo" está uno de los mayores problemas de la neurobiología. Cuenta Francis Crick (que ganó el premio Nobel en 1962 por la determinación de la estructura de la molécula de ADN) que en una ocasión alguien que estaba escuchando una de sus charlas no llegaba a entender lo complicado de este asunto del yo, el cerebro y la percepción. Esta persona contestó algo así como "bueno, es como si en alguna parte de mi cabeza hubiera un aparato de televisión, chiquitito". Crick contestó enseguida: "¡Ajá! ¿Pero quién mira esa televisión?". Parece que este señor todavía está pensando la respuesta… (Golombek, 2015: 113).

Incluso aunque admitamos procesos automáticos de nuestro cerebro, pervive una función volitiva de monitoreo, activación y desactivación de dichos procesos. "El lado psíquico del fenómeno se parece un poco al aplauso o la rechifla en un espectáculo. (…). El alma no presenta nada por sí misma (…), está a merced de las fuerzas materiales; pero entre estas posibilidades escoge" (James, [1890] 1989: 1019).

Es el de la conciencia un terreno sumamente misterioso, que debe transitarse reconociendo nuestras ineludibles limitaciones para comprenderlo. No es casual que la ciencia no haya logrado ponerse de acuerdo sobre el libre albedrío, la conciencia o la capacidad volitiva. Ni siquiera hay pleno consenso sobre las llamadas "funciones ejecutivas" –como memoria de trabajo, atención, control emocional, decisión, iniciativa, planificación, flexibilidad cognitiva, etc.– que son algo menos que una auténtica capacidad volitiva.

Se puede graficar la yuxtaposición parcial entre funciones ejecutivas, sistema emocional y función volitiva de la siguiente manera:

Cuadro 1. Desarrollo volitivo, funciones ejecutivas y sistema emocional.

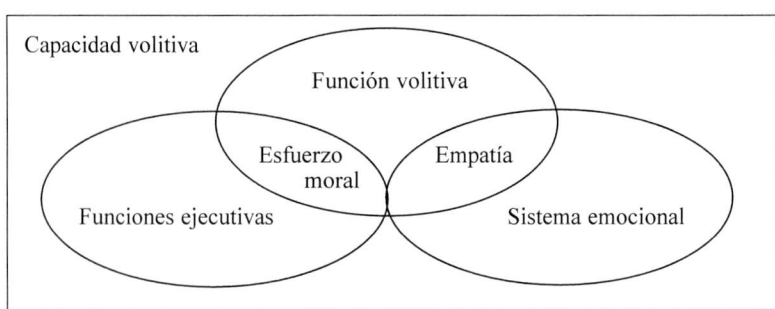

Rafael Eduardo Micheletti

La capacidad volitiva refiere al desarrollo armónico y complementario de las funciones ejecutivas, el sistema emocional y la función volitiva. No puede haber un pleno despliegue de la función volitiva si no hay una buena base de funciones ejecutivas robustas y de un sistema impulsivo razonablemente sano.

El esfuerzo moral es el que ejercita la voluntad propiamente dicha. No debe entenderse por esfuerzo moral únicamente uno directamente conectado con el bien común. Todo esfuerzo compatible con el bien común, o conectado indirectamente con él, es, en alguna medida, entrenador de la capacidad volitiva. El grado de entrenamiento dependerá del nivel de conciencia que haya sobre esa conexión con el bien común, incluso aunque sea indirecta. Por eso, para ejercitar la capacidad volitiva se requiere concientización (para aumentar la noción sobre la conexión de la conducta con el bien común) y un sistema de incentivos eficaz (para que la conducta sea realizada sistemáticamente, se forme el hábito y se ejercite la voluntad).

En el ámbito filosófico y científico, se alude a la "mente" como sinónimo o aspecto de lo que aquí denominamos conciencia, y se analiza la relación entre mente y cerebro. El cerebro sería lo material y la mente lo inmaterial (que muchas veces denominamos "espíritu", "alma" o, como en nuestro caso, "conciencia").

Las posturas sobre la relación entre mente y cerebro se dividen en dos grandes grupos: monismo y dualismo. Para el "monismo" la dualidad es una ilusión y solo hay una cosa: mente o cerebro. Para el "dualismo", tanto mente como cerebro existen como entidades separadas, con diferentes formas de relacionarse entre ellas.

Dentro del monismo y del dualismo pueden encontrarse distintas posturas. No es necesario profundizar aquí sobre ellas, pero nos serviremos de un valioso resumen que se toma prestado:

Cuadro 2. Posturas sobre relación entre mente y cerebro (Golombek, 2015: 116).

MONISMO	DUALISMO
Idealismo (todo es mente)	Autonomismo (mente y cerebro son independientes)
Materialismo reduccionista (todo es cerebro)	Epifenomenalismo (el cerebro fabrica la mente)
Materialismo emergentista (la mente como propiedad emergente del cerebro)	Animismo (la mente controla el cerebro)
ALGUNAS POSIBILIDADES DEL PROBLEMA MENTE-CEREBRO (modificado de Bunge, M.: *El problema mente-cerebro*, Madrid, 1985)	Interaccionismo (mente y cerebro son independientes pero interactuantes)

Estas posturas no siempre son incompatibles entre sí. Cabe imaginar como factible, por ejemplo, un "emergentismo-interaccionista": La mente se originaría como una propiedad emergente del cerebro, derivada de la suma de las interacciones entre sus componentes materiales, pero alcanzaría o podría alcanzar cierta autonomía y trascendencia (sin independizarse del todo) y ambos se influirían y condicionarían mutuamente.

En sentido estricto, la cuestión no se encuentra zanjada. No hay evidencia científica que resuelva el enigma. Y no sabemos si algún día la habrá.

Para este fin ayuda bastante el estudio de pacientes con lesiones en zonas localizadas del cerebro: parece como que, junto con la lesión cerebral, perdieran también un poco de "mente", en el sentido de autoconciencia. Sin embargo, la cosa se complica ya que no tenemos elementos *neurobiológicos* para interpretar los trastornos mentales de pacientes con cerebros aparentemente "normales". (Golombek, 2015: 117).

Dado este misterio, no resulta extraño que, desde la teología, se haya estudiado a fondo y enfatizado la conciencia moral como presencia y camino hacia Dios.

El sentimiento de conciencia, que es una fina sensibilidad placentera o dolorosa, (…) tiene un doble aspecto: es un sentido moral y un sentido del deber, es un juicio de la razón y un dictado magisterial. (…). La conciencia es así el principio creativo de la religión, de la misma manera que el sentido moral es el principio de la ética. (Newman, 2010: 98 y 102).

Algunos científicos creen que podría explicarse la conciencia desde la física cuántica, encargada de estudiar los fenómenos subatómicos (esto es, lo que ocurre al interior o a escala menor que un átomo). De hecho, existe una teoría cuántica de la consciencia (Orch OR) que, como mínimo, se muestra prometedora. Según ella, la consciencia emergería o se activaría por un proceso de computación cuántica en los microtúbulos de ciertas neuronas (Hameroff & Penrose, 1996; Hameroff, 1998; Martínez, 2014).

El problema es que, según reconocen los propios científicos cuánticos, ellos no comprenden la física cuántica, sino que simplemente la investigan y la describen tal cual es. Los fenómenos cuánticos, contrarios al sentido común y a las leyes de la materia, son absolutamente ilógicos para nuestra mente. Por ejemplo, las partículas subatómicas pueden teletransportarse, enlazarse a distancias ilimitadas sin conexión física o estar en dos lugares a la vez.

Quiere decir que, en dicho plano cuántico o subatómico, podría existir una suerte de energía espiritual encargada de ejercer la conciencia volitiva, que sería lo que somos los seres conscientes en última instancia. Pero, para operar y manifestarse en el mundo físico, requeriría de un soporte material (cierto tipo de neuronas organizadas e interactuando de cierta forma). Esto podría brindar un fundamento científico para una postura mixta entre el monismo y el dualismo (como la que se mencionó anteriormente, que denominamos "emergentismo-interaccionista").

Desde esta perspectiva, cabe sospechar que la conciencia surge de –y se conecta con– un soporte material neuronal inteligente, pero se compone de una energía o fenómeno espiritual trascendente que escapa a las leyes de la materia. No sabemos si, al dejar de funcionar nuestro soporte material, esa energía se dispersa, vuelve a su fuente original, se integra o fusiona con una energía superior o permanece en otra dimensión. Las distintas religiones poseen interpretaciones diversas al respecto.

Ahora bien, nuestra experiencia nos indica que dicha energía existe y, si no se rige por las leyes de la materia, no tiene por qué, necesariamente, perecer con ella. Es factible que la intuición y percepción íntima sobre la trascendencia de la energía espiritual –que sería lo que somos en última instancia– sea lo que empuja insistentemente al ser humano a creer en la vida después de la muerte. Y, a la luz de los últimos avances de la física cuántica y la medicina, es perfectamente factible que tengamos razón (Maclean, 2017).

Hasta hace no mucho, hipótesis como la de dos cerebros funcionando en paralelo, uno material y otro inmaterial o invisible, hubieran sido visiones puramente místicas. Hoy, este tipo de planteos están empezando a ser fundamentados –está por verse con qué grado de éxito– desde la Física. Por ejemplo:

Fabricado con partículas fundamentales diferentes, este otro cerebro, invisible a nuestra percepción ordinaria, estaría existiendo e interactuando simultáneamente con nuestro cerebro hecho de materia visible. La interacción cerebro visible y cerebro invisible se llevaría a cabo a través de campos de naturaleza física y la información viajaría de un cerebro a otro a través de estos mismos campos. (…).

En los tiempos actuales, esta idea no debería constituir un motivo de extrañeza. Más de un centenar de partículas fundamentales han sido descubiertas en el curso de los últimos 50 años y, de ellas, solo tres han sido utilizadas para construir nuestro universo hecho de materia ordinaria. Es como si un maestro de obra tuviera a su disposición más de cien tipos de ladrillos diferentes y finalmente decidiera utilizar tres de estos modelos y con ellos levantar toda una ciudad. Por supuesto que esto no parece sensato. Si hay algo que caracteriza al universo es su funcionamiento económico. (…). Campos de naturaleza física o alguna versión oculta del entrelazamiento cuántico podrían contener el secreto de estos enigmáticos mecanismos de interacción mente-cerebro. (Delgado, 2015: 1-15).

El hecho de que la ciencia no pueda explicar la conciencia no necesariamente implica que jamás podrá hacerlo. No lo sabemos. En efecto, parece estar haciendo unos tímidos avances en ese sentido.

La incertidumbre no debe llevarnos a caer en planteos anticientíficos o mágicos, de carácter arbitrario y sin evidencia empírica. De todas formas, tampoco está bien negar la existencia de ciertos fenómenos por el solo hecho de que no puedan ser explicados por la ciencia. Simplemente debemos convivir con ellos y tenerlos en cuenta según la información disponible.

El hecho de ser conscientes, pensantes y volitivos nos permite a los seres humanos detectar una forma de existencia superior a la de un objeto, e incluso superior a la de los animales no conscientes. No es que un objeto o un animal no posean ningún valor. Lo tienen y es preciso respetar la naturaleza y la Creación como parte de un pleno desarrollo humano armónico. Empero, el hecho de ser, en última instancia, una consciencia volitiva, nos hace partícipes de una forma de existencia superior que tendemos a considerarla más valiosa y prioritaria debido a que posee funciones, capacidades o facultades que las formas de existencia inferiores no tienen.

La principal de ellas es la conciencia moral (o idea de bien común de los seres conscientes), así como la reflexión consciente y el libre albedrío o volición. Pero, no es solo una cuestión de cantidad de funciones, desde luego, sino que esas capacidades que nos distinguen son, además, de una naturaleza superior o más compleja, moral y trascendente. Se podría inventar un robot, quizás, con más funciones cognitivas que el ser humano, pero no consciente, moral ni volitivo. Y en ese caso no accedería a la forma de existencia superior que nos distingue a las personas o seres conscientes.

Aludimos aquí a "seres conscientes" o "existencia consciente" para hacer referencia a las propiedades de autoconciencia, sentido moral y volición. Se descartan los otros usos de la palabra conciencia, para simplificar. Podríamos, en este sentido, distinguir diversas formas de existencia de los organismos vivos, desde los inferiores a los superiores: no sintientes, sintientes, emocionales y conscientes.

Como dijimos, el hecho de participar de la existencia consciente o volitiva nos permite construir un criterio de acción puramente interior, por medio de la idea del bien común de los seres volitivos según la información disponible en nuestra mente. Esa información puede ser incorrecta y podemos equivocarnos. Sin embargo, el hecho de que podamos construir una idea de bien común puramente interior, nos da la posibilidad de ser interiormente libres y de operar por encima de los impulsos o estímulos del entorno. No somos dioses, por lo cual nunca podremos abstraernos completamente del entorno. Empero, dentro de las opciones que se nos presentan, podemos ejercitar la voluntad para elegir, en la mayor medida posible, el bien común.

Como vimos, existen impulsos en el cerebro (sensaciones, emociones y sentimientos) que nos empujan hacia determinadas conductas (sea por atracción o por repulsión). Estos pueden coincidir o no, en cada caso particular, con el dictado de la razón acerca de lo que es correcto según la información disponible en nuestra mente. Un mismo impulso (miedo) puede ser "racional" en un caso (miedo a cruzar el semáforo en rojo) e "irracional" –es decir, contrario al bien común interior– en otro (miedo a ser honesto).

En términos generales, los impulsos no son buenos ni malos. Solo en casos y contextos particulares podemos saber si son positivos (racionales) o negativos (irracionales) debido a sus efectos. Por otra parte, uno no decide qué impulsos experimenta. Lo que elegimos es qué hacer con ellos. Solo esto último puede ser valorado moralmente.

Nuestra capacidad volitiva y nuestra racionalidad o espiritualidad pueden ceder ante los impulsos, sean racionales o irracionales. Si se consolida el hábito de ceder ante los impulsos, la tendencia será favorable a los impulsos irracionales, ya que el criterio de acción será la intensidad y proximidad del impulso, y no su corrección. Habrá mayor riesgo de caer en conductas irracionales, patológicas o adictivas. O, por lo menos, en el mejor de los casos, la racionalidad o irracionalidad será una cuestión aleatoria y caeremos en una moralidad mediocre. Pero, también, podemos elegir el bien común interior, caso en el cual nos veremos emocionalmente recompensados por los impulsos racionales (por ejemplo, la satisfacción por ayudar a alguien o el orgullo ante un logro personal legítimo).

Al actuar a favor de la idea interior de bien común, como dijimos, el entorno oficia únicamente como fuente de información, no como estímulo externo determinante de la conducta. Los impulsos agradables que acompañan son la consecuencia de la decisión, no la causa.

En ese caso, actuamos de manera verdaderamente racional, con una racionalidad no solo de medios (que sería inteligencia lógica más que racionalidad) sino también de fines (en tanto el determinante último de la conducta no son los impulsos, sino la idea interior de bien común). Esto implica que, cuanto más elegimos el bien común interior (que incluye nuestro propio bien personal legítimo), más racionales, auténticos y libres nos volvemos desde el punto de vista espiritual.

La libertad exterior refiere a la ausencia de restricciones arbitrarias o ilegítimas sobre nuestra capacidad de decisión respecto de nuestra propia conducta. La libertad interior, en cambio, se vincula con la capacidad de decidir conforme el dictado de nuestra inteligencia consciente o razón, sin interferencias de estímulos externos.

Cuadro 3. Esquematización de la capacidad volitiva.

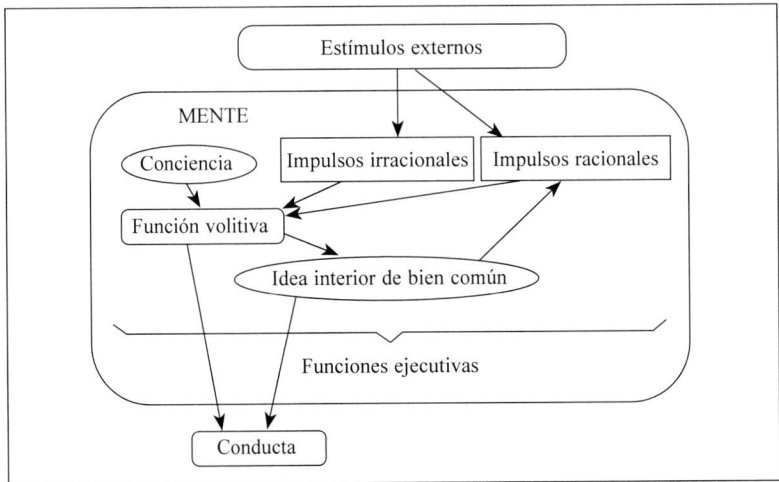

Como se muestra en el cuadro anterior, cuanto más subordinamos nuestra conducta a nuestra idea interior de bien común, más independientes de los estímulos externos nos volvemos. Somos más libres interiormente.

Cuando el esfuerzo mental organizado trabaja en beneficio de un impulso proyectado, sea este racional o irracional, estamos ante la mera aplicación de las funciones ejecutivas. Pero, si a ese esfuerzo mental organizado se le añade la capacidad de abstraerse de todo impulso como fin último, colocando la idea interior de bien común como objetivo, estamos ante algo más que meras funciones ejecutivas. Eso es el desarrollo volitivo o espiritual.

Desde luego, el ser humano posee una naturaleza emocional ineludible. No podemos dejar de sentir y condicionarnos por los impulsos. Por eso, estos siguen obrando cuando elegimos el bien común interior, aunque lo hacen como recompensa.

Empero, si esa recompensa impulsiva se fortalece demasiado, puede desplazar al bien común interior como fin último y consolidar, poco a poco, un patrón de comportamiento impulsivo. El impulso racional que nos indujo se convertirá en el criterio de acción y, en una próxima situación, ese mismo impulso pasará a ser irracional. Cuanto más se consolide este patrón, más aleatoria y cambiante será la racionalidad o irracionalidad del impulso que motorice la conducta. Pues, a diferencia de la razón, el impulso es mecánico y no se adapta ni cambia según los efectos que produce en el entorno.

Si bien los seres más espirituales poseen más fuerza interior para controlar los impulsos, también se ven recompensados por impulsos más elevados y confundibles con la idea interior de bien común. Por ende, esto nos habla de que la espiritualidad es siempre un desafío, que no debe ser subestimado. Ni el ser humano más espiritual puede abandonarse ni "dormirse en los laureles" en este asunto. Pues, en cuanto baje la guardia o deje de poner atención a este aspecto de su vida, correrá un serio riesgo de iniciar un proceso lento, paulatino y camuflado de regresión volitiva o espiritual. Quizás, cuando lo detecte y quiera corregirse, sea algo tarde y le demande más esfuerzo volitivo del esperado. Por eso, las religiones modernizadas, y las organizaciones espirituales bien entendidas, siguen y seguirán siendo, indudablemente, una red de contención importantísima para el sostenimiento de la capacidad volitiva promedio de una población. Los seres humanos precisamos de cierto entrenamiento espiritual regular y eso, desde luego, no puede obviarse en el ámbito educativo.

La pirámide invertida de los niveles de profundidad educativos

Los niveles de profundidad educativos constituyen las dimensiones básicas de la educación. Responden a los objetivos fundamentales y últimos que puede poseer toda acción educativa: transmitir información, enseñar una competencia, desarrollar una inteligencia, modificar una emoción o incrementar la capacidad volitiva.

Cada nivel de profundidad posee objetivos estratégicos primordiales. Simplificadamente: La enseñanza informacional apunta a entrenar la incorporación y gestión de la información y a automatizar saberes que sirvan de base para funciones más complejas. La educación competencial aspira a incorporar habilidades específicas, útiles para la vida, y a afianzar aquellas que sean apoyo para habilidades más complejas. La instrucción cognitiva, por su parte, tiene por objetivo mover el umbral de capacidad máxima potencial para incorporar saberes y competencias. En cuanto a la educación emocional, pretende optimizar el sistema impulsivo del aprendiz, fortaleciendo impulsos sanos y apaciguando los insanos. Finalmente, la enseñanza volitiva posee como fin aumentar las funciones ejecutivas y la capacidad de decidir correctamente, según la información disponible y la conciencia moral personal.

Todos los niveles de profundidad son importantes. Ninguno debe ser desatendido o subestimado. Al abordar alguno de ellos, se debe cuidar que la forma de hacerlo no repercuta negativamente en los demás. Todos son en

Rafael Eduardo Micheletti

algún punto interdependientes y se retroalimentan mutuamente. Asimismo, las prácticas educativas deben ajustarse según el nivel de profundidad en el cual operen. De lo contrario, es probable que no alcancen la eficiencia y la eficacia esperadas.

Visto lo anterior, se pueden graficar los niveles de profundidad a través de una pirámide invertida.

Cuadro 4. Pirámide invertida de los niveles de profundidad educativos.

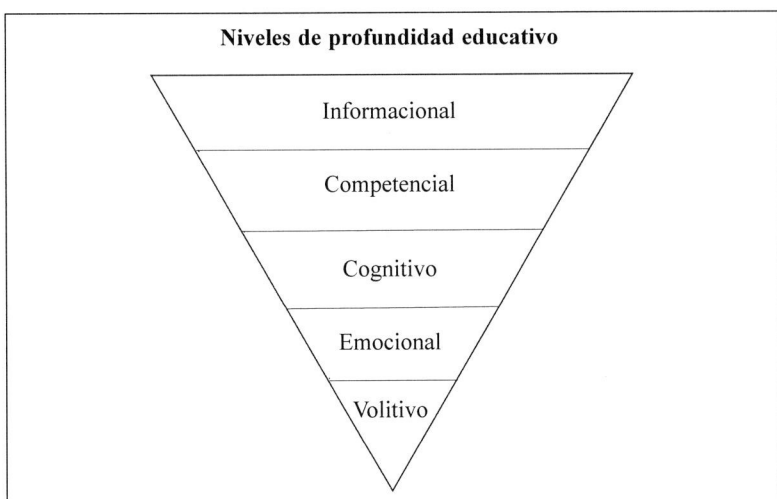

Se utiliza la imagen de una pirámide invertida porque representa, a grandes rasgos y simbólicamente, la cantidad de contenido que involucra cada nivel, inversamente proporcional a su complejidad o profundidad. Asimismo, el hecho de que el aspecto volitivo se encuentre abajo indica que, en cierto modo, este sostiene todo lo demás, pero, al mismo tiempo, es más difícil de alcanzar o modificar. Una buena capacidad volitiva potenciará y estabilizará la expansión de los demás niveles, pero su ejercitación será más ardua y dará efectos a más largo plazo.

Hay un ida y vuelta entre los distintos niveles o dimensiones. Si se focaliza en un nivel superior, se llegará a un punto crítico o cuello de botella que exigirá una ampliación de los niveles inferiores para poder seguir avanzando. Por ejemplo, si se estimula lo informacional, tarde o temprano se precisará enseñar determinadas competencias para seguir inculcando más información. Lo mismo ocurrirá con el resto de los niveles.

Es por lo anterior que es tan importante el trabajo sobre la dimensión espiritual o volitiva de los estudiantes. Aunque no se trate de una escuela confesional, de todas formas debería existir al menos un espacio curricular o programa que se focalice en desarrollar la capacidad volitiva y las funciones ejecutivas de las nuevas generaciones.

En la pirámide, se observa que el plano cognitivo se ubica en el centro. Posee dos niveles encima y otros dos debajo. Esta imagen es alusiva del hecho de que es un nivel estratégico, en el sentido de que no es del todo profundo ni del todo superficial. Es relativamente alcanzable, pero al mismo tiempo condicionante e influyente sobre lo informacional y lo competencial.

Cabe preguntarse si sería conveniente agregar un nivel "corporal" arriba de todo, más superficial que el informacional. Sin embargo, como las enseñanzas relativas a la educación física, como disciplina, se reparten en los planos informacional (hábitos saludables y reglas deportivas), competencial (entrenamiento físico y deportes), cognitivo (inteligencia corporal), emocional (trabajo en equipo y sana competencia) y volitivo (esfuerzo físico), parece lo más acertado no incluir otro nivel. Así, se respeta la regla de la simplificación máxima posible o complejización mínima necesaria y se enfatiza la complejidad multinivel de la disciplina. Además, la profundización en la idea de un cuerpo sano cruza el límite de la pedagogía e ingresa en el terreno de la medicina.

Que no exista un nivel de profundidad corporal no implica restarle importancia a la actividad física. Por el contrario, los últimos estudios en neurociencias muestran que las personas que practican un ejercicio físico continuado durante su desarrollo, en especial en la adolescencia, obtienen un beneficio cognitivo que dura para toda la vida, incluso aunque en la adultez abandonen la actividad física regular (Mora, 2013: 40).

Podemos encontrar que una misma actividad o fenómeno sea abordado desde distintos niveles de profundidad. Por ejemplo: la realización de un discurso oral por parte del alumno. En el plano informacional, se pueden enseñar técnicas o estrategias de un buen discurso y que el estudiante deba repetirlas de memoria y demostrar comprenderlas. En el competencial, podrían enseñarse esas técnicas o estrategias y que el aprendiz deba implementarlas de manera práctica a través de un discurso real. También podría ser que el foco estuviera en lo cognitivo. Entonces, la prioridad será la realización de la mayor cantidad posible de discursos en el menor tiempo posible, de forma sostenida, para estimular el cableado cerebral pertinente. En la faz emocional, podría la consigna ser que el discurso transmita, evoque o genere en el público emociones y sentimientos sanos y positivos. Finalmente, desde el punto de vista volitivo, el estudiante podría tener que ingeniárselas para, a través del discurso, provocar o lograr un impacto positivo en la sociedad, en su comunidad o en sus compañeros, favorable al bien común.

Más allá del ejemplo anterior, lo cierto es que, por lo general, determinadas actividades serán más propicias para trabajar en uno o varios niveles de profundidad más que en otros.

Los niveles de profundidad educativos permiten procesar la complejidad del ser humano y de su educación. Esto tiene por efecto brindar un marco teórico-conceptual propicio para una formación verdaderamente integral.

El prisma de los niveles de profundidad ayuda a un diseño más adecuado y eficaz de la enseñanza. Por un lado, nos brinda un panorama completo del fenómeno educativo y permite detectar huecos o falencias en su diseño. Por otro, impone un enfoque sistémico e integral de cada acción educativa. Esto implica que, al intervenir sobre un nivel, se debe tener en cuenta no estar incidiendo negativamente en los otros.

Por ejemplo, si, para abordar el plano emocional, opto por reducir excesivamente la exigencia, estaré perjudicando el plano volitivo y, a partir de este, dada su profundidad, indirectamente, todos los demás. O, desde el enfoque memorístico, si se hace un exagerado énfasis en la mera incorporación de información, puedo estar descuidando –o incluso deteriorando– las demás competencias e inteligencias.

Si bien la teoría de las inteligencias múltiples implicó un importantísimo avance a favor de una concepción integral de la educación, por sí sola no asegura una integralidad profunda y completa. De hecho, así como tener en cuenta solamente el nivel informacional o trabajar exclusivamente la faz competencial posee efectos negativos por ser el abordaje incompleto, también pueden surgir problemas por el hecho de concebir la educación *únicamente* como un trabajo sobre las inteligencias.

Una pedagogía integral profunda, que sea inteligente y eficaz, debe valorar la centralidad estratégica de las inteligencias como medio para un abordaje integral de los cinco niveles de profundidad educativos. Empero, no se debe quedar estancada en la dimensión cognitiva.

El verdadero desafío es velar por la educación combinada y equilibrada de todos los niveles de profundidad. Esto implica aspirar a una educación integral tanto en sentido horizontal como vertical.

La integralidad profunda o pedagogía de los niveles de profundidad puede considerarse multidimensional, pero no posee ninguna vinculación con algunas tendencias autodenominadas "multidimensionales", "sistémicas" u "holísticas" que caen en derivaciones místicas o no científicas. Ellas visualizan solamente el todo sin tener en cuenta las relaciones causales particulares, encubren un igualitarismo o dicen abarcar todas las dimensiones cuando dejan afuera varias de ellas.

La educación integral profunda ha sido siempre un anhelo de la humanidad. Potenciar al ser humano en todos sus aspectos o dimensiones es un ideal histórico y noble. Las dificultades están en cómo definir las dimensiones fundamentales y profundas de esa integralidad y en cómo unirlas o articularlas. Esta no es la primera ni será la última expresión de la aspiración a una pedagogía integral profunda. Simplemente es un pequeño esfuerzo más que empuja en ese sentido.

Resta ver, ahora, cómo puede aplicarse esta visión por niveles de profundidad en el aula, en las planificaciones, en la evaluación y en el diseño curricular. Empero, antes de eso se hará una breve reflexión sobre cómo abordan los niveles de profundidad las principales corrientes pedagógicas.

Las corrientes pedagógicas desde la perspectiva de los niveles de profundidad

Para clasificar los diversos planteos educativos o corrientes pedagógicas de forma general, deberíamos identificar qué grado de valor o importancia le conceden a cada nivel de profundidad. Esto es: si a cada nivel de profundidad le otorgan un protagonismo bajo, medio o alto. Ello nos daría un total de 243 categorías posibles, ya que hay cinco variables que pueden presentarse de tres maneras diferentes (3x3x3x3x3=243). Es decir, existirían 243 posibles planteos educativos desde esta perspectiva.

Tabla 1. Parámetros de clasificación de teorías pedagógicas según niveles de profundidad.

Nivel de profundidad	Importancia		
Informacional	Baja	Media	Alta
Competencial	Baja	Media	Alta
Cognitivo	Baja	Media	Alta
Emocional	Baja	Media	Alta
Volitivo	Baja	Media	Alta

Como vimos, simplificadamente, existen tres grandes corrientes pedagógicas, en las cuales pueden inscribirse casi la totalidad o la gran mayoría de los planteos educativos desplegados por la humanidad hasta el momento: el memorismo, el igualitarismo y el desarrollismo.

Desde luego, es imposible saber con plena exactitud la trascendencia que cada teoría le otorga a cada nivel de profundidad. Asimismo, seguramente cada corriente pedagógica presenta múltiples teorías internas con diferencias entre sí, al tiempo que hay posturas híbridas. Por eso, lo que sigue es, sin dudas e inevitablemente, una simplificación.

Ahora bien, a grandes rasgos, se puede decir que el memorismo prioriza lo informacional y descuida lo competencial y cognitivo. En lo emocional y volitivo, por su parte, permanece en una situación intermedia. Esto se debe a que enfatiza la internalización y consolidación de la información, no entrena competencias ni capacidades diversas y solo ejercita algunos aspectos emocionales y volitivos, vinculados con el hábito de estudio y de lectura y la tolerancia a la frustración.

En cuanto al igualitarismo, prioriza lo competencial y descuida lo informacional, lo cognitivo y lo volitivo, dejando a lo emocional en una situación intermedia. Esto se debe a que favorece una enseñanza meramente práctica y de baja intensidad, sin entrenamiento cognitivo y volitivo considerables. Se preocupa parcialmente por lo emocional en los aspectos de contención y diálogo –es decir, se aboca a no sobre estresar, pero no logra generar un estrés moderado, sano y entrenador–.

Finalmente, el desarrollismo, y en particular el desarrollismo integral, es un ideal al cual apuntar, nada fácil de conseguir. Sin embargo, es un plan de acción que brinda herramientas conceptuales y teóricas para intentar darle máxima importancia a cada nivel de profundidad.

Tabla 2. Clasificación de teorías pedagógicas según niveles de profundidad con aplicación.

Nivel de profundidad	Importancia		
Informacional	Baja	Media	Alta
Competencial	Baja	Media	Alta
Cognitivo	Baja	Media	Alta
Emocional	Baja	Media	Alta
Volitivo	Baja	Media	Alta

- - - - = Memorismo   —— = Igualitarismo   ∞∞∞∞ = Desarrollismo

Si tuviéramos que medir el grado en que cada planteo o teoría pedagógica se acerca al ideal del desarrollismo, podríamos asignar un punto por cada importancia baja, dos por cada intermedia y tres por cada alta. Esto nos da que el memorismo obtiene un puntaje total de nueve, el igualitarismo de ocho y el desarrollismo de quince. Se pone en evidencia que, globalmente considerado, el igualitarismo constituyó un retroceso educativo, incluso al compararlo con el memorismo más tradicional. Si consideramos que suplantó, generalmente, a una suerte de mezcla entre memorismo y desarrollismo ("desarrollismo informacional", de puntaje aproximado de once[9]), queda clara la magnitud del retroceso.

---

9. El puntaje de once del desarrollismo informacional se explica porque, al puntaje del memorismo, le suma una importancia media de lo competencial y cognitivo, al centrarse en la comprensión, manejo y aplicación de la información.

RAFAEL EDUARDO MICHELETTI

TERCERA PARTE: APLICACIONES PRÁCTICAS DE LOS NIVELES DE PROFUNDIDAD

Niveles de profundidad en el aula

Autoridad y disciplina

Esta tercera parte es más técnica y orientada al docente. Puede considerarse de lectura rápida u opcional para los no docentes.

En el tiempo reciente, se le han sumado funciones al educador de manera indiscriminada. Se lo trata como una suerte de mago que puede hacerlo todo y, además, en simultáneo.

El enseñante debe ser maestro, amigo, psicólogo, acompañante terapéutico, mediador, conciliador, conversador, autoridad, par, observador, registrador, adaptador de contenidos, evaluador, animador, etc., y en paralelo a ello debe dictar, no una, sino múltiples clases y contenidos adaptados a las particularidades de cada alumno.

Esta explotación y abuso del docente descansa en fundamentos ideológicos-dogmáticos, no en postulados científicos comprobables y prácticos. De hecho, los resultados de estas concepciones del docente han sido catastróficos: aulas desordenadas, clases ineficaces, docentes sobrecargados y culposos, alumnos que no aprenden, etc.

Es preciso, por lo tanto, devolverle al docente su rol inequívoco y excluyente de autoridad pedagógica. No quiere decir que no deba o no pueda establecer vínculos afectivos, ni dialogar con los alumnos, o intervenir ante alguna problemática emergente. Sin embargo, todo lo ajeno a su función de autoridad pedagógica no será su responsabilidad, no le será exigido, y solo tendrá lugar de forma voluntaria y subsidiaria, siempre y cuando no perjudique su función educadora. Es indispensable que, ante una tarea tan dinámica y compleja como la de enseñar, se le brinde al docente un entorno de tiempo, orden, paz y tranquilidad para poder dedicarse como corresponde. Lo anterior exige gozar de amplios y contundentes recursos de autoridad. Esto le permitirá poner toda su energía y tiempo en la enseñanza, sin tener que estar invirtiéndolos en intentar durante largo rato que los alumnos trabajen o hagan silencio. Desde luego, un mayor poder, conlleva una mayor responsabilidad. Esos recursos de autoridad deberán tener estrictos controles de no arbitrariedad ni ejercicio abusivo. Empero, se deberá confiar en el docente, presumir su buena voluntad y apoyarlo en sus sanciones disciplinarias mientras no se demuestre lo contrario. Lo mismo con los directores.

Si un alumno es advertido debidamente y persiste en una inconducta que desordena la clase o impide su pleno aprovechamiento por parte de otros, el docente tiene que poder enviarlo a un entorno separado, con la debida vigilancia adulta y con tareas educativas a cargo, al efecto de seguir trabajando con quienes realmente se lo merecen, lo valoran y desean aprovecharlo. Esto es bueno para la calidad educativa, para el propio niño alborotador (que recibe un límite e incentivo claro, entrenando sus funciones ejecutivas) y para la salud mental del maestro. Es decir, es favorable al bien común.

En caso de acumular reiteradas indisciplinas en el mismo curso o año, el estudiante debe tener alguna consecuencia disuasoria y ejemplificadora, sea quedarse en condición de libre, cambiarse de escuela, repetir el año, etc. Se podrá discutir cuál, pero debe haber alguna sanción disuasoria de última instancia que dote de fuerza, autoridad y credibilidad a todas las sanciones anteriores o menores. Todos los sistemas educativos eficientes y funcionales la poseen.

Esta disciplina estricta y no arbitraria, acompañada de la debida concientización, es indispensable, no solo para el uso eficiente del tiempo áulico y para la calidad educativa, sino también para la educación en hábitos, valores, disciplina y manejo de emociones. Tanto el alumno sancionado como sus compañeros se verán beneficiados a la larga. Es una disciplina basada en el amor, por el bien común, incluido el del propio estudiante sancionado, con toda la firmeza que se deriva de saber que se hace un bien, aunque en una primera instancia algunos no lo entiendan.

Un entorno de orden, justicia, escucha y respeto es crucial para una educación integral de calidad. Solo en ese marco el maestro puede diseñar y ejecutar adecuadamente un plan de enseñanza sofisticado, que involucre los distintos niveles de profundidad. Esto incluye la necesidad de formar a los docentes en nociones de mando –adaptadas a la realidad escolar–, manejo de grupo, oratoria y liderazgo.

El orden y la disciplina en el aula han sido demonizados y estigmatizados por el igualitarismo, a tal punto que ya no se habla de ello en la gran mayoría de los profesorados, si no en ninguno. Ahora bien, no hay mayor desigualdad e injusticia que la que genera una situación en la cual un docente no puede aprovechar debidamente el tiempo de enseñanza. Los alumnos –y, entre ellos, los más vulnerables– son los más perjudicados.

Focalización

Al planificar la clase, es muy importante identificar con claridad el nivel de profundidad del objetivo final. ¿Es una clase que tiene como prioridad, en última instancia, la información, una competencia específica o conjunto de ellas, el entrenamiento de una o varias inteligencias, la educación de las emociones o el desarrollo volitivo?

Los objetivos pueden combinarse, y el docente debe estar atento a las oportunidades que se le den en la clase para trabajar colateralmente en todos los niveles de profundidad. De hecho, como dijimos, la propia disciplina del aula es un factor educativo para la voluntad y el manejo de emociones. Empero, suele ser preferible tener claridad sobre cuál es el objetivo principal y prioritario y en qué nivel de profundidad opera. A partir de dicho fin y nivel de profundidad, se adecuará todo lo demás y se organizarán los tiempos.

Por ejemplo, supongamos que deseo trabajar la creatividad. Si lo haré en el plano informacional, mi objetivo será transmitir saberes básicos sobre ella, como por ejemplo qué es la creatividad, para qué sirve, cómo se puede entrenar, qué hábitos ayudan a su máximo desarrollo, etc.

Si la clase fuera competencial, buscaré transmitir e inculcar técnicas o procedimientos prácticos para el uso de la creatividad, como por ejemplo la lluvia de ideas, la libre asociación, etc. Los alumnos deberán terminar demostrando que manejan adecuadamente un procedimiento específico o un saber hacer. Aplicarán las técnicas y serán evaluados en función de su correcta utilización.

Si la clase fuera cognitiva, enfocada en el entrenamiento de la creatividad en tanto inteligencia o aptitud del cerebro, deberé brindarles a los alumnos una cantidad de ejercicios cuya realización suponga el entrenamiento de la aptitud creativa, y lograr que resuelvan la mayor cantidad posible de ellos. Aquí, el ritmo de trabajo y la repetición serán claves. Es importante que los estudiantes posean un incentivo para resolver la mayor cantidad de ejercicios que a cada uno le sea posible, con el tiempo acorde al desafío.

Finalmente, el objetivo principal de la clase podrían ser la volición o las emociones. En ese caso, probablemente, el tema cambie y no elijamos la creatividad como eje vertebrador. Sin embargo, en un mero ejercicio del pensamiento, si tuviéramos que adecuar el tema de la creatividad a una clase volitiva o emocional, cabría pensar en su uso para manejar los impulsos irracionales y hacer el bien, o en la búsqueda de una manera creativa y original para ayudar a los más necesitados.

Pueden existir clases o conjuntos de clases con profundidad mixta. En general, un objetivo curricular suele demandar un mínimo de cada nivel de profundidad. Empero, tener claro la profundidad prioritaria y estratégica, conforme el objetivo curricular, ayudará a una planificación y ejecución más eficiente y coherente.

Organizar la enseñanza según los niveles de profundidad ayuda a descomprimir y focalizar, nuevamente, la tarea del docente. Ya no de un modo uniforme y rígido, como era en el paradigma memorístico, sino de una manera diversificada y flexible.

Es decir, si un espacio curricular estuviera diseñado de un modo informacional, el docente sabrá que su prioridad será transmitir saberes y evaluar su incorporación y comprensión. Ya no se le pedirá a cada docente que haga todo, que aborde todos los niveles de profundidad, entrene todas las inteligencias, desarrolle competencias, etc. Esto también favorecerá una mayor especialización y eficiencia.

Una educación por niveles de profundidad y focalizada jerarquiza al docente. No es un mero transmisor de información, pero tampoco es un par de los alumnos, que se dedique a observar y suplicar mientras estos hacen lo que desean. Se tratará de un educador plenamente consciente de sus objetivos y de los efectos benéficos de su tarea.

> Tener una idea clara de las posibilidades de nuestro cerebro, saber que educar es cambiarlo, porque el aprendizaje supone actividad y producción de cambios neuronales, promueve un optimista modelo educativo, que aumenta la relevancia de la tarea docente. La cultura cambia el cerebro que, a su vez, cambiará la cultura. (Marina, 2012: 9).

Puntos de apoyo para la autoevaluación del docente y la motivación del estudiante

Si bien el docente debe tener muy claro su objetivo curricular y el nivel en el cual este funciona, es factible que necesite puntos de apoyo en todos los niveles. No estaría mal que, al evaluar su propia práctica, examine si algún punto de apoyo le estaría faltando en cada nivel de profundidad. Por ejemplo:

- *Punto de apoyo informacional:* ¿se están enseñando, revisando y fijando correctamente los conceptos o saberes necesarios para cumplir con el objetivo curricular?
- *Punto de apoyo competencial:* ¿cuentan los estudiantes con las competencias necesarias para cumplir con el objetivo curricular?
- *Punto de apoyo cognitivo:* ¿es el objetivo curricular acorde a la edad y nivel cognitivo general de los alumnos?, ¿resulta desafiante, entrenador y estimulante?
- *Punto de apoyo emocional:* ¿se está haciendo todo lo que está al alcance para lograr la motivación intrínseca del alumnado?, ¿se están promoviendo la curiosidad, la confianza para hacer preguntas y la noción de que pueden lograrlo?
- *Punto de apoyo volitivo:* ¿se ha concientizado al educando sobre las conexiones potenciales del objetivo curricular con el bien común?, ¿existe un sistema de incentivos eficaz que garantice orden, trabajo y respeto en la clase?

Más allá de los puntos de apoyo relativamente generales, cabe imaginar la posibilidad de que existan puntos de apoyo para situaciones u objetivos en particular.

Estos puntos de apoyo por niveles de profundidad, o similares, también podrían servir para evaluar el proceso de aprendizaje, las técnicas de estudio o las dificultades de los alumnos en casos puntuales.

Por ejemplo, al analizar la situación del alumno individual, en la faz emocional se deben incluir sus vinculaciones afectivas (integración con su grupo de pares, existencia de acoso escolar, vínculo con sus padres, etc.), su autoestima, etc. Si el estado de ánimo fuera negativo o bajo de forma regular, habrá que indagar en estos aspectos.

Cabría pensar, acaso, en un abordaje complejo o multifactorial de la motivación del estudiante, inspirado en los niveles de profundidad educativos. En cada uno de ellos, encontramos factores de motivación intrínsecos al alumno o extrínsecos (proporcionados por el entorno).

Cuadro 5. Factores de motivación del estudiante según niveles de profundidad.

El esquema anterior nos ayuda a reconocer que hay factores de motivación que no se pueden alterar, o no por lo menos en el corto plazo. Pues, si una enseñanza se amolda o no al perfil de inteligencias del alumno, no podrá cambiarse de un día para el otro, y quizás nunca. A lo sumo, podrán optimizarse los medios de transmisión –por ejemplo, mediante texto enriquecido o multimodal– para facilitar su percepción, pero no mucho más que eso. Hay experimentos que demuestran que una clase es más recordada por los alumnos si se apoya más en imágenes y animaciones relevantes que en texto (Goldin, 2022: 156).

Si las imágenes son esperables, consistentes con lo que se está transmitiendo y pocas (incluso una sola), será más sencillo para la audiencia encontrarlas y verlas, lo que conserva casi toda la atención para el proceso realmente más complejo: entender lo que esa imagen representa e integrarlo con la explicación oral del docente y con sus propios conocimientos previos. (*Ídem*: 157).

Asimismo, esta perspectiva también implica admitir que hay una parte que debe aportar el alumno. No todo será color de rosas y divertido en la vida, y el aprendiz debe saber que tendrá que poner buena actitud y voluntad para ver el lado interesante y positivo de las cosas. "No hagas lo que te guste, que te guste lo que hagas", dice un refrán popular. No se puede cambiar de un día para el otro la capacidad volitiva o espiritualidad del estudiante, pero se le

Rafael Eduardo Micheletti

puede exigir o se lo puede instar a que ponga un mínimo de buena voluntad. De paso, estará ejercitando sus funciones ejecutivas.

En relación con el interés y la curiosidad, el docente puede intentar transmitir la importancia y utilidad práctica de la enseñanza a impartir, concientizando, contextualizando y provocando. Sobre esto, profundizaremos más adelante.

Es factible que el docente propicie un clima de confianza, alentando las preguntas y presentando los errores de una manera positiva, como un signo de valentía y de aprendizaje, no de falta de inteligencia. También puede enfatizar los logros, por pequeños que sean, fortaleciendo la autoestima. Pero esto también va a depender, en parte, de la personalidad del alumno y de lo que ocurra en su hogar.

Sobre los otros dos factores (información y competencias previas necesarias) el maestro posee mayor margen de maniobra. Se puede decir que aquí sí depende más del docente (aunque también del diseño curricular y de los maestros anteriores), el hecho de que el alumno cuente con las herramientas básicas para abordar el aprendizaje. Así y todo, el estudiante no podrá aprender correctamente ni consolidar la memorización, por ejemplo, si no posee un sueño adecuado y profundo. Pues, al dormir, el cerebro repasa los aprendizajes y los consolida, e incluso hasta puede llegar a ser creativo y resolver problemas (Dehaene, 2019).

Es crucial entender el contexto y los saberes previos necesarios para motivarse con un nuevo conocimiento –además de para comprenderlo–. Por eso, es un verdadero crimen educativo hacer avanzar de año o curso a los alumnos sin los saberes básicos necesarios consolidados, como ha promovido el igualitarismo.

Desde luego que la sola repitencia no mejora el aprendizaje. No es ese su objetivo, sino evitar que el problema se agrave. Es decir, evitar que el alumno pase de año sin los saberes básicos que le demandará el curso siguiente. Es poner un freno y encender una señal de alarma, además de establecer un incentivo.

Si los estudiantes pueden avanzar de año sin aprender, la distancia con la enseñanza es cada vez mayor, y es crecientemente costosa y menos fructífera la repitencia. Así, se llega al resultado de alumnos que egresan del nivel primario sin saber leer y escribir, o que egresan del secundario sin poder comprender un texto medianamente complejo, algo habitual en las últimas décadas en muchos países occidentales.

No es cierto que los sistemas más exitosos del mundo no posean repitencia. Este es un mito muy arraigado del igualitarismo. En general, la tienen, solo que casi no se aplica porque los alumnos aprenden y reciben un apoyo adicional cuando presentan dificultades, en el marco de muy fuertes incentivos sistémicos. Los sistemas educativos más avanzados son, de hecho, altamente meritocráticos y poseen incentivos poderosísimos. Por ejemplo: exámenes de fin de nivel, exámenes de ingreso o agrupamientos por nivel de desempeño que condicionan la trayectoria educativa futura. En esas condiciones, la repitencia pierde relevancia y protagonismo porque las familias ejercen una fuerte presión sobre los estudiantes para que trabajen duro y se esfuercen al máximo. Aun así, en general, la posibilidad de repetir, aunque remota y casi sin aplicación, existe.

En el caso de un estudiante que reprueba el año o curso, podrá discutirse de qué modo ayudarlo, qué tipos de adecuaciones de acceso podrían aplicarse (sin sobrecargar al docente), qué apoyo o acompañamiento darle, si resulta conveniente un cambio de institución o un tratamiento más personalizado, pero nunca, bajo ningún aspecto, promoverlo de año o curso por mera lástima, sin los aprendizajes necesarios.

Lo ideal sería un cursado por materia, con espacios optativos según los intereses del estudiante. Empero, incluso en este caso, no debería el estudiante cursar un espacio más avanzado si no completó uno más básico de la misma disciplina o asunto.

Como último recurso, en un caso extremo de estancamiento, habrá que darle un certificado que acredite sus logros y competencias y buscarle una modalidad de capacitación o formación que esté a su alcance y lo proyecte laboralmente.

Por muy linda y agradable que suene, no es cierta –por lo menos interpretada de forma literal, como lo hace el igualitarismo– la frase atribuida a Jerome Bruner sobre que cualquier alumno puede aprender cualquier contenido ([1960] 1963: 19). Si bien Bruner no fue tan tajante y literal al enunciar este pensamiento, cabe afirmar que cayó en una generalización excesiva que alimentó un igualitarismo y un constructivismo extremos.

Desde luego, debemos confiar en la capacidad de mejora de todos los estudiantes y exigirles sanamente. Empero, para acceder a ciertos aprendizajes es necesario haber consolidado aprendizajes previos. Cuanto más avanzado es el contenido al que se pretende acceder, más tiempo previo de incorporación, consolidación y automatización de contenidos se requiere.

Por ello, es completamente anti educativo colocar a un alumno en una clase para la cual no está preparado. Se perjudica al alumno en cuestión –que queda cada vez más desconectado–, se sobrecarga al docente y se afecta la calidad educativa general.

Estrategias informacionales

Introducción: concientización, contextualización y provocación

Nos enfocaremos seguidamente en las estrategias de enseñanza informacionales. Vale aclarar que las estrategias son acumulativas en relación con los niveles de profundidad. Es decir, que las ubiquemos en el nivel informacional no significa que no puedan ser usadas en niveles más profundos.

En una clase informacional, y en cualquier otra en que sea aplicable, lo más probable es que convenga comenzar concientizando sobre la importancia del contenido, así como contextualizando la información y provocando cierta curiosidad, misterio o intriga de parte de los estudiantes.

Desde las neurociencias, cada vez se le asigna más importancia a la curiosidad.

El cerebro emocional posee neuronas y circuitos que se activan cuando ese algo diferente asoma en el entorno, es decir, neuronas que responden al placer o el dolor que significa el estímulo sobresaliente visto. En definitiva, la curiosidad, permítanme decirlo una vez más, es el mecanismo cerebral capaz de detectar lo diferente en la monotonía diaria del entorno. Y con ello se presta atención a aquello que sobresale. Y si lo que sobresale es de significado para la supervivencia, se aprende y memoriza. (…). La atención sigue a la curiosidad sin necesidad de pedírselo al alumno. (Mora, 2013: 41 y 46).

La curiosidad no es, como pensaba Rousseau, un producto de la enseñanza, sino un deseo natural, como afirmó Aristóteles. La adquisición de información novedosa activa en el cerebro el circuito placentero de la dopamina (el mismo que se enciende en respuesta al alimento, las drogas o el sexo) (Dehaene, 2019: 246-247).

Sin embargo, algo de cierto había en la aseveración de Rousseau. Pues, para detectar aquello diferente o contradictorio, debo conocer el marco más amplio. Para que me intrigue aquello que falta, debo tener un panorama más extenso de lo que lo rodea. No es que el saber genere la curiosidad, sino que la orienta. Cuanto más se sepa de un tema, más curiosidad atraerá lo que falte conocer.

Se puede pensar en la curiosidad como un rompecabezas parcialmente ensamblado, al que le faltan unas cuantas piezas. Si el rompecabezas estuviera desarmado, con todas las piezas desordenadas y desparramadas, me generará menos curiosidad que si el rompecabezas se encontrara bastante armado, excepto por una zona específica. Seguramente, el impulso de querer terminarlo será mayor en este último caso. Así, podemos visualizar la curiosidad como un hueco, enigma o singularidad que se encuentra en medio de un marco de saber más amplio.

Cuanto más se conecte el contenido o aprendizaje, mejor recepción tendrá y será más recordado. Una manera de hacerlo es conectarlo con el bien común (concientización), lo cual, de paso, conllevaría un estímulo de la espiritualidad. Esto tiene que ver con subrayar la importancia de la enseñanza a impartir.

No siempre habrá una conexión directa con el bien común (que incluye el bien de los alumnos), pero suele ser factible identificar alguna conexión, por lo menos indirecta. Por ejemplo, si tenemos que enseñar a memorizar las tablas de multiplicar, se les puede decir a los alumnos que al automatizar este saber su cerebro pasará a estar mejor preparado para operaciones más complejas. Con ellas podrán resolver problemas que ayuden a ellos mismos, a su familia o a su comunidad. O, si se tienen que enseñar técnicas de oratoria, se puede enfatizar que una comunicación clara y convincente es crucial para alimentar el debate de ideas y que ello les permitirá múltiples posibilidades, desde obtener un puesto de trabajo o conseguir la aprobación de un proyecto, hasta ejercer responsablemente su rol ciudadano en defensa de lo justo.

En cuanto a la contextualización, implica conectar el contenido o aprendizaje con el entorno más próximo (por lo menos, en comparación con el bien común, que tiende a ser más lejano). Este entorno puede vislumbrarse desde diferentes perspectivas, no necesariamente excluyentes entre sí. Principalmente: contextualización "práctica" (conectar con situaciones de la vida real o cotidiana en que ese contenido sea útil o aplicable) –puede solaparse con la concientización–; contextualización "académica" (conectar con saberes previos o colindantes dentro o fuera de la misma disciplina) –esto último puede incluir la conexión con la estructura de principios fundamentales en que el saber se inserta (Bruner, [1960] 1963)–; y contextualización "histórica" (conocer la historia o relato detrás del saber o idea: cómo se llegó a ella, por qué surgió, quién la creó, para qué, etc.). Seguramente hay más, pero estas parecieran ser las principales.

Se podría agregar la contextualización "personal" (preguntarles a los alumnos por conocimientos o experiencias que traigan consigo que puedan vincular con el tema). Pero, ¡ojo!, en ese caso, se deberá estar atento a los posibles errores que arrastren los estudiantes y corregirlos de inmediato. Activar conocimiento previo puede condicionar o modificar el procesamiento de nueva información. Si el *feedback* se produce inmediatamente después de cometer el error, se fortalece la asociación entre la respuesta correcta y el esquema previo activado. Si, en cambio, el *feedback* se presenta diez minutos después de la activación, lo que se fortalece es la asociación con la respuesta incorrecta (Goldin, 2022: 130).

La estrategia de contextualización variará, seguramente, conforme el tiempo disponible para ello. En la primera clase, al iniciar un curso, será preciso desarrollar una contextualización más amplia y genérica, que ubique en el centro al espacio curricular completo. Al comenzar un nuevo tema dentro de la misma materia, quizás la contextualización sea más ágil. Asimismo, en una de las últimas clases, cuando el docente se encuentre apurado para poder cerrar la unidad, acaso el tiempo disponible no alcance para mucho más que refrescar y evocar lo dado en las clases previas. Nunca deben dejarse de lado la practicidad y el sentido común para lograr el fin propuesto. Las teorías no sirven de nada si se convierten en dogmas que encadenan en vez de en herramientas que fortalecen.

Finalmente, la provocación, en sentido pedagógico, es enfatizar el enigma, la contradicción o la singularidad que constituye ese hueco que se dejó desarmado en medio del rompecabezas. El enigma sería el misterio, lo no explorado. La singularidad refiere a lo diferente, lo que contrasta con lo usual, contextual o cotidiano. La contradicción, sea aparente o real, implica una incoherencia hacia el interior del propio tema u objeto de estudio. Estos elementos de la curiosidad pueden no ser exhaustivos y no son excluyentes entre sí. Parcialmente, pueden incluso solaparse.

La provocación pedagógica no se refiere a una excentricidad o trasgresión, sino simplemente a enfatizar o resaltar lo enigmático, singular o aparentemente contradictorio; aquello que lo diferencia de otros contenidos, así como las discusiones, problemas e incógnitas con los que se conecta. Lo que se debe provocar es la curiosidad, la intriga y la reflexión sobre el asunto.

Supongamos que se enseña el tema "democracia". Se podría empezar con una concientización sobre la importancia de poseer conocimientos políticos para votar responsablemente. A continuación, sería factible avanzar con una contextualización académica, repasando qué es un sistema o régimen político y cuáles han existido. Finalmente, una estrategia de provocación por singularidad sería presentar algunos datos sobre calidad democrática y desarrollo. Se enfatizaría el mejor desempeño de las democracias en comparación con las autocracias y se dejaría abierta la pregunta sobre el porqué de ello. Puede ser de ayuda darles algún tiempo para reflexionar o elaborar en torno a la provocación.

Estos pasos no necesariamente se darán siempre en el mismo orden ni completos. Un docente podría preferir comenzar con la provocación, o pensar que no tiene tiempo para la contextualización. De hecho, en ocasiones, un solo planteo puede cubrir varias fases en simultáneo. Por ejemplo, comenzar la clase con un problema complejo e intrigante podría servir de contextualización práctica y provocación.

Sin embargo, en términos generales y en principio, cabe suponer que el orden natural o probable sería de afuera hacia adentro: concientización, contextualización y provocación.

Cuadro 6. Estructura de círculos concéntricos de la curiosidad.

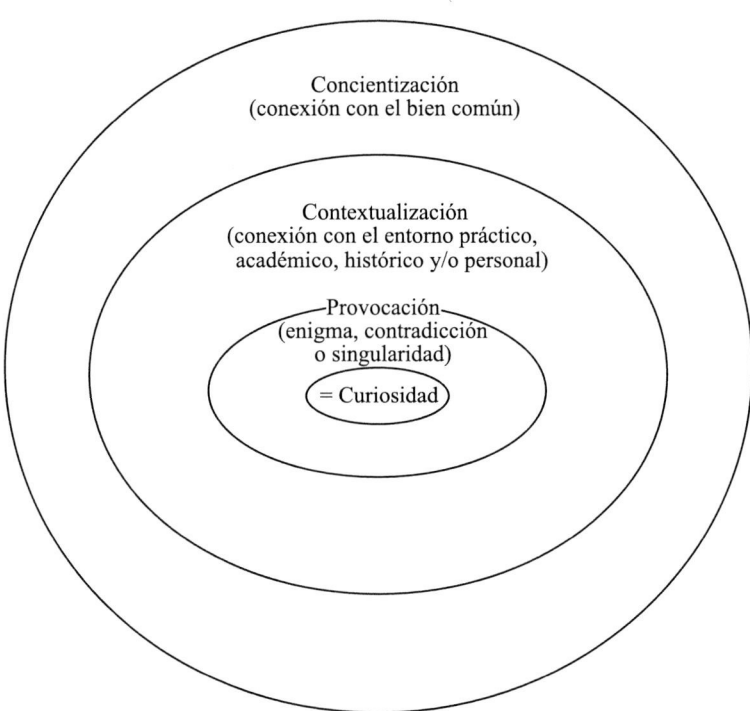

Es preciso recordar que las estrategias son acumulativas. Esto quiere decir, por ejemplo, que el docente competencial puede echar mano a la provocación para iniciar la clase, por más que ubiquemos dicha estrategia en el nivel informacional.

En una clase sobre ejercicios prácticos de dinámica de fluidos, el profesor podría comenzar con una inquisición disruptiva y de alto impacto: "¡Pregunta

Rafael Eduardo Micheletti

de vida o muerte! ¿Qué harían si se levantaran un día de su cama en una casa en la costa y observaran que un inmenso tsunami avanza hacia ustedes?" (Recursos Aula, 2021).

Sin embargo, en general, las estrategias propias de cada nivel serán las más protagónicas cuando nos movamos en ese plano de profundidad.

Volviendo a la curiosidad, estimularla vendría a ser como armarles parcialmente el rompecabezas a los alumnos. Esto se logra concientizando, contextualizando y provocando. Implica dejar un atrayente y considerable hueco en el medio, que vendría a ser el tema o contenido de la clase o curso. "Entre la monotonía de lo demasiado simple y el rechazo de lo demasiado complejo, nuestra curiosidad nos orienta naturalmente hacia los ámbitos nuevos y accesibles" (Dehaene, 2019: 250).

Con perdón por la simplificación, puede aseverarse que darles las piezas todas desordenadas y desarmadas, y dejarlos solos, sería constructivismo radical –en sintonía con el igualitarismo, que trata al niño como a un adulto–. Entregarles el rompecabezas ya completamente armado podría ser parte de una estrategia conductista –en sintonía con el memorismo, ya que aprenderían el resultado final y no el proceso–. Finalmente, el equilibrio estaría en un punto medio. Esto es lo que cabría denominar desarrollismo o "compromiso activo del estudiante en el marco de un proceso diseñado y dirigido por el docente". El desarrollismo afirma que, sin esfuerzo, no hay desarrollo cognitivo ni conciencia y que, sin orientación y supervisión, no hay incentivo ni aprendizaje eficiente.

Cada docente y cada tema o clase puede tener sus propias estrategias para realizar la concientización, la contextualización y la provocación. No existe una receta única o mágica. Dependerá también de las propias fortalezas y de la personalidad del docente.

Habrá quienes prefieran echar mano más habitualmente al drama, a la solidaridad, a la sorpresa, a la lógica, etc. Incluso el humor puede ser un recurso. La risa, de hecho, se conecta con la incoherencia o contradicción, que a su vez se vincula con la curiosidad. Según el filósofo Daniel Dennett, la hilaridad sería una señal social contagiosa que sirve para llamar la atención sobre información inesperada que nos hace notar que debemos revisar nuestras creencias (Hurley, Dennett & Adams, 2011). En efecto, en igualdad de las demás condiciones, pareciera ser que reír durante el aprendizaje aumenta la curiosidad y mejora, por ende, la memoria (Esseily, Rat-Fischer, Somogyi, O'Regan & Fagard, 2016; Dehaene, 2019).

Seguramente, esta no es la única forma de entender el fomento de la curiosidad y la motivación, pero creo que brinda un abordaje o brújula útil.

Quizás se puedan agregar más círculos para un enfoque más detallado o complejo.

Transmisión multimodal activa, explicación y aclaración

Luego de la introducción vendrá la transmisión. El hecho de que la transmisión sea "multimodal" implica que, además de la explicación oral, el docente se apoyará en textos, imágenes, videos, etc. Esto, sin abrumar ni sustituir completamente el trabajo de los alumnos de imaginar y crear esquemas mentales. Lo ideal es que las imágenes sean pocas, estratégicas, sugerentes y simples.

Por otro lado, que la transmisión sea "activa" significa un mínimo de acción o esfuerzo del estudiante. No es necesariamente un activismo fuerte en esta etapa. Pero es bueno que deba hacer un mínimo esfuerzo. Por ejemplo, leer y subrayar las principales ideas de un texto, anotar las de un video, registrar las preguntas o dudas, responder una guía de preguntas, explorar una serie de materiales, objetos o problemas guiados por el docente, realizar preguntas por turnos para llegar al conocimiento final, etc. Es un activismo o esfuerzo suave, relajado.

No es necesario explicar exhaustivamente todo el contenido. Es preferible que los estudiantes hagan el intento de adquirirlo por sus propios medios. En este sentido la transmisión es "activa", si bien dista del nivel de actividad de las actividades de comprensión que veremos más adelante.

Los alumnos que hacen el esfuerzo de comprender frases u oraciones por sí solos, sin que el docentes les dé la solución, presentan una mejor retención. Por ejemplo, un grupo al que se le dieran unos minutos para experimentar con objetos para comprender leyes físicas, aprenderá mejor que otro grupo que se limitara a escuchar pasivamente sobre esas leyes (Dehaene, 2019: 238-240).

Es decir, a veces, en docencia, desde el punto de vista del trabajo del maestro, menos es más. El psicólogo estadounidense Henry Roediger lo enunció de este modo: "Hacer que las condiciones de aprendizaje sean más difíciles, lo que requiere mayor esfuerzo cognitivo por parte de los estudiantes, a menudo redunda en una mayor retención" (Zaromb, Karpicke & Roediger, 2010).

Esto abona la idea de que el docente informacional no debe explicar absolutamente todo desde un principio, sino realizar una introducción concientizando, contextualizando, provocando y motivando. Luego, serán los estudiantes los encargados de aprender por sus propios medios. Finalmente, el profesor explicará y aclarará lo que no hayan podido comprender solos.

Como dijimos, la transmisión multimodal activa tendrá un nivel de actividad leve, y más aun si el tiempo disponible fuera bajo. No siempre es factible brindar un amplio espacio para la exploración libre de los alumnos. En ocasiones, basta con el hecho de leer, entrar en contacto con el material de estudio y, quizás, también subrayar principales ideas y anotar dudas. Cada docente sabrá cuáles modalidades le resultan más adecuadas para su materia o clase y para el tiempo áulico disponible. Asimismo, debe haber algo de incentivo y control, aunque sea aleatorio y fugaz, para asegurar que la lectura se lleve a cabo realmente.

Las estrategias para la transmisión multimodal activa pueden ser muy variadas. El diálogo socrático podría considerarse una transferencia activa, ya que implica guiar a los alumnos con preguntas para que lleguen al saber que deseamos transmitirles, aunque no sirve para grandes cantidades de información.

Actividades de memorización

Posteriormente, en la medida en que el tiempo disponible alcance, deberán implementarse actividades de memorización y comprensión para consolidar y afianzar el saber. Estas actividades son de mayor complejidad y requieren de una mayor actividad del estudiante en comparación con la transmisión. Son más desafiantes, no tan relajadas.

Idealmente, deben ser actividades que logren un equilibrio entre la memorización, la comprensión, el tiempo disponible y la no sobrecarga del docente con correcciones excesivas –en especial en entornos de educación masificada en países subdesarrollados, en los que los docentes poseen muchos cursos y alumnos a su cargo–. Un docente sobrecargado no es positivo para la calidad educativa –ni para la salud del propio docente, naturalmente–.

Una buena alternativa para evitar la sobrecarga del docente con correcciones puede ser el cuestionario de opción múltiple con corrección automática. Otra es la corrección aleatoria en el aula. Debe ser realmente aleatoria para que los alumnos sepan que le puede tocar a cualquiera. A lo sumo, se pueden combinar algunos estudiantes escogidos al azar y otros que no hayan sido seleccionados previamente, para nivelar.

Una manera clásica de hacer la corrección aleatoria –desde luego, no la única– es pedirle a un alumno que lea o exponga su actividad o respuesta, o que realice el ejercicio en el pizarrón o la pantalla. Luego, poner en debate el ejercicio con el resto del aula, corrigiéndolo o justificándolo entre todos. Otra forma de hacerlo podría ser pedirles que entreguen el trabajo y, durante la misma clase, mientras los estudiantes realizan otra actividad, corregirlos todos o solo algunos de forma aleatoria y hacer una devolución general. También se les puede solicitar a los alumnos que se corrijan entre ellos –por ejemplo, pasándose la hoja con el alumno de al lado– y, una vez realizado ello, implementar estrategias para supervisar y evaluar las correcciones, quizás también de forma aleatoria y frente al curso. De ser necesario, se puede proveer un software o rúbrica para la autocorrección.

En concreto, son actividades de memorización aquellas que ayudan a fijar y consolidar la información. Por ejemplo, la repetición, las reglas mnemotécnicas y la evaluación o evocación. Las actividades de comprensión también ayudan a la memorización. Por eso, se reservará la expresión "actividades de memorización" solo para aquellas que únicamente apunten a la memorización –y no a la comprensión–.

Las actividades de memorización pueden ser variadas y deben seleccionarse con criterios estrictamente pragmáticos a los fines establecidos, sin prejuicios. La repetición, por ejemplo, puede ser una buena técnica de memorización, y no debe descartarse por antigua o básica. "Para que verdaderamente se recuerde bien un suceso, cualquiera que este sea, se ha de repetir muchas veces. No desde luego con la repetición física de lo ocurrido, pero sí mentalmente" (Mora, 2013: 65).

He comprobado que para el estudiante es de un gran valor lo que yo llamo "repetición convergente", es decir, reiterar una serie de conceptos básicos o relevantes desde perspectivas y con ejemplos diferentes a lo largo de una clase. Está claro que repetir constantemente lo mismo a los estudiantes sin tener en cuenta el impacto de esto sobre la motivación es negativo. De ahí la importancia del significado emocional cuando se insiste en un mismo concepto. Esta es pues la idea, es decir, arropar o unir los conceptos difíciles con significados emocionales que deben ser diferentes en cada una de esas dos o tres repeticiones del razonamiento difícil que queremos que aprenda y memorice el alumno. Es más, y esto es interesante, el beneficio de la repetición no solo recae en el que aprende, sino también en el que enseña. (*Ídem*: 66).

El uso o creación de reglas mnemotécnicas puede ser de gran utilidad. Por ejemplo: acrónimos, acrósticos, rimas, palabras clave, asociaciones de imágenes y recuerdos, etc.

Luego de la transmisión, se pueden seleccionar contenidos estratégicos para memorizar. O bien pedirles a los alumnos que intenten reproducir la información y detecten puntos débiles en su memoria. Sobre ellos, se les pueden brindar o pedirles que construyan ellos mismos reglas mnemotécnicas o asociaciones "claves".

Cuanta más superposición exista entre una memoria y las claves para evocarla, más sencillo será lograr la evocación en el futuro. Esas claves, por su parte, tienen que ser distintivas y no estar asociadas con demasiadas memorias a la vez, porque, si la clave está sobrecargada, no sabremos qué pieza de conocimiento tenemos que evocar. (Goldin, 2022: 123).

Es importante incluir también a la evaluación (en especial aquella acumulativa y con intervalos crecientes) como una de las más importantes actividades de memorización. La evidencia muestra que el saber se internaliza mejor si se dedican más clases a evaluación, incluso aunque esto suponga menos clases de explicación y/o estudio (Dehaene, 2019).

Muchas veces, las actividades de memorización son subestimadas frente a la mayor jerarquía que poseen las actividades de comprensión. Sin embargo, una eficaz memorización previa puede ser de gran ayuda para la comprensión. Cuando el cerebro internaliza y automatiza ciertos datos o procesos, puede liberar memoria de trabajo y capacidad atencional para pensamientos más profundos o complejos. Asimismo, pedirles a los alumnos que apliquen reglas mnemotécnicas para determinados conceptos es una actividad que ejercita, colateralmente, funciones más complejas que la mera memoria, como la lógica, la abstracción y la creatividad (Vergara & Bea, 2017).

Sería importante que las estrategias mnemotécnicas se enseñaran de manera temprana en alguna materia competencial específica, para luego ser utilizadas por los docentes en las materias o unidades informacionales.

Actividades de comprensión

En las actividades de comprensión, el estudiante aplica o utiliza de manera productiva y práctica la información. De esa forma, demuestra que la comprende.

El uso "activo" de la información, cuando el alumno toma la iniciativa o recibe los datos pensando sobre ellos, ayuda a la memorización y también a la traslación de lo aprendido de un ámbito a otro, o de una consigna a otra.

El psicólogo cognitivo John Bransford y sus colaboradores realizaron un experimento en el cual se le pidió a un grupo de alumnos que buscaran información sobre la nutrición, el agua como patrón de densidad, los aviones propulsados por energía solar y otros temas en los manuales –es decir, a la manera convencional–, con el único propósito de retener lo leído. Otro grupo leyó la misma información pensando en los posibles peligros de un viaje por la selva amazónica. Ello les permitía relacionar, por ejemplo, la información sobre la densidad del agua con la cantidad de agua que tenían que llevar los viajeros.

Más tarde, se les pidió a ambos grupos que planearan una expedición al desierto. Los alumnos que habían estudiado la información de un modo convencional prácticamente no hicieron uso de ella. En cambio, los que la estudiaron con el fin de resolver un problema, examinaron qué clase de alimentos les convenía llevar, el peso del agua, etc. (Perkins, [1992] 2001: 33-34).

Existen actividades de comprensión típicas o clásicas (sintetizar, crear mapas conceptuales o esquemas mentales, explicar, ejemplificar, comparar, analizar, justificar, argumentar, criticar, contextualizar, aplicar, resolver problemas, elaborar, etc.). Asimismo, cada tema o disciplina puede presentar actividades de comprensión propias o específicas que solo el docente especializado puede conocer y juzgar adecuadamente. Cuanto más compleja sea la actividad, más profunda será la comprensión demostrada.

Las cosas que se pueden hacer para entender mejor un concepto son las más útiles para recordarlo. (…). Si mi meta como maestro es que el estudiante *conozca* las leyes de Newton, puedo examinar el progreso del alumno pidiéndole que las recite o que escriba las fórmulas. Incluso puedo exigirle que realice algunas operaciones algebraicas a fin de cerciorarme de que no está repitiendo de memoria sino que posee un conocimiento al menos operativo. (…). Él podría realizar muy bien todas estas actividades sin comprender qué implican o explican realmente las leyes de Newton y por qué son válidas. (…). El conocimiento es un estado de posesión (…). La comprensión, en cambio, va más allá de la posesión. (…). Cuando entendemos algo, no solo tenemos información sino que somos capaces de hacer ciertas cosas con ese conocimiento. Estas cosas que podemos hacer, que revelan comprensión y la desarrollan, se denominan "actividades de comprensión". (Perkins, [1992] 2001: 81-82).

Según Perkins, existen distintos niveles de comprensión: (1) nivel de contenido –repetición, lo que nosotros llamamos memorización–; (2) de resolución de problemas; (3) epistémico –generar explicaciones y justificaciones–, y (4) de investigación –discusión de resultados y construcción de nuevo conocimiento–. Para este autor, la instrucción convencional se ocupa muy poco de los niveles superiores y tiende a concentrarse en el nivel de contenidos. Una escuela inteligente educa en los niveles superiores de la comprensión (Perkins, [1992] 2001).

Melina Furman realizó la distinción entre "preguntas fácticas" y "preguntas para pensar". Las primeras son más memorísticas y se basan en datos concretos. Las segundas están dirigidas al corazón del conocimiento. Son más profundas e implican aplicar el saber para resolver un problema o abordar una situación. Por ejemplo, una pregunta o consigna fáctica sería describir el planeta Marte y establecer lo que tiene en común y de diferente respecto del planeta Tierra. La versión para pensar podría ser: "Te mandan en una misión exploratoria a Marte y descubrís que hay varias razones por las cuales los terrícolas podríamos poblarlo en un futuro lejano. Ya de vuelta en el planeta Tierra, estás al frente de un auditorio interesado en escuchar tus descubrimientos. Convéncelos de las razones por las que vale la pena invertir dinero en continuar la misión" (Furman, 2021).

Como queda claro, la segunda consigna es más compleja y, por ende, hace pensar más. Implica primordialmente aplicar, elaborar y argumentar. La primera se reduce a actividades más simples, como describir y comparar. La distinción, en rigor, es de "grado".

No se trata de complicar demasiado las cosas, ni de convertir una materia informacional en una competencial. No siempre será acorde al objetivo ni habrá tiempo suficiente para realizar actividades súper complejas. De hecho, como señala magistralmente Stanislas Dehaene, el constructivismo radical y las llamadas "pedagogías activas" que de él se derivan no tienen nada que ver con el compromiso activo del estudiante en un proceso dirigido por el adulto.

Mientras que el compromiso activo es comprobadamente eficaz, el constructivismo radical se ha demostrado una y otra vez un rotundo fracaso (Dehaene, 2019: 240-241). "En síntesis, el principio del compromiso activo enuncia que es crucial que el estudiante esté motivado, activo, involucrado en el aprendizaje, pero de ningún modo eso significa que deba quedar librado a su propia suerte" (ídem: 243).

A cierto nivel de complejidad de las actividades de comprensión, puede aparecer una zona gris entre la enseñanza informacional y la competencial. Dependerá, en última instancia, de cuál sea el objetivo prioritario y el protagonismo relativo que posea cada aspecto. En los cursos informacionales, se aplica la información para internalizarla, mientras que, en los competenciales, se transmite la información para aplicarla.

Generalmente, las actividades de comprensión son de menor complejidad y mayor accesibilidad que las habilidades específicas de los cursos competenciales. Esto por una simple cuestión de que, en los cursos informacionales, no se dispone del tiempo necesario para enseñar acciones complejas. Se tienden a escoger tareas más accesibles o que los alumnos ya tengan relativamente incorporadas. Si hubiera que aplicar una enseñanza competencial intensiva –con sus tres etapas– para cada actividad de comprensión, probablemente el tiempo no alcance para dar los contenidos informacionales.

Cabe preguntarse si algunos aspectos de la llamada metacognición podrían formar parte de las actividades de memorización y comprensión –naturalmente, siempre que los tiempos y objetivos del curso lo permitan–. Por ejemplo, quizás se pueda incluir la "autoevaluación cognitiva" como una de las actividades a las cuales el docente podría recurrir para afianzar y fortalecer los saberes. Es decir, pedirles a los estudiantes que tomen conciencia y reflexionen sobre su propio proceso de aprendizaje (estrategias de memorización y comprensión utilizadas, niveles de memorización y comprensión alcanzados con ellas, obstáculos o dificultades afrontados, crítica fundada de las estrategias utilizadas, etc.).

En un experimento con niños de 7 a 8 años, solo aquellos que lograron monitorear el contenido del propio conocimiento pudieron utilizar las estrategias correspondientes y resolver una tarea novedosa, aunque similar, en el futuro (Goldin, 2022: 132).

Desde luego, no se puede hacer todo en cada clase. Lo importante es que los estudiantes demuestren que internalizaron y que comprendieron razonablemente, con la capacidad de aplicar o usar el saber aceptablemente.

De nuevo, a veces –no siempre–, menos es más. Por querer enseñar todos los contenidos, es factible que se dedique poco tiempo a cada uno y no se afiancen bien. En ocasiones, resulta preferible focalizar las clases en aspectos esenciales y medulares, con una buena dedicación de tiempo para las actividades de memorización y comprensión. Y dejar que, con un buen núcleo central consolidado, sean los alumnos los encargados de estudiar por sus propios medios los contenidos más específicos o colaterales, con posibilidad de consulta y aclaración posterior.

Proyecto informacional personalizado

Se pueden agregar a las estrategias anteriores los proyectos. Estos pueden ser informacionales, competenciales, cognitivos, emocionales, volitivos o mixtos. De todas maneras, por lo general, tanto por disponibilidad de tiempo como por afinidad de objetivos, los proyectos suelen ser más útiles para integrar y aplicar aspectos competenciales y cognitivos, quizás también emocionales y volitivos. Su mayor beneficio y riqueza reside en el uso integrado de competencias e inteligencias diversas en situaciones genuinas o simuladas de la vida real.

RAFAEL EDUARDO MICHELETTI

Lo anterior no implica que los proyectos no puedan usarse en el nivel informacional. Un proyecto de este tipo –como buscar información específica y presentarla– puede ser de utilidad para darle un espacio a la personalización. Podría dedicarse un 70% u 80% del curso para transmitir información medular y obligatoria y dejarse el restante 30% o 20% para que cada alumno elija uno de los temas o subtemas en el cual realizar una especialización según sus intereses. Por ejemplo, en la materia informacional Psicología, podrían enseñarse las ideas centrales de las principales teorías psicológicas y luego permitirle a cada estudiante escoger una teoría o algún aspecto o terapia de una de las teorías e investigarla más a fondo para presentarla a sus compañeros. Llamaremos a esto "proyecto informacional personalizado".

Desde luego, sería preferible que cualquier proyecto, incluso el más elemental e informacional, contara con la previa enseñanza competencial –en la misma materia o en una anterior– de nociones básicas de investigación, elaboración y exposición.

Generalmente, el trabajo por proyectos sirve como cierre y consolidación de un proceso de aprendizaje, más que como su método o motor usual. No puede hacerse todo por medio de proyectos. De hecho, debe sopesarse la carga que el proyecto implica para el docente y si ese esfuerzo es compatible con la naturaleza de los objetivos prioritarios y el tiempo disponible.

Aun así, dejar cierto espacio para la exploración autónoma, según los intereses del alumno, puede incidir positivamente en la motivación y el compromiso. Los estudiantes recibirán los contenidos obligatorios a sabiendas de que, en el futuro próximo, deberán elegir algunos de ellos para profundizar y especializarse. Por eso, es crucial advertirles desde el inicio sobre ello.

En un experimento de psicología cognitiva, se les presentó una serie de palabras a tres grupos. Al primero se le pidió que dijera si las palabras estaban escritas en mayúscula o minúscula. Al segundo, que se focalizara en si rimaban o no con la palabra "silla". Finalmente, al tercero se le solicitó que se fijara si eran o no nombres de animales. Luego, sorpresivamente, se les hizo una prueba de memoria. Los aciertos fueron muy superiores en el tercer grupo. La interpretación es que al prestar atención a algo más profundo (el significado) en vez de a algo más formal o superficial, el tercer grupo ejerció un procesamiento más profundo. Esto le permitió recordar más (Dehaene, 2019: 238).

Otra variante de los proyectos, que analizaremos más adelante, sería el "proyecto informacional integrador". Este busca integrar saberes interdisciplinarios previamente consolidados. Cabe incluir aquí la llamada "educación por fenómenos", que se enfoca en el estudio multidisciplinar de fenómenos complejos. No sirve para consolidar los conocimientos, sino para relacionarlos y unirlos.

El método STEM o STEAM

Un enfoque pedagógico que gana protagonismo en nuestros tiempos es el STEM (ciencia, tecnología, ingeniería y matemática, por sus siglas en inglés) o STEAM (que a lo anterior añade el arte). Este consiste en un foco puesto en dichas disciplinas, así como en su abordaje interconectado y activo. Implica enfatizar las conexiones lógicas y conceptuales entre los diferentes campos mencionados para tratarlos como un todo (Honey, Pearson & Schweingruber, 2014).

Como todo sistema estandarizado y empaquetado, debe adoptarse con flexibilidad y practicidad, sin dogmatismos. Ahora bien, con esa salvedad, puede ser una forma eficiente de realizar un proceso de enseñanza relativamente completo en ciertas ocasiones.

Una manera de aplicar el método STEM es a través de las "cinco E" (ISTF, s.f.):

- *Empezar:* se genera interés a partir de un contexto relevante y se movilizan los conocimientos previos.
- *Explorar:* se construyen nuevas ideas a través de la resolución de problemas y la indagación guiada.
- *Explicar:* se formalizan los conceptos y los procedimientos y se ponen en práctica.
- *Elaborar:* se aplican los conocimientos adquiridos en la resolución de nuevos problemas en nuevos contextos.
- *Evaluar:* luego de cada etapa y al final del proceso, se obtienen evidencias del aprendizaje en términos de comprensión y capacidad de transferencia a nuevas situaciones.

Si nos fijamos bien, el "empezar" se vincula con la contextualización práctica y personal y con la provocación. "Explorar" puede encuadrarse en la transmisión multimodal activa. "Explicar", por su parte, se condice con la etapa homónima de nuestro esquema. "Elaborar" refiere a las actividades de comprensión. Finalmente, "evaluar" se aplica en todas las etapas para favorecer la internalización y consolidación.

Puede ser muy útil conocer una versión estandarizada y empaquetada de las estrategias de enseñanza primordiales. Empero, para saber aplicarla y aprovecharla debidamente, es crucial poseer un saber más amplio que permita la flexibilidad necesaria.

Estrategias competenciales

Si la enseñanza fuese competencial –por ejemplo, tocar un instrumento, construir una silla o aprender a resolver un problema matemático complejo–, la dinámica cambiará respecto de la enseñanza informacional.

Quizás sea necesaria una primera unidad o parte introductoria informacional, y allí se puedan aplicar las estrategias informacionales, pero será algo más breve o no preponderante (si es que existe). Rápidamente, se pasará a la enseñanza propiamente competencial.

En el marco de esta, la "demostración y observación" de la competencia en acción (por ejemplo, realizando la actividad el docente), así como la "ejercitación y retroalimentación" (con corrección en tiempo real o inmediata durante el proceso) serán las estrategias centrales o protagónicas.

Si se posee tiempo suficiente, resulta óptimo agregar un proceso de "afianzamiento", equivalente a la memorización del plano informacional. Este se nutre principalmente de la repetición y sirve para la automatización del procedimiento. Ello libera memoria de trabajo y capacidad atencional para realizar actividades más complejas que se apoyen en esa competencia.

Por ejemplo, el "dictado", práctica a la cual el igualitarismo le ha generado mala prensa, constituye una fase vital de afianzamiento en la enseñanza de la escritura. Consolidar y automatizar la escritura, a fuerza de repetición, libera memoria de trabajo y capacidad atencional para que, mientras se escribe, se pueda pensar, analizar, imaginar, crear…

Las principales diferencias entre la ejercitación inicial (con retroalimentación) y la práctica posterior (de afianzamiento) son, por un lado, el grado de atención e involucramiento del docente y, por otro, la repetición. En la práctica inicial la ejercitación es más lenta. Se necesita una supervisión más cercana y constante del maestro. En la posterior, en cambio, el estudiante puede actuar con mayor autonomía. Ya ha demostrado, a grandes rasgos, que puede llevar adelante la competencia, aunque con ciertas dificultades y lentitud. Entonces, se prioriza la cantidad de ejercicios para consolidar y automatizar los procesos.

Las plataformas virtuales para el aprendizaje especializado, como las que se dedican a la enseñanza de las matemáticas, pueden ser sumamente útiles durante el afianzamiento. Esto porque brindan la posibilidad de realizar gran cantidad de ejercicios de forma autónoma con corrección automática.

Así, el afianzamiento logra mayor intensidad y eficacia sin sobrecargar al docente. Al contrario, este queda mayormente liberado de los alumnos con mejor desempeño para dedicarles más tiempo a quienes posean dificultades. De todas maneras, sería un error creer que se puede sustituir al docente por estas plataformas. En todas las fases de la enseñanza competencial, el maestro es importante como seleccionador, guía y supervisor. Asimismo, en la fase de ejercitación con retroalimentación, su rol es todavía más activo, indispensable e intervencionista. La retroalimentación debe darse en tiempo real, o lo más cercano a ello que sea posible, y con una capacidad de adaptación y flexibilidad pedagógica que solo un buen docente humano puede realizar –por lo menos por ahora–.

Es posible que existan otros métodos para el afianzamiento, además de la práctica repetitiva. Una podría ser la metacognición. Empero, en general, solo deberán aplicarse subsidiariamente, en caso de sobrar tiempo. Pues, difícilmente pueda lograrse la automatización de un procedimiento sin repetición. Naturalmente, debe ser una repetición monitoreada y evaluada (así sea con corrección automática), no anárquica.

Cuando se trate de competencias complejas, se deberán identificar las subcompetencias necesarias para desarrollar la habilidad. De esta manera, se podrán enseñar una a una las sub competencias de manera focalizada y, luego, unirlas e integrarlas en la actividad final. A cada subcompetencia y a la competencia final debería aplicárseles, idealmente, el proceso completo de (1) demostración y observación, (2) ejercitación y retroalimentación y (3) afianzamiento.

Uno de los grandes desafíos de la tarea docente es, precisamente, entender qué es aquello que el alumno todavía no tiene automatizado y qué es lo que se debe automatizar para que libere memoria de trabajo y capacidad atencional en el futuro. Lo primero nos ayudará a enseñar mejor. Lo segundo, a focalizar y priorizar de manera estratégica.

El hecho de que el maestro posea muchos de los procedimientos o eslabones altamente automatizados, puede obstruir su identificación y convertirse en un obstáculo para la enseñanza. Por eso, a veces, con la supervisión y guía del docente, las explicaciones entre estudiantes acaban siendo más didácticas que las de los propios expertos.

Para plasmar una enseñanza es imprescindible entender dónde radican las dificultades de quien aprende, qué le resulta más fácil y qué no. Pero cuando sabemos mucho sobre un tema, ya perdimos esa perspectiva y encontrarla de nuevo requiere un gran esfuerzo. Este fenómeno es tan universal y frecuente que hasta tiene un nombre (por cierto, muy pertinente): *maldición del conocimiento*. (Goldin, 2022: 149).

Uno de los aspectos más cruciales de la enseñanza competencial es descomponer adecuadamente la competencia en distintas subcompetencias. Las subcompetencias no pueden ser demasiadas. Es preciso poner un límite en algún punto. Empero, deben ser todas las necesarias para llevar a cabo la competencia principal de manera óptima.

Estrategias de enseñanza prioritarias por nivel de profundidad

Si a los puntos de apoyo para la autoevaluación les sumamos las estrategias de enseñanza prioritarias, obtenemos un esquema o tabla que puede oficiar de guía ágil y práctica para el docente.

La siguiente tabla no pretende ser exhaustiva. Es solo una orientación general que ayuda a entender que las prácticas de enseñanza deben tener en cuenta el nivel de profundidad en el cual operan.

Tabla 3. Estrategias de enseñanza prioritarias y puntos de apoyo y autoevaluación por nivel de profundidad.

Nivel de profundidad	Estrategias de enseñanza prioritarias (acumulativas)	Puntos de apoyo para la autoevaluación (completos)
Informacional	Introducción: Concientización, contextualización y provocación Transmisión multimodal activa Explicación y aclaración Actividades de memorización y comprensión Proyecto informacional personalizado Proyecto informacional integrador	¿Se están enseñando, revisando y fijando correctamente los conceptos o saberes necesarios para cumplir con el objetivo curricular?
Competencial	Demostración y observación Ejercitación y retroalimentación Afianzamiento Proyecto competencial integrador	¿Cuentan los estudiantes con las competencias necesarias para cumplir con el objetivo curricular?
Cognitivo	Entrenamiento cognitivo Proyecto cognitivo integrador	¿Es el objetivo curricular acorde a la edad y nivel cognitivo general de los alumnos? ¿Resulta desafiante, entrenador y estimulante?
Emocional	Terapia conductual o cognitivo-conductual Experiencia vivencial o de simulación Registro y análisis introspectivo	¿Se está haciendo todo lo que está al alcance para lograr la motivación intrínseca del alumnado? ¿Se están promoviendo la curiosidad, la confianza para hacer preguntas y la noción de que pueden lograrlo?
Volitivo	Proceso decisorio-reflexivo guiado Oración / Meditación ?	¿Se ha concientizado al educando sobre las conexiones potenciales del objetivo curricular con el bien común? ¿Existe un sistema de incentivos eficaz que garantice orden, trabajo y respeto en la clase?

RAFAEL EDUARDO MICHELETTI

El listado anterior pretende ser una caja de herramientas abierta y flexible, a disposición del docente. Deben seleccionarse los métodos con inteligencia, practicidad y sentido común, sin dogmatismos. Sin embargo, se debe poner atención prioritaria a aquellas técnicas que sean propias del nivel de profundidad de la clase o contenido.

Hasta ahora, hemos visto las estrategias informacionales y competenciales. Más adelante, cuando analicemos el "entrenamiento profundo", nos adentraremos en las estrategias cognitivas, emocionales y volitivas. Estas son más inexploradas y tentativas.

Las estrategias de enseñanza son, en principio, acumulativas. En cambio, en cuanto a los puntos de apoyo, todos deberán tenerse presentes en todos los casos, por lo menos a modo de monitoreo.

Que las estrategias sean acumulativas implica que, para llegar a niveles más profundos, es probable que se necesite pasar, aunque sea de modo fugaz o parcial, por todos o algunos de los niveles más superficiales.

Es decir, en un curso volitivo, es factible que el docente deba, por ejemplo, concientizar, contextualizar y explicar, solo que su foco y objetivo primordial será llegar a alguna estrategia propia del nivel de profundidad volitivo. Introducir en un nivel de profundidad una estrategia de un nivel más superficial podría denominarse "profundidad disminuida". Es habitual comenzar con estrategias de profundidad disminuida para luego ahondar y focalizar en aquellas de "profundidad nivelada" (es decir, propias del nivel de profundidad del objetivo curricular).

Excepcionalmente, podría darse una situación en que sea conveniente usar un método más profundo en una clase más superficial. Esto podría denominarse "profundidad aumentada". Sin embargo, no sería, en principio, lo más natural o esperable. Las estrategias de profundidad disminuida tienden a ser más habituales que las de profundidad aumentada, que son rarezas difíciles de justificar.

En ocasiones, dependiendo del enfoque y objetivo, una misma materia o disciplina puede dictarse en distintos niveles de profundidad. Es el caso, por ejemplo, de Matemática.

Vale aclarar, antes de proceder con el análisis, que entre la memorización y la comprensión se puede ubicar la "operacionalización mecánica". Es decir, cuando el saber se aplica de un modo operacional, elemental y rutinario, sin comprensión profunda. Para simplificar, a la aplicación operacional mecánica la asemejaremos a la memorización.

Dicho esto, las matemáticas podrían enseñarse de manera meramente informacional (a través de operaciones mecánicas memorísticas), de forma competencial (una matemática más práctica y aplicada, orientada a la resolución de problemas complejos) o de manera cognitiva (a través de ejercicios sistemáticos, continuos, intensivos y desafiantes que busquen entrenar la inteligencia lógico-analítica y la capacidad de abstracción). Según el nivel en el cual se decida impartirla, prevalecerán o preponderarán unas u otras estrategias de enseñanza.

Algunas subestrategias: trabajo en grupo, aula invertida y capas

Más allá de las estrategias de enseñanza prioritarias, existen numerosas estrategias secundarias o "subestrategias", que a su vez pueden ser transversales (aplicables a varias estrategias principales) o específicas (aplicables a una sola de ellas). El listado sería interminable, pero se focalizará en unas pocas a modo de muestra.

Una técnica muy utilizada y de moda es el trabajo en grupo, que es claramente una subestrategia transversal. Es decir, puede ser utilizada en una actividad de comprensión informacional, en una ejercitación competencial, en un proyecto cognitivo, etc. El problema es que, como en toda moda, se ha caído en un exceso.

No está mal el trabajo en grupo, pero, si todo se hace en grupo, faltará el entrenamiento y la responsabilización individual. La grupalidad puede favorecer habilidades y educar emociones sociales, pero la individualidad también ayuda a ejercitar el manejo de ciertas emociones y el trabajo bajo presión. A su vez, permite que el estudiante realice el proceso cognitivo completo.

Para que el trabajo en grupo sea eficaz, debe haber, idealmente, un monitoreo e incentivo individual, lo cual no es sencillo de aplicar y puede involucrar mucha dedicación de tiempo de parte del docente. La actividad grupal debe estar cuidadosamente diseñada para que haya división de tareas y los integrantes se responsabilicen por el grupo completo. Por ejemplo, se puede asignar a cada alumno, como calificación, el promedio de las notas obtenidas por los miembros del grupo. Otra forma complementaria de estimular el trabajo de todos es asignar al grupo un problema tan complejo que se requiera la máxima colaboración para resolverlo. Expresaba Gardner en 1983:

En la mayor parte del mundo se enseña la aritmética elemental principalmente por medio de la repetición mecánica, dando poca atención a los conceptos subyacentes, que a menudo dejan perplejos no sólo a los alumnos sino también a los profesores. Sin embargo, en Japón, de acuerdo con informes recientes de Jack y Elizabeth Easley, se plantean problemas difíciles a grupos completos, a cuyos miembros entonces se les da la oportunidad de trabajar juntos durante varios días para resolverlos. Se alienta a los niños a que hablen (y ayuden) a otros y se les permite cometer errores; en ocasiones, los niños mayores visitan los salones de clases y ayudan a los menores. (Gardner, [1983] 2017: 369).

El fanatismo del paradigma igualitarista por el trabajo en equipo ha lesionado gravemente el mérito personal y el incentivo al esfuerzo. Pues, desde este enfoque, el grupo se usa de manera indiscriminada. Algunas escuelas de esta tendencia han llegado al extremo de reemplazar los pupitres individuales por mesas grandes compartidas, de modo que no exista la posibilidad de separar a los alumnos. Se pierde, así, la flexibilidad para alternar trabajo individual y grupal según la necesidad.

Conozco un caso muy cercano en que, para poder tomar un examen con mesas para seis sin que los estudiantes se copien, el docente debió confeccionar seis temas diferentes de cada evaluación. Todo ese tiempo de dedicación se le resta, lógicamente, a la devolución y el seguimiento personalizados de los alumnos, así como al diseño y la planificación de clases y evaluaciones.

Otra subestrategia puede ser la de "aula invertida". Si los alumnos poseen tarea en el hogar, esta debe ser relativamente sencilla, introductoria, generalmente lecturas iniciales o videos tutoriales –es decir, la transmisión multimodal activa–. También puede incluirse práctica extra optativa para los alumnos con dificultades. Desde luego, es necesaria una coordinación y distribución equitativa de las tareas en el hogar entre los diferentes espacios curriculares para regular el tiempo de trabajo y evitar la sobrecarga.

El aula invertida permite que las actividades más complejas se realicen en el aula, con la presencia del maestro. De esta manera, la intervención del educador es más oportuna y redituable. En los procesos cognitivos más complejos es cuando emergen las dudas y preguntas más profundas y cuando más se precisa el *feedback* en tiempo real.

Con la aparición de la inteligencia artificial, el aula invertida ha cobrado mayor importancia. Es, de hecho, la forma que posee el docente para controlar que sus alumnos no hagan un uso indebido de la tecnología y que ChatGPT, por ejemplo, no escriba sus ensayos por ellos. En esto, hay que ser pragmático. De ser necesario, en los casos pertinentes, el aula debería tener la flexibilidad apropiada para suprimir la tecnología y volver –a la vieja usanza– al bolígrafo y el papel.

Dicho sea de paso, hago un paréntesis: Se ha detectado que la escritura manual activa áreas del cerebro asociadas con el reconocimiento visual y el aprendizaje. Por eso, algunos investigadores proponen un enfoque híbrido, alternando entre métodos digitales y manuales en las aulas. Otros abogan por dedicar tiempo específico a practicar la escritura a mano, enfatizando su importancia no solo como una habilidad técnica, sino también como una herramienta para el desarrollo cognitivo. ¿Debería volver a implementarse una caligrafía intensiva y repetitiva a edades tempranas? (Ríos J., 2024).

Otra subestrategia que posee aspectos interesantes es el "currículum por capas". Este, en ciertas circunstancias, puede ser útil para generar un sistema dinámico de incentivos que favorezca aprendizajes más complejos:

Para promover un pensamiento más elevado y complejo, agregamos capas. Todos comienzan en la capa inferior con los tipos de pensamiento más simples: de memoria, hechos básicos, etc. Luego, todos progresan a través de capas, cada una de las cuales requiere un proceso de pensamiento más complejo. Las tareas reales no necesitan ser más complejas, pero el proceso de pensamiento sí lo es. En el plan de estudios por capas, esto se logra conectando el esquema de calificaciones a las capas. Entonces, los estudiantes deben progresar a través de las capas para poder mejorar su calificación en la unidad de estudio. Y un último recordatorio: se debe esperar que todos los estudiantes prueben todas las capas. (Nunley, s.f.).[10]

Esta subestrategia parece ser, en principio, específica del nivel informacional. Tiene que ver con combinar actividades de comprensión de diverso nivel de complejidad, de forma escalonada, supeditando la calificación al nivel de complejidad alcanzado. Una manera de aplicarlo sería que la calificación de "trabajo en clase" dependa de este sistema.

La discapacidad y las adaptaciones curriculares

De la mano del igualitarismo, se ha gestado una moda de tratar a los estudiantes con discapacidad como si no la tuvieran. Deben cursar en la escuela común de forma exclusiva, se les niega participación a las escuelas

---

10. "La capa C incluye comprensión y recuerdo. Los estudiantes revisan y construyen sus habilidades básicas en este nivel, que incluye explicaciones, enumerar, identificar, clasificar, memorizar, repetir, llenar espacios en blanco, resumir, discutir, revisar e interpretar. (...). La capa B requiere habilidades de aplicación y análisis. Los estudiantes eligen una de estas tareas, cada una de ellas tiene 15 puntos, preparar, descubrir, probar, investigar, comparar, distinguir, razonar, hacer interferencias. La Capa A tiene como objetivo que los estudiantes obtengan habilidades de evaluación y síntesis e implica habilidades de pensamiento de alto nivel. Los estudiantes eligen una de estas tareas, cada una de ellas tiene 15 puntos, criticar, determinar, adivinar, identificar privilegios, decidir, desarrollar la previsión, componer, diseñar productos creativos y únicos" (Gencel & Saracaloğlu, 2018: 10).

especiales, se restringe el acompañamiento en el aula y se mira para otro lado, sin monitorear si realmente están aprendiendo.

El inconveniente no radica en que se integren a la escuela común. Eso sería lo ideal, siempre que no vaya en desmedro de su aprendizaje y desarrollo ni de la calidad educativa general –que, como veremos, son cuestiones que van juntas–. El problema está en la manera dogmática e ineficaz en que ello se hace.

Se necesita muchas veces personal especializado y, en ocasiones, entornos adaptados para estimular el máximo potencial de los alumnos con discapacidad. El objetivo no puede ser la igualdad, sino el desarrollo: "El abordaje de la discapacidad implica varias dimensiones, todas orientadas a un objetivo común: que el niño/joven tenga la oportunidad de lograr su máximo potencial orientado a alcanzar autonomía en su vida adulta" (Gómez & Schenone, 2022).

Es este un tema delicado, que no se debe abordar a la ligera ni con reduccionismos simplistas. Empero, se desea aquí cuestionar, no la idea o la intención de la inclusión, sino su abordaje dogmático y rígido –y por eso inhumano– desde el igualitarismo. Esto último sobrecarga al docente, reduce la calidad de la enseñanza y no logra, en absoluto, el pretendido objetivo de la inclusión. Esta pasa a ser meramente física: el alumno supuestamente integrado se encuentra físicamente en el aula, pero no lo está emocional, cognitiva y culturalmente.

En muchas jurisdicciones de Argentina, por ejemplo, se ha llegado al absurdo de que el estudiante con capacidades diferentes deba obligatoriamente asistir de manera exclusiva a la escuela común, en todos los casos, sin importar las circunstancias particulares ni la opinión de los expertos o de la propia familia. Esto lleva a que los maestros lo aprueben sin analizar si realmente aprendió ni si se aprovechó productivamente el tiempo escolar. Es decir, hay que "hacer de cuenta" que se trata de un alumno sin discapacidad. En el medio, puede no haber aprendido nada, o haber desperdiciado tiempo valioso, pero lo único que importa es la apariencia de igualdad.

He sido testigo de casos en que la propia familia pretendía que el alumno con discapacidad no asistiera a la escuela común la jornada completa, o que no cursara todas las materias, y las autoridades educativas se negaban a permitirlo. Con tal de no darle un título diferenciado, con menos cantidad de espacios curriculares aprobados, preferían negarle cruelmente el título. O también de situaciones en que, por el afán de forzar el cursado en la escuela común, el estudiante con discapacidad se hallaba completamente desconectado y abandonado en el aula, perdiendo tiempo valioso que podría usar para terapia y para aprendizajes que estuvieran a su alcance y le sirvieran a futuro –como oficios en los que poder trabajar–, con docentes expertos en discapacidad.

En ocasiones, este tipo de "abandono oculto" tuvo efectos negativos graves, no solo en lo cultural y cognitivo, sino también en lo emocional y social. Forzar la integración plena y exclusiva en la escuela común puede privar al estudiante con discapacidad de un grupo de pares con los que poder conectarse, sociabilizar de forma espontánea y compartir intereses, algo vital para su salud mental. En la mayoría de los casos, la escolarización mixta, por lo menos a partir de ciertas edades, termina siendo la mejor solución.

En la provincia argentina donde resido, Santa Fe, es usual que los docentes integradores o asistentes tengan la indicación y la formación en el sentido de no estar dentro del aula y no hacer las adaptaciones curriculares. Todo recae sobre el profesor titular. Pues, ¡se debe tratar a todos los estudiantes por igual! No solo se coloca a un estudiante en una clase para la cual no está preparado y con la que no puede conectarse, sino que incluso se le retira la única ayuda continua e inmediata que le podía dar una mínima oportunidad de aprender.

Así, se abandona a su suerte tanto al alumno con discapacidad como al docente titular, que tiene la misión imposible de planificar y dictar varias clases en simultáneo –y con adaptaciones para discapacidades en las cuales no se ha especializado–. En los casos más graves, con patologías que predisponen a reacciones agresivas, se deja solo al educador común, sin que a nadie le importe siquiera su integridad física ni la de los demás alumnos.

Las "adaptaciones curriculares", tal como están planteadas hoy en muchas jurisdicciones, desnaturalizan y corrompen el sistema de incentivos y la sana exigencia. Se conciben como un "derecho a aprobar" y se aplican a todos los estudiantes, incluso aunque no posean una discapacidad. A cada alumno hay que evaluarlo según sus posibilidades. Si el alumno falla, es por la impericia del docente. Por lo tanto, el efecto es el estancamiento o, incluso, en ocasiones, un liso y llano retroceso.

Algunas adaptaciones pueden ser discutibles, en ciertos casos extremos, con aval experto y monitoreo constante, como parte de un tratamiento que tienda al progreso del alumno. Pero esto suele ser muy caro y engorroso. Por eso, su aplicación masiva suele degenerar en liso y llano facilismo. Así, se perjudica a quienes se desea ayudar, al tiempo que se sobrecarga al docente y se afecta la eficiencia educativa general.

En vez de imponer autoritariamente una solución uniforme y homogeneizadora, se debe analizar en cada caso puntual qué es lo mejor para el desarrollo de la persona con discapacidad y para la calidad educativa general, según los recursos disponibles. Y se debe escuchar a los expertos en discapacidad, que son muchas veces ignorados por los supuestos versados en pedagogía. De hecho, se tiende al cierre de escuelas especiales. Esto equivale a una destrucción institucional, perdiéndose una muy valiosa experiencia acumulada que llevará muchos años y recursos recuperar.

No se trata de elegir entre calidad educativa o inclusión. Ambas cuestiones van de la mano. Respetar y no sobrecargar al docente común, aprovechando las habilidades del docente especializado, es positivo para todos. Idealmente, deberían distribuirse euitativamente por aula y escuela los alumnos integrados. Tanto los estudiantes comunes como aquellos con discapacidad se verán beneficiados. La inclusión será, de esa manera, más armoniosa y eficaz.

En una suerte de constructivismo radical extremo, lo que hace el igualitarismo es "depositar" a la persona con discapacidad en un aula común, incluso aunque no tenga la habilidad siquiera para captar lo que sucede en ella. Es como pretender que se aprenda por "ósmosis".

Si bien es cierto que los entornos complejos y estimulantes ayudan al desarrollo cognitivo, la complejidad debe ser acorde a la capacidad. No puede ser ilimitada. De lo contrario, podríamos colocar a un niño de cinco años en una clase universitaria sobre física nuclear. ¿Tendría algún sentido? ¡Desde luego que no! Para que la complejidad sea enriquecedora, debe haber conexión e interacción con esa complejidad. Debe ser una complejidad accesible. De lo contrario, es un desperdicio de tiempo, recursos y oportunidades de aprendizaje.

Si en un caso puntual se deseara que el estudiante con discapacidad concurriera a la escuela común al mero efecto de la socialización, aunque no aprenda, entonces se debe plantear y organizar en esos términos, sin mentiras, con un sistema mixto.

Podría, por ejemplo, ir el tiempo mínimo necesario para cumplir con tal finalidad y destinar el resto del tiempo a aprendizajes útiles y significativos, con personal especializado. O podrían realizarse talleres de integración entre escuelas comunes y especiales para concientizar y brindar espacios de sociabilización inclusiva. Otra opción es el aula especial dentro de una escuela común, con aprendizajes de calidad y personalizados en un entorno diverso más amplio.

La realidad de los estudiantes con discapacidad es difícil, pero no se soluciona negándola ni escondiéndola. Velar por ellos y cuidarlos supone una tarea educativa muy compleja, que debe ser cuidadosamente diseñada con la participación de los especialistas. El objetivo debe ser potenciar sus habilidades y bregar por la máxima autonomía posible, pensando en futuras salidas laborales.

La inclusión no es estar físicamente en una escuela común a cualquier costo y sin mirar las consecuencias prácticas. La verdadera inclusión consiste en que el sistema educativo les brinde a las personas con discapacidad una respuesta ajustada a sus necesidades, en armonía –y no en conflicto– con el bien común y la calidad educativa general. Pues, la experiencia demuestra que solo una inclusión armónica es lo suficientemente profunda como para ser verdadera. Y que solo con un sentido común práctico, aprovechando plenamente el "tiempo educativo", se puede lograr que las personas con discapacidad desarrollen habilidades que les permitan una vida lo más autónoma posible en la adultez.

Niveles de profundidad en la planificación

Al planificar un curso, también puede ser útil tener claro el nivel de profundidad estratégico o primordial en el cual nos moveremos.

Por la mayor amplitud de tiempo respecto del diseño de una clase, en la planificación de una materia habrá más margen para combinar distintos niveles. Es probable que necesitemos avanzar por todos o la mayoría. Sin embargo, elegir uno prioritario puede ayudar a tener más claro el propósito del curso y a decidir con mayor fundamento cuánto espacio se le dará a cada nivel.

Al comenzar a esbozar la planificación, resulta fundamental preguntarse: ¿Es el espacio curricular primordialmente informacional, competencial, cognitivo, emocional o volitivo? ¿Cuál es el objetivo final rector que ordena y articula todos los contenidos?

Los instrumentos de planificación anual son importantes. Su diseño puede facilitar o dificultar el trabajo del docente. Y sería conveniente que incluyeran los niveles de profundidad.

Sin ánimo de exhaustividad o exclusión de otras alternativas o diseños superadores, a mero modo de ejemplo, puede pensarse en un modelo más o menos como el siguiente:

Tabla 4. Modelo de planificación por niveles de profundidad.

Objetivo curricular	Nivel de profundidad prioritario	Cuerpo de conocimiento / información	Sub-competen-cias	Inteligencias entrenadas o aplicadas	Actividades evaluativas formativas

Rafael Eduardo Micheletti

Es importante aclarar que no sería indispensable que se llenaran todos los casilleros. Se completarían en la medida en que fuera útil y necesario. Solo los dos primeros se utilizarán en todos los casos. Son los relativos al objetivo curricular principal, que guía y ordena todo lo posterior, y la aclaración sobre cuál será el nivel de profundidad prioritario de la unidad.

Por ejemplo, si la unidad fuese puramente informacional, se dejarán en blanco las columnas de las subcompetencias y la de las inteligencias. Con aclarar que se trata de un objetivo curricular informacional, quedará en evidencia que se aplicarán las competencias e inteligencias propias de ese nivel de profundidad. La columna de las inteligencias puede reservarse únicamente para las unidades cognitivas –o mixtas que incluyan actividades cognitivas–.

También podrían considerarse implícitos los ejercicios de memorización y comprensión como parte de la evaluación formativa –a menos que se desee aclarar específicamente cuáles de los contenidos informacionales serán evaluados formativamente y de qué manera–. El hecho de que se aclaren las actividades de evaluación formativa ayuda a discriminar cuáles son las seleccionadas como estratégicas o centrales en los casos en que el tiempo no alcance para evaluar formativamente todos los contenidos y subcompetencias.

Si el objetivo curricular fuese informacional, se redactará iniciando con la expresión "memorizar y comprender" o equivalente. Quizás también podría usarse "internalizar", que incluiría tanto la memorización como la comprensión. Por ejemplo, un objetivo curricular informacional podría ser "memorizar y comprender las teorías éticas de Aristóteles, Kant y Hume". O, excepcionalmente, solo memorizar o solo comprender. Por ejemplo, memorizar las tablas de multiplicar o comprender los diversos conceptos de democracia elaborados por distintos autores.

Podría pensarse en la posibilidad de que hubiera un interés particular por una forma específica de comprensión. En ese caso, el objetivo curricular informacional podría redactarse con un nivel de detalle mayor. Por ejemplo, memorizar y comparar las teorías éticas de Aristóteles, Kant y Hume. Ahora bien, en general, esto último no será lo óptimo. Primero, porque es preferible usar múltiples estrategias para la evidencia de comprensión o habilitar cierta flexibilidad en ese sentido. Por otra parte, porque cuando nos focalizamos en actividades muy específicas la unidad o enseñanza puede transformarse en competencial. En ese caso, es preferible separar el contenido en dos unidades, una informacional y otra competencial.

En un curso de profundidad mixta sobre teorías éticas clásicas podría haber una unidad informacional –cuyo objetivo fuera "memorizar y comprender las teorías éticas de Aristóteles, Kant y Hume"– y una segunda unidad de tipo competencial –en la que el objetivo fuera "aplicar las teorías éticas de Aristóteles, Kant y Hume para la resolución de dilemas morales complejos"–. Cuando se habla de cuerpo de conocimiento o unidad de información se alude a la unidad mínima necesaria de información interrelacionada. Son los saberes mínimos indispensables para cumplir con el objetivo curricular. No necesariamente coinciden, en su agrupamiento, con las unidades temáticas de las planificaciones tradicionales.

En cuanto a las subcompetencias, también deben anotarse aquellas mínimas indispensables para cumplir con el objetivo curricular. En el caso de unidades informacionales, como dijimos, las subcompetencias vinculadas con memorizar y comprender pueden obviarse y considerarse implícitas u obvias.

El objetivo curricular de memorizar debe entenderse de manera razonable y flexible. No se trata de memorizar absolutamente todo de forma literal. Como regla general, se transmite la información para comprenderla y usarla. Por ende, la memorización nunca es absoluta, a menos que por algún motivo especial eso sea indispensable para cumplir con el objetivo curricular. De no aclararse lo contrario, se entenderá que se alude a retener y reproducir el contenido de modo esencial y no literal.

En la columna de actividades evaluativas formativas, se incluirán solamente las que se desarrollen efectivamente durante el proceso de enseñanza. Idealmente, la evaluación final utilizará ejercicios que se hayan incluido en la evaluación formativa. De esta manera, el alumno habrá tenido una ejercitación y retroalimentación adecuada antes de atravesar la evaluación sumativa o final.

En ocasiones, no se pueden evaluar todos los contenidos formativamente –o no por lo menos de manera exhaustiva, explícita y completa– porque no alcanza el tiempo. Esto es muy común en materias informacionales extensas. En ese caso, es conveniente incluir en la planificación solo aquella evaluación formativa principal o estratégica, que efectivamente vaya a realizarse. Se deberán identificar los temas o contenidos más estratégicos o que ocasionen más dificultad y poner allí el foco de la evaluación formativa. En la medida en que el tiempo alcance, puede la evaluación formativa adquirir un tono más formal o explícito para contenidos medulares y un modo más informal y expeditivo –por ejemplo, con actividades y correcciones en el aula, o simplemente con preguntas orales al grupo– para los contenidos menos problemáticos.

Veamos a continuación un ejemplo de planificación informacional:

RAFAEL EDUARDO MICHELETTI

Tabla 5. Ejemplo de planificación informacional.

Objetivo curricular	Nivel de profundidad prioritario	Cuerpo de conocimiento / información	Sub-competencias	Inteligencias entrenadas o aplicadas	Actividades evaluativas formativas
1) Memorizar y comprender las partes y sistemas principales del cuerpo humano.	Informacional.	Partes y sistemas del cuerpo humano. Anatomía y fisiología. Niveles de organización. Principales sistemas y funciones.	–	–	Memorizar los nombres de las partes y sistemas del cuerpo humano. Comprender los niveles de organización (aplicar, justificar). Comprender las funciones de los sistemas (crear mapa conceptual, explicar, comparar).
2) Memorizar y comprender características generales y funciones del sistema esquelético.	Informacional.	Sistema Esquelético. Funciones. Principales huesos del cuerpo humano. Articulaciones y tipos de articulaciones. Relación entre el sistema esquelético y otros sistemas.	–	–	Memorizar principales huesos, articulaciones y funciones del sistema esquelético. Comprender las funciones del sistema esquelético (explicar, ejemplificar). Comprender la relación del sistema esquelético con otros sistemas (crear mapa conceptual, analizar, aplicar).

En las materias o unidades cognitivas, quizás una buena parte de los casilleros queden en desuso. Por ejemplo, imaginemos –simplificadamente– una materia cognitiva que posea una breve introducción conceptual, que enseñe la competencia de la lluvia de ideas y que luego se dedique pura y exclusivamente a entrenar y evaluar la creatividad.

Tabla 6. Ejemplo de planificación de espacio cognitivo de Creatividad.

Objetivo curricular	Nivel de profundidad prioritario	Cuerpo de conocimiento / información	Sub-competen-cias	Inteligencias entrenadas o aplicadas	Actividades evaluativas formativas
1) Memorizar y comprender el concepto de creatividad y las técnicas y hábitos que le son favorables.	Informacional.	Concepto de creatividad. Interpretaciones. Técnicas para la creatividad. Hábitos creativos.	–	–	Memorizar y comprender el concepto de creatividad. Memorizar y comprender las técnicas para la creatividad. Memorizar y comprender hábitos creativos.
2) Implementar la técnica de tormenta de ideas.	Competencial.	Tormenta de ideas. Concepto. Objetivos. Reglas básicas.	Técnicas de facilitación. Técnicas de estimulación de la imaginación. Evaluación y selección de ideas.	–	Técnicas de facilitación. Técnicas de estimulación de la imaginación. Evaluación y selección de ideas.
3) Ejercitar la creatividad.	Cognitivo.	–	–	Inteligencia creativa.	Ejercicios de pensamiento lateral. Ejercicios de tormenta de ideas. Ejercicios de escritura creativa. Ejercicios de desafíos y problemas creativos. Ejercicios de improvisación teatral. Ejercicios de dibujo creativo. Ejercicios de diseño creativo. Proyecto final creativo libre.

RAFAEL EDUARDO MICHELETTI

En general, siempre hay sub competencias o contenidos que se dan por sabidos porque corresponden a un curso o espacio curricular previo. Por supuesto, en algún momento hay que hacer un corte, con criterios prácticos. No se puede anotar todo.

Empero, no estaría mal incluirlos, excepcionalmente, si se deseara tenerlos presentes para revisarlos, refrescarlos o reforzarlos. Una opción puede ser diferenciar entre elementos principales y secundarios, aclarando entre paréntesis cuáles son estos últimos. Por ejemplo:

Tabla 7. Ejemplo de planificación informacional con elementos secundarios.

Objetivo curricular	Nivel de profundidad prioritario	Cuerpo de conocimiento / información	Sub-competencias	Inteligencias entrenadas o aplicadas	Actividades evaluativas formativas
1) Memorizar y comprender los mecanismos de participación ciudadana.	Informacional.	Mecanismos de participación ciudadana. Iniciativa popular. Consulta popular. Presupuesto participativo. Importancia y beneficios para la ciudadanía. Reglas mnemotécnicas (secundario).	Técnicas de memorización (secundario).	–	Memorizar los mecanismos de participación ciudadana. Comprender su importancia y beneficios para la ciudadanía.

En este último caso, si bien es un tema que debió haber sido enseñado en un curso competencial específico anterior, el docente quiso revisar, enseñar y refrescar las reglas mnemotécnicas y las técnicas de memorización.

Algunos plantean que son anticuadas las planificaciones tradicionales, por contenidos conceptuales, procedimentales y actitudinales. Sin embargo, si cumplen eficazmente con el objetivo curricular, serán adecuadas. No se debe hacer complejo lo que se puede hacer más simple. La sencillez, si es efectiva, ayuda a la claridad y a la eficacia. Ahora bien, es factible que una planificación por niveles de profundidad sea más flexible y adaptable y que brinde una perspectiva más amplia.

En el siguiente ejemplo se observa un curso mixto, con una unidad informacional y una competencial:

Tabla 8. Ejemplo de planificación mixta informacional-competencial.

Objetivo curricular	Nivel de profundidad prioritario	Cuerpo de conocimiento / información	Sub-competencias	Inteligencias entrenadas o aplicadas	Actividades evaluativas formativas
1) Memorizar y comprender los mecanismos de participación ciudadana.	Informacional.	Mecanismos de participación ciudadana. Iniciativa popular. Consulta popular. Presupuesto participativo. Importancia y beneficios para la ciudadanía.	–	–	Memorizar los mecanismos de participación ciudadana. Comprender su importancia y beneficios para la ciudadanía.
2) Redactar un ensayo analítico y crítico sobre la regulación de los mecanismos de participación ciudadana en la propia comunidad.	Competencial.	Regulación de mecanismos de participación ciudadana en la propia comunidad. Partes y requisitos de un ensayo de análisis crítico.	Diseñar la estructura del ensayo. Buscar, organizar y citar la información necesaria. Realizar una introducción. Analizar críticamente. Elaborar una conclusión. Escoger un título.	–	Diseñar la estructura del ensayo. Buscar, organizar y citar la información necesaria.

Lo que hará que un espacio curricular sea informacional, competencial, cognitivo, emocional o volitivo es si la mayoría de sus unidades son de un tipo u otro y cuál es su objetivo final prioritario.

Si el objetivo principal fuera internalizar y comprender información, y las unidades competenciales se usaran como refuerzo y enriquecimiento de dicho objetivo, estaremos ante una materia informacional.

Si existieran dos grandes objetivos primarios en paridad de importancia, uno informacional y otro competencial, estaremos ante un espacio curricular mixto informacional-competencial.

¿Es deseable que existan cursos mixtos integrales, que abarquen equitativamente los diversos niveles de profundidad? En principio, esto podría dificultar la especialización del docente y reducir el efecto entrenador.

Rafael Eduardo Micheletti

Por querer hacerlo todo, es factible que no se realice nada con suficiente profundidad e intensidad. De todas maneras, si en términos prácticos se demostrara útil en algunas situaciones, es perfectamente viable combinar unidades repartidas entre los diversos niveles.

Aunque se correría el riesgo de caer en cierta incoherencia o inserción forzada, es factible también fijar institucionalmente ejes transversales prioritarios para un conjunto de espacios curriculares. Por ejemplo, si un eje transversal prioritario de primer año fuese la ejercitación de la creatividad, se podría conminar a todos los docentes de ese agrupamiento a introducir en sus planificaciones alguna unidad cognitiva-creativa o competencial-creativa asociada a su materia. Por ejemplo, en Economía podría incluirse una unidad orientada a pensar y diseñar un negocio original, en Biología a hallar una solución creativa para un problema ecosistémico, en Lengua a darle un final diferente e innovador a una novela, etc.

Niveles de profundidad en la evaluación

Superficialidad de la evaluación

Evaluar es una tarea compleja. Pues, las cosas que pretende verificar una evaluación escolar son muy diversas y difíciles de establecer (Cajiao, 2008: 6). Mucho más si la ponderación está basada en una concepción compleja de la mente.

En este marco, las materias informacionales y competenciales son las más "evaluables" (en ese orden). No quiere decir que no haya complejidad en su evaluación, ni que cualquiera pueda hacerlo, pero se basan en funciones o actividades más accesibles y observables empíricamente.

Si debo cerciorarme de que un alumno haya incorporado un concepto, puedo preguntárselo. Asimismo, para chequear que posee una capacidad de acción o competencia, podría pedirle que la llevara a cabo. Empero, para examinar el nivel de desarrollo de una de sus inteligencias, la cosa empezará a complicarse. Más aun si se pretendiera evaluar su emocionalidad o capacidad volitiva.

Es decir, a mayor profundidad de la dimensión educativa en la cual nos movamos, más desafiante, demandante, compleja y de más difícil acceso será la evaluación. Esta ley es uno de los principales factores que han impulsado a las evaluaciones educativas, a lo largo de la historia, hacia una mayor superficialidad. Cabría aludir, quizás, a una "ley de superficialidad de las evaluaciones educativas".

El típico ejemplo es el docente que evalúa solamente la memoria y no la comprensión real de los contenidos que enseña. Examinar la mera incorporación de información es más simple, ágil y rápido; más "accesible". Sin embargo, incluso en las materias informacionales, es preciso evaluar la comprensión.

No está mal evaluar la memoria. Al contrario, es muy importante. El problema es quedarse solo en eso, de la misma manera que sería un problema no evaluar la memoria lo suficiente. Es necesario tender hacia la mayor integralidad evaluativa posible, siempre considerando lo razonable y práctico para el nivel de profundidad en el que nos movamos.

Dentro del abanico de inteligencias, algunas son más evaluables que otras. Por eso, tradicionalmente, las escuelas se han focalizado primordialmente, a veces incluso exclusivamente, en las inteligencias memorística y, en menor medida, en la lógico-analítica y la lingüística (Hoerr, 2000: 2).

Muchas veces ocurre que se enseñan o entrenan inteligencias no convencionales, pero no se las evalúa eficazmente. Por lo tanto, el entrenamiento se ve desalentado, ya que no existe una adecuada retroalimentación e incentivo.

Razonabilidad y validez de la evaluación

La estrategia de evaluación debe ser práctica y eficaz, adaptada al nivel de profundidad. Esto nos permite aludir a una "razonabilidad" de la evaluación como análisis previo al de su "validez".

Una evaluación será "válida" si mide realmente aquello que se propone medir. Tiene que ver con la eficacia para dar cuenta de la realidad según los objetivos.

Por su parte, será "razonable" si el formato o diseño general del examen –estructura, tipos de ejercicios, modalidad, objetivos, etc.– se adecúa al nivel de profundidad del curso (o de las unidades a evaluar).

En pocas palabras, la razonabilidad alude a la concordancia con el nivel de profundidad, y la validez a la eficacia. Por ende, primero se debe elegir un tipo de formato o diseño general razonable y, luego, confeccionar ejercicios o actividades que sean eficaces para medir aquello que se propuso.

Una ventaja del diseño curricular por niveles de profundidad es, precisamente, que el docente se enfoca, por lo general, en un objetivo concreto, de una sola naturaleza, y puede especializarse en el tipo de evaluación correspondiente. Para ello, incorporará todos los métodos evaluativos que resulten prácticos y eficaces.

Si la única manera de lograr razonabilidad y validez en un espacio curricular fuera un examen formal escrito –como sucede muy habitualmente en el sistema masificado–, no se lo puede descartar por el simple hecho de no ser una medida perfecta. En cualquier caso, el entrenamiento mental que supone ese examen será positivo y se deberá buscar la manera de complementarlo si es que ello se evidenciara necesario.

Es de suponer que cada nivel de profundidad posea sus propias reglas o tendencias en relación con la evaluación. No siempre se puede generalizar lo que sucede en un nivel de profundidad hacia los demás.

En una enseñanza informacional, probablemente será más común y necesaria la evaluación formal escrita tradicional. Esta, igualmente, deberá incluir, en lo posible, un equilibrio entre preguntas memorísticas y actividades de comprensión. Se priorizará aquello que permita acreditar la internalización y la comprensión de la información de manera eficiente.

En este nivel de profundidad, una evaluación que incluya ejercicios de memorización y comprensión será, en principio, "razonable". Ahora bien, eso no garantiza que sea válida. Para ello, los ejercicios deberán ser pertinentes y estar bien diseñados.

En una enseñanza competencial, la evaluación se centrará en la demostración de la competencia. Por ende, será una evaluación más procedimental o práctica, sea o no escrita. Aquí la autenticidad cobra especial relevancia y protagonismo. Pues, se debe bregar por una demostración lo más fiel posible al uso que se hace de esa competencia en la vida real.

No es que la autenticidad no tenga lugar en la evaluación informacional. Puede, en ocasiones, ser parte de un ejercicio de comprensión. Empero, no será tan importante, protagónica ni necesaria a los fines de la evaluación informacional como lo es en la evaluación competencial. Además, demasiada autenticidad en una evaluación informacional podría ocasionar una demanda de tiempo y trabajo incompatible con los objetivos informacionales.

En el marco de la formación cognitiva, adquiere centralidad el hecho de que la evaluación sea "neutral". Es decir –como no se cansa de explicar Gardner–, que el medio usado para evaluar la inteligencia sea adecuado para su expresión; que no se use un medio que interfiera con la expresión de la inteligencia que se desea evaluar. Por ejemplo, si se usara una prueba escrita y verbal para examinar la inteligencia musical, nunca sabremos si los malos resultados se debieron a la baja inteligencia musical o lingüística.

Para evaluar las inteligencias, Gardner recomienda combinar, en lo posible, múltiples modalidades. Esto es, usar variados métodos complementarios que tengan en cuenta los diversos componentes centrales de cada inteligencia. "Por ejemplo, la inteligencia espacial se puede evaluar pidiendo a los sujetos que se orienten en un terreno que no conocen, que resuelvan un rompecabezas abstracto y que construyan un modelo tridimensional de su casa" (Gardner, [1999] 2016: 64).

Claro que las formas óptimas de evaluar una inteligencia no necesariamente serán aplicables en todos los contextos. La enseñanza masificada no siempre posibilita dicha aspiración. De todas formas, no está mal tener presente que, al evaluar una inteligencia, se deben priorizar los métodos más directos y neutrales.

En el terreno de lo emocional y volitivo, el nivel de profundidad –así como la escasez de investigaciones y saberes al respecto– hace que sea difícil dar orientaciones claras y precisas. Cabe especular con dos desafíos y cualidades distintivas de las evaluaciones de esta naturaleza.

Por un lado, que sea introspectiva. Es decir, lograr que el estudiante examine y exponga consciente, transparente y fielmente su interior. Por otro lado, que sea vivencial, en tanto el alumno solo puede reflexionar genuinamente sobre su interioridad y ejercitarla al ponerla en acción. Si bien ambas cualidades se aplican tanto a lo emocional como a lo volitivo, cabe especular con que la introspección se conectará más con lo emocional, mientras que lo vivencial lo hará más con lo volitivo.

Tabla 9. Tipos de evaluación por niveles de profundidad y cualidades distintivas.

Naturaleza de la evaluación	Cualidades distintivas de la evaluación (razonabilidad)
Informacional	De memorización y comprensión
Competencial	Auténtica
Cognitiva	Neutral
Emocional	Introspectiva
Volitiva	Vivencial

La cualidad evaluativa distintiva de cada nivel de profundidad no es exclusiva. Es decir: No es que en una evaluación competencial no deba haber evidencia de comprensión. Sin embargo, no será ese su desafío primordial ni su "centro de gravedad evaluativo", por decirlo de alguna manera. No estará allí la mayor parte de la cuestión y no será esa la preocupación principal o el foco de atención primordial del docente.

RAFAEL EDUARDO MICHELETTI

Se podría decir que la evaluación debe respetar plenamente –o lo más plenamente posible– la característica distintiva de su nivel de profundidad e incorporar una base mínima aceptable de las cualidades de los restantes niveles de profundidad, siempre que no perjudique sus objetivos prioritarios.

Igual que en el caso de las estrategias de enseñanza, cabe suponer que los elementos de "profundidad disminuida" serán más comunes y accesibles que los de "profundidad aumentada". Es decir, será más probable que una evaluación incorpore una dosis significativa de las cualidades más superficiales que de las más profundas. Por ejemplo, resulta más factible adosar elementos de comprensión que de neutralidad en una evaluación competencial. Desde luego, no significa que la profundidad aumentada sea imposible en todos los casos, pero será más difícil de compatibilizar y justificar –y en mayor medida cuanto más aumentada o lejana–.

Quizás en algún caso puntual y excepcional pueda diseñarse una evaluación ideal o cercana a lo ideal, de tipo integral, que tenga altas dosis de memorización, comprensión, autenticidad, neutralidad, introspección y experiencia vivencial. Empero, aspirar al instrumento perfecto de manera dogmática puede ir en contra de los resultados prácticos. Querer imponer en demasía la cualidad evaluativa distintiva de otro nivel de profundidad puede llevar a distorsiones que desnaturalicen el objetivo de la evaluación.

Por ejemplo, si en una unidad informacional se pretendiera una elevada autenticidad en la evaluación, es probable que el tiempo que demande la evaluación auténtica y la enseñanza de las competencias necesarias para implementarla desplacen o impidan el objetivo informacional. En ese caso, la evaluación se habría tornado "irrazonable".

Supongamos que, en Biología, se desea enseñar el funcionamiento del cuerpo humano desde una perspectiva informacional en un curso de un año de duración y se comienza por el cerebro. Si, para lograr una evaluación auténtica, se les pidiera a los alumnos que diseccionaran un cerebro y etiquetaran las partes, preparándolas para estudios de laboratorio, es probable que se pase el año entero con esa actividad –y enseñando las competencias necesarias para llevarla a cabo–.

Seguramente, no se podrá cumplir con el programa. Se habrá convertido el curso informacional sobre el funcionamiento del cuerpo humano en un curso competencial sobre disección y preparación de cerebros para estudios de laboratorio. Y no es que esa evaluación sea mala en sí misma. Las competencias son muy importantes. Pero no se estará cumpliendo con el diseño curricular estipulado y los objetivos del curso.

O bien la materia se transforma en competencial, o bien se respeta la naturaleza de la forma de evaluar informacional. Esa es una decisión que compete al debate sobre el diseño curricular, y que no puede depender del diseño evaluativo que haga un solo docente en un tema particular.

¿Quiere decir esto que la evaluación informacional no debe tener ningún grado de autenticidad? Como ya dijimos, la respuesta es no. Pero no será esa su prioridad. Si el docente encontrara una oportunidad y una dosis de autenticidad que reforzara y no obstruyera las propiedades memorísticas y de comprensión de la evaluación informacional, sin sobrecargarse, ¡bienvenido sea!

Si el diseño curricular se basara en un enfoque integral, con un adecuado equilibrio entre materias informacionales, competenciales, cognitivas, emocionales y volitivas, los propios docentes, al evaluar y calificar, serían los artífices de un perfil de desarrollo personal comprensivo. Las calificaciones darían cuenta de la complejidad humana y de las fortalezas y debilidades personales.

Queda pendiente de averiguación hasta qué punto los criterios de promoción también deben depender o no del nivel de profundidad. Se debe considerar que la evaluación es también un incentivo y que ayuda al desarrollo de las funciones ejecutivas.

En este sentido, la evaluación no solo es un medio de acreditación final (sumativa) y de monitoreo del proceso de enseñanza y de aprendizaje (formativa), sino que también forma parte de un sistema de incentivos y de disciplina con implicancias competenciales, cognitivas y volitivas. Es decir, tiene una función "ejecutiva". Por eso las políticas igualitaristas, que han pretendido abolir el examen o quitarle su rol calificador, han llevado a descensos del aprendizaje.

Aunque debe estudiarse con más detalle, no puede descartarse la posibilidad de que un aumento del estándar de exigencia en las materias informacionales redunde en una liberación de espacio curricular para los demás niveles de profundidad. Por ejemplo, una menor cantidad de materias informacionales, pero con un estándar de exigencia mayor –supongamos, aprobando con 8 sobre 10 en lugar de con 6–, podrían generar el mismo entrenamiento informacional y volitivo con menor tiempo de dedicación. Así, habría más tiempo disponible para cursos más lentos y profundos.

Es importante concientizar a los alumnos sobre la imperfección inevitable de todo instrumento de evaluación. No podemos dejar de evaluarlos y calificarlos, porque eso ayuda al sistema de incentivos, a la cultura del esfuerzo, a la tolerancia a la frustración y al autoconocimiento, además de brindarnos valiosa información orientadora.

Sin embargo, los estudiantes deben saber, con suma claridad y convicción, que no son poco inteligentes ni están condenados al fracaso por el hecho de que en uno, algunos o todos los tests les hubiera ido mal. No solo se les debe enseñar la perspectiva de inteligencias múltiples, sino también la realidad de que la complejidad y riqueza humanas no caben dentro de una prueba estandarizada, si bien ellas son importantes y deben poner su máximo empeño en resolverlas.

Máximo esfuerzo con mínima preocupación o expectativa. Esa debe ser la consigna a grabar a fuego en la mente de las nuevas generaciones. Esfuerzo para entrenar la mente, complejizarla y potenciarla. Mínima preocupación porque una prueba no nos define, somos mucho más que eso y todos somos inteligentes a nuestro modo y tenemos plasticidad cerebral para mejorar. La no preocupación alude, desde luego, a la no desesperación, desánimo o depresión, no a que no se ocupen y no estudien. Pues, eso no sería máximo esfuerzo. Pero la preocupación debe ser anterior al examen, no posterior. Relacionada con el esfuerzo, no con el resultado.

Evaluación formativa

Uno de los caballos de batalla del igualitarismo ha sido la llamada "evaluación formativa". Originalmente, esta consiste en una evaluación cuyo objetivo principal es monitorear el aprendizaje con miras a ajustar las prácticas de enseñanza y de estudio. Por eso, se realiza durante el curso y no al final. Por el contrario, la evaluación sumativa o final busca acreditar los aprendizajes alcanzados (Scriven, 1967). Ambos tipos de evaluación son útiles y necesarias.

El problema es que el igualitarismo ha utilizado el concepto de evaluación formativa para contraponerlo al de sumativa o de acreditación. Serían –nos dice– dos enfoques opuestos, entre los cuales habría que elegir. Así, la evaluación pasó a concebirse equivocadamente como un método de enseñanza y no de acreditación. No habría que calificar, desaprobar ni juzgar; solo evaluar para que el estudiante aprenda. Desde luego, esto supuso una total derogación del sistema de incentivos y del efecto positivo de la evaluación sobre las funciones ejecutivas y el entrenamiento cognitivo.

Como dijimos, evaluación sumativa y formativa son ambas necesarias y complementarias. Asimismo, la evaluación formativa no es en absoluto incompatible con el examen formal tradicional y la calificación.

No es la naturaleza del examen la que se gana la etiqueta de 'formativo' o 'sumativo', sino el uso que se dará a los resultados de ese examen. (…). Una de las tareas más difíciles de los profesores que aceptan esta concepción de la evaluación formativa es comprender que se trata de un proceso y no de un tipo de examen. (Popham, 2018: 11-13).

La evaluación formativa debe mantener, dentro de lo posible, el mismo formato que la evaluación final, justamente para que sirva como práctica e insumo de cara a ella.

En ciertas ocasiones, puede ser pedagógicamente más redituable realizar mayor cantidad de evaluaciones más simples, que menor cantidad de ellas más complejas. La evaluación formativa no necesariamente debe ser compleja. Puede consistir en métodos ágiles, incluso con correcciones en el aula.

La evaluación periódica maximiza el aprendizaje a largo plazo. El simple hecho de poner a prueba la memoria la fortalece, como efecto directo del compromiso activo y del buen *feedback* acerca del error. (…). La investigación deja en claro que la prueba desempeña un papel al menos tan importante como la clase misma. En una serie de experiencias que se volvieron famosas, el psicólogo estadounidense Henry Roediger y sus colaboradores propusieron a sus alumnos que memorizaran palabras durante un tiempo fijo, pero por medio de distintas estrategias. Un grupo recibió la consigna de pasar todo el tiempo estudiando, en ocho sesiones breves. A un segundo grupo se le presentaron seis sesiones de aprendizaje con dos evaluaciones intermedias. Por último, al tercer grupo se le pidió que alternara cuatro sesiones breves de estudio con cuatro evaluaciones. Como ustedes ya notaron, estas pruebas suplementarias reducían el tiempo dedicado al aprendizaje, sin que variase la duración total del programa. Y, sin embargo, el resultado fue palmario: cuarenta y ocho horas más tarde, el recuerdo de la lista de palabras mejoraba rotundamente en los alumnos que habían tenido la posibilidad de evaluarse con mayor frecuencia. (…). Cuanto más uno se evalúa, mejor retiene la clase. (Dehaene, 2019: 274-275).

En igual sentido, si se desea memorizar una palabra en un idioma desconocido, es preferible mostrarla sola 5 segundos y luego acompañada de su significado otros 5 segundos, que mostrarla 10 segundos acompañada del significado. Pues, la primera opción obliga al estudiante, esos primeros 5 segundos, a reflexionar, a preguntarse qué podrá significar o intentar adivinar, al tiempo que luego le proporciona un *feedback* o devolución. "El compromiso activo y el *feedback* adecuado acerca del error maximizan el aprendizaje. (…). Vale mucho más haber estudiado y haberse evaluado que haber pasado todo el tiempo estudiando" (Dehaene, 2019: 275).

La evaluación periódica y acumulativa –preferiblemente a intervalos crecientes– es una estrategia primordial de memorización. Esto implica que, si hubo exámenes periódicos previos, es mejor un examen final globalizador antes que evaluar por separado cada contenido una sola vez. Evaluar repetidamente el mismo contenido, incluso aunque el saber ya esté acreditado, ayuda a la consolidación de largo plazo (*ídem*: 278-280).

La distinción entre evaluación formativa y sumativa es útil para enfatizar la importancia y necesidad de la evaluación anticipada y periódica. Pero no es apropiada si se interpretan como compartimentos estancos. En realidad, una misma evaluación puede tener múltiples fines: no solo formativos y sumativos, sino también, principalmente, ejecutivos (vinculados con los incentivos al esfuerzo) y de consolidación (para memorizar o automatizar).

Tener presentes todos los objetivos posibles de la evaluación ayudará a sacar el máximo provecho de cada uno de ellos según las circunstancias. Puede que una evaluación tenga como objetivo principal el formativo, pero no quita que pueda ser usada, también, para fines sumativos, ejecutivos o de consolidación.

Es cierto, como se ha expresado, que una mera calificación numérica, sin detalle ni devolución –más aun si llega a destiempo–, es una retroalimentación pobre. Empero, es un incentivo y es mejor que nada. Desde luego, se debe tender a complementar la calificación numérica, en la mayor medida de lo posible, con retroalimentación personalizada y detallada, pero no siempre habrá tiempo para todo. Y es un error derogar la calificación por ser imperfecta.

De hecho, es fundamental, en este asunto, tener una visión macro o global del sistema educativo, y no quedarse solo con el análisis individual. Suele suceder a este respecto que el efecto inmediato o micro no se condice del todo con las consecuencias más macro y a más largo plazo.

Cuando las calificaciones se derogan o debilitan, los alumnos reciben el mensaje de que no necesitan esforzarse para aprobar o pasar de año. Así, se genera un cierto efecto contagio y clima contrario al esfuerzo. Esto, además, debilita la autoridad del docente. La enseñanza se torna mucho más engorrosa e ineficaz (Heller Sahlgren, 2015; Micheletti, 2022). Si se sustituye la calificación numérica por un mero "aprobado" o "desaprobado", lo único que se logra es empobrecer la información y acotar el rango de calificación, pasando de diez a dos categorías. El incentivo estará solo en aprobar, no en destacarse ni en aspirar a la excelencia.

La posibilidad de una devolución y retroalimentación constructiva y detallada depende del tiempo disponible por parte del docente, de la cantidad de cursos y alumnos que posee y de su formación. Que haya una calificación numérica no perjudica en nada la posibilidad de esa devolución detallada. Son dos variables independientes.

En general, todos admiten que la calificación numérica genera un fuerte incentivo. Hasta sus críticos más acérrimos lo reconocen. En efecto, el principal cuestionamiento que le hacen es que los alumnos se preocupan demasiado por la nota, al punto de no poner suficiente atención al aprendizaje real y genuino.

Por eso, la solución no es derogar la calificación y el incentivo atado a ella. Lo correcto es direccionar adecuadamente la calificación; atarla al aprendizaje real; diversificarla para que las distintas calificaciones respondan a la mayor amplitud posible de dimensiones, competencias e inteligencias educativas; así como brindarles a los docentes las condiciones y las herramientas necesarias para acompañar la calificación con una devolución lo más objetiva, detallada y constructiva que sea factible, con seguimiento posterior sobre lo que el alumno hace con esa devolución.

Desde luego, esto no quita que, para cierta evaluación formativa específica y preliminar, pueda no ser necesaria –o incluso resultar contraproducente– la calificación numérica. Cada docente evaluará las situaciones y casos concretos, pero el accionar del alumno debe estar inserto en un fuerte sistema de incentivos –desde luego, con oportunidades y herramientas– para que el sistema educativo masificado sea eficiente.

Después de todo, conocerse, aceptarse y quererse como uno es resulta crucial como parte del proceso educativo y de maduración emocional. Por eso, ante todo, la educación siempre debe basarse en la verdad, y nunca alimentar la mentira. Y las calificaciones deben diversificarse para que brinden información lo más completa posible sobre las fortalezas y debilidades de cada estudiante.

Niveles de profundidad en el diseño curricular

Un riesgo de la visión por niveles de profundidad es la pretensión de querer abarcarlo todo. Es preferible hacer pocas cosas, pero bien, antes que muchas, pero mal. Se precisa avanzar de a poco, de menor a mayor, con pasos prudentes y seguros, para no hacer movimientos en falso que destruyan lo logrado hasta el momento. No todo lo viejo es malo ni todo lo nuevo es bueno. Como expresó John Dewey, "apartarse de lo viejo no resuelve ningún problema" ([1938] 1997: 25).

En su libro sobre la "escuela inteligente", Perkins sostiene que "el programa que lo abarca todo actúa como un vampiro que desangra a maestros, alumnos y directores" ([1992] 2001: 18). También manifiesta que es preciso nunca perder de vista el centro, dado por la retención del conocimiento, la comprensión del conocimiento y el uso activo del conocimiento (*ídem*).

Ahora bien, ¿cómo determinar el equilibrio óptimo entre los diversos niveles de profundidad? ¿Qué porcentaje de protagonismo curricular debería poseer cada uno?

A simple vista, aparecen varias alternativas principales. Seguramente habrá más, pero las que se expondrán podrían considerarse los modelos fundamentales. Para distinguirlas, se hará referencia a si el protagonismo curricular aumenta o disminuye a medida que nos sumergimos en los planos más profundos de la enseñanza; es decir, a medida que pasamos de los niveles más superficiales a los más hondos.

Cuadro 7. Protagonismo curricular descendente y ascendente.

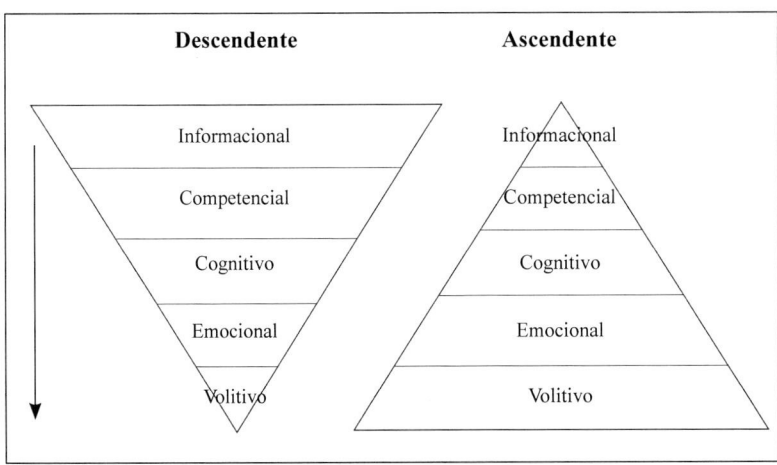

Una primera opción es disminuir el protagonismo curricular a medida que aumenta el nivel de profundidad. Podría denominarse enfoque "descendente". El protagonismo curricular disminuye a medida que bajamos hacia contenidos más profundos. Es una perspectiva que se inspira en la pirámide invertida de los niveles de profundidad. Esta sugiere que la cantidad de contenidos disponibles aumenta en los niveles más superficiales. Por ejemplo, podría establecerse que el 40% de la carga horaria corresponda a cursos informacionales, el 30% a los competenciales, el 15% a los cognitivos, el 10% a los emocionales y el 5% a los volitivos.

Lógicamente, el enfoque opuesto al descendente podría denominarse "ascendente". El protagonismo curricular aumentaría a medida que descendiéramos hacia niveles más profundos. En principio, no parecería muy razonable. Se correría el riesgo de agotar contenidos profundos prematuramente y caer en redundancias. Sin embargo, tampoco podemos descartar esta óptica en un 100%. Quizás la evidencia demuestre que en ciertas edades o coyunturas pueda ser pertinente.

Otra alternativa es comenzar la escolaridad con un enfoque ascendente e ir transitando gradualmente hacia uno descendente. Es decir, a medida que los estudiantes avanzaran de curso, aumentaría el protagonismo de los niveles más superficiales. Esta organización curricular podría ser llamada "ascendente-descendente". La ventaja de esta perspectiva sería que se enfocaría en los niveles más profundos a edades más bajas, cuando el cerebro es más plástico y las ventanas de oportunidad se encuentran más abiertas. Es decir, podría resultar útil para potenciar y fortalecer tempranamente los aspectos más condicionantes hacia el futuro, que son justamente los más profundos.

Al esquema inverso, con aumento del protagonismo de los niveles profundos a mayor edad, lo denominaríamos "descendente-ascendente". En principio, no parece tener mucho sentido. Pues, a edades más avanzadas los niveles profundos son menos plásticos y la capacidad de procesar información tiende a ser mayor.

La quinta alternativa fundamental sería el diseño curricular "equilibrado". En este, cada nivel de profundidad tendría un porcentaje equivalente de la carga horaria total. Puede ser una forma razonable de asegurarse de abarcar todos los planos con una fuerza significativa.

Es factible imaginar, asimismo, enfoques mixtos. Por ejemplo, podría establecerse un diseño curricular ascendente desde los 3 hasta los 10 años, uno equilibrado desde los 11 hasta los 14 y uno descendente desde los 15 hasta los 18. Estaríamos ante un diseño "mixto ascendente-equilibrado-descendente" similar al ascendente-descendente.

Los enfoques "unilaterales", que se abocan a un solo nivel de profundidad, son en principio irrazonables. Pues, el ser humano es multidimensional y todos los planos de la enseñanza se apoyan y retroalimentan mutuamente. Este ha sido el error del memorismo (unilateralmente informacional) y del igualitarismo (unilateralmente competencial).

RAFAEL EDUARDO MICHELETTI

No parece haber datos concluyentes ni absolutos a favor de una sola de estas alternativas. Se requieren más investigaciones al respecto. Probablemente posean más chance de ser acertados los diseños descendentes, los ascendentes-descendentes, los equilibrados y los mixtos ascendentes-equilibrados-descendentes.

También es factible que el diseño óptimo varíe de una institución a otra según su perfil, objetivos prioritarios y contexto. Dentro de cierto margen, que no corresponde discutir aquí, cada institución debería tener libertad para adaptar, modificar o complementar el diseño curricular oficial.

Una escuela especializada en la formación artística, por ejemplo, probablemente no se limite a una educación musical meramente informacional o competencial, sino que agregue también espacios musicales cognitivos y emocionales; de fuerte exposición a la música, de cultivo del gusto por ella y de producción musical continua y sistemática. Por su parte, una escuela de alto rendimiento académico le dará seguramente más espacio a lo informacional, a las competencias científicas y a las inteligencias lógico-analítica y lingüística. Es sano que los estudiantes y sus familias puedan escoger establecimientos más afines a sus intereses y perfiles mentales.

Deben existir, asimismo, criterios de eficiencia, ya que la grilla horaria es limitada. Por ejemplo, es discutible si resulta necesario un largo proceso de entrenamiento cognitivo de la memoria si ya existen múltiples espacios curriculares informacionales que la ejercitan. Quizás sea suficiente con una materia competencial inicial que enseñe técnicas y estrategias de memorización, a ser aplicadas en los diversos espacios informacionales. En similar sentido, podría no poseer tanta carga horaria una materia informacional sobre Lengua y Literatura si la mayor parte de sus contenidos fueran desagregados en materias competenciales y cognitivas (como Comprensión de Texto, Escritura, Oratoria, Inteligencia Lingüística, etc.).

Otra consideración crucial para el diseño curricular es el contexto. El entorno social, económico, cultural y tecnológico puede determinar qué espacios curriculares son más importantes.

A medida que la sociedad avanza y logra automatizar funciones menos complejas, el ser humano se especializa en las aptitudes superiores o más sofisticadas. Por ejemplo, la habilidad para recordar datos elementales perdió protagonismo al inventarse la escritura. Sin embargo, eso no quiere decir que la memoria como tal haya dejado de tener utilidad. Simplemente se reformuló y adaptó al nuevo contexto. Lo que se recuerda son otro tipo de datos o cuestiones.

Hoy en día, con el auge de la computadora, internet y la inteligencia artificial, algunos plantean que la memoria y los contenidos teórico-conceptuales deben ser desestimados por completo. Solo habría que apuntar a las competencias. Empero, eso sería un grave error, puesto que las inteligencias y los niveles de profundidad son en algún punto interdependientes y se apoyan mutuamente. La información es la materia prima del cerebro. Por eso, vale la pena insistir en la necesidad de una educación integral, que abarque todos los niveles de profundidad y, dentro de lo posible, todos o la gran mayoría de componentes dentro de cada uno de ellos.

Cada avance tecnológico disruptivo causó temores sobre el supuesto marchitamiento del cerebro y siempre acabó sucediendo lo opuesto. Hasta con la escritura se especuló sobre que sería nociva porque el ser humano dejaría de utilizar la memoria. ¡Y vaya si floreció la cultura humana con la escritura! A la larga, la automatización o externalización de funciones crecientemente complejas llevan al cerebro a especializarse en actividades todavía más avanzadas. Las neuronas se reasignan hacia tareas más sofisticadas.

De hecho, uno de los grandes beneficios potenciales del uso de la inteligencia artificial en educación es el ahorro de tiempo para el docente y la posibilidad de una educación más personalizada. El maestro dedica menos tiempo a procesar datos y más a actuar en base a ellos. Y puede dejar más solos a los alumnos con mayor facilidad y dedicarles más tiempo a quienes presenten dificultades.

Empero, también es verdad que el ser humano creó reglas de conducta para asegurarse de que las nuevas tecnologías fueran benéficas. Por ejemplo, no se puede llevar a un examen escrito un texto que contenga las respuestas. Tampoco se puede presentar en un concurso de poesía un escrito de otro como si fuera propio. Del mismo modo, la inteligencia artificial debe incorporarse para ejercitar funciones que construyan sobre ella, pero también debe haber instancias sin acceso a ella para entrenar otras funciones.

Los contenidos informacionales seguirán siendo importantes. No se puede crear algo nuevo sin información incorporada y consolidada previamente, ya que toda creación es, en última instancia, una combinación original y novedosa de elementos preexistentes. El conocimiento es, de hecho, un fenómeno primordialmente social. Incluso en el arte la memoria resulta crucial. El poeta británico Stephen Spender lo explica con estas palabras:

La memoria ejercitada en forma determinada es el don natural del genio poético. Por sobre todas las cosas, el poeta es una persona que jamás olvida ciertas impresiones sensoriales que ha experimentado y que puede revivir una y otra vez como si tuvieran toda su frescura. (…). Por tanto, no es de sorprender que, aunque no tengo memoria para números telefónicos, direcciones, rostros, y dónde puse la correspondencia de esta mañana, tengo memoria perfecta para la sensación de determinadas experiencias que están cristalizadas para mí alrededor de ciertas asociaciones. Yo podría demostrar esto con mi propia vida por la abrumadora naturaleza de las asociaciones que, surgidas en forma repentina, me han llevado en forma tan completa al pasado, en especial a mi niñez, quitándome todo sentido del tiempo y los lugares presentes (Ghiselin, 1955). (Gardner, [1983] 2017: 103).

Siempre es bueno asegurar una buena base de entrenamiento de todas las inteligencias y niveles de profundidad y, luego, fomentar la especialización según los intereses. "Una habilidad intelectual abre posibilidades; una combinación de habilidades intelectuales produce multiplicidad de posibilidades" (ídem: 315).

Podría construirse un mapa del diseño curricular según niveles de profundidad, más o menos bajo el siguiente esquema, para tener una visión gráfica de la estructura curricular. Se completa, a mero modo de ejemplo, lo que podría ser un diseño curricular según niveles de profundidad para 1º año del nivel secundario:

Tabla 10. Mapa curricular según niveles de profundidad con ejemplo de 1° año

Nivel de profundidad	Espacio curricular				
	1° año	2° año	3° año	4° año	5° año
Informacional	Ciencias				
	Hábitos saludables				
	Historia				
	Democracia				
Competencial	Matemática				
	Instrumentos y composición musical				
	Técnicas de memorización y comprensión				
	Programación y robótica				
	Manualidades, huerta y tareas del hogar				
	Entrenamiento físico y deporte				
Cognitivo	Entrenamiento lógico y abstracción				
	Redacción y comprensión lectora				
	Expresión oral				
	Creatividad				
	Estimulación de la imaginación				
	Auto-conocimiento, introspección e intuición				
Emocional	Apaciguamiento de impulsos adictivos				
	Fortalecimiento del placer por la lectura				
Volitivo	Optimización de funciones ejecutivas				
	Educación espiritual				
	Trabajo solidario				

Puede que las anteriores sean demasiadas materias para un primer año. Quizás deban repartirse entre 1° y 2°. En cualquier caso, es un mero ejemplo. Igualmente, al estar las materias tradicionales desagregadas en espacios de distinto nivel de profundidad, en algunos casos la cantidad de materias puede ser engañosa, ya que poseerían menos carga horaria cada una.

También es preciso analizar si todas se dictarán en simultáneo, con una carga semanal menor, o si se alternarán por bimestre, trimestre o cuatrimestre, con una carga semanal mayor. Esto último facilita la compenetración con el contenido o desafío, pero es más complejo de organizar.

Debe recordarse y tenerse presente que la categorización de los espacios curriculares se basa, únicamente, en la naturaleza de su objetivo principal.

No implica que no tengan unidades de naturalezas diversas. Por ejemplo, al enseñar a tocar un instrumento, se podría comenzar con una unidad informacional sobre su historia, en qué géneros musicales está presente o posee protagonismo, por qué suena como lo hace, etc.

Otra opción de tabla, para tener un panorama más general sobre qué espacios potenciales se están impartiendo y cuáles no, sería la siguiente. En este caso, se listan todos los espacios curriculares posibles o potenciales, y se marcan en cada año, con una cruz, los que se impartirán.

Tabla 11. Mapa curricular según niveles de profundidad con listado general.

Nivel de profundidad	Espacio curricular	1° año	2° año	3° año	4° año	5° año
Informacional						
Competencial						
Cognitivo						
Emocional						
Volitivo						

Naturalmente, el listado de posibles materias por nivel de profundidad sería casi interminable. Probablemente, nunca acabaríamos de armarlo y quizás se amplíe indefinidamente con el desarrollo humano. Empero, no es una mala idea hacer un mapa general de la educación integral profunda al mero efecto orientativo o analítico, sin ánimo de exhaustividad.

Cuadro 8. Mapa general de contenidos según educación integral profunda.

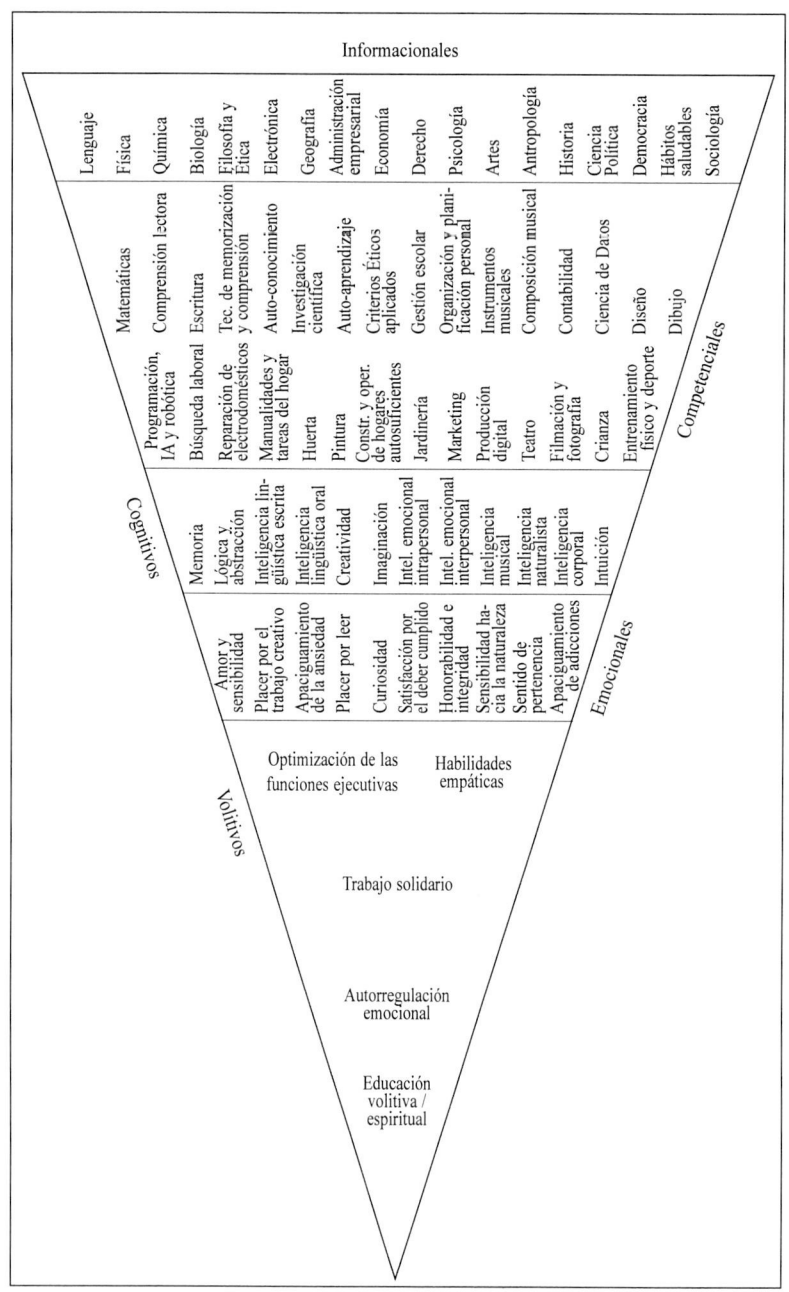

Si anotáramos los temas o unidades potenciales de cada disciplina, la parte superior necesitaría de varias filas. Queda reflejado que, a mayor superficialidad, más numerosos tienden a ser los contenidos posibles y más difícil es el recorte.

Si bien nunca se lo podrá abarcar por completo, el mapa general de la educación integral profunda ayuda a tomar decisiones más conscientes sobre dónde hacer el recorte. Además, nos facilita el hecho de articular correctamente entre los distintos niveles de profundidad. Para hacer un buen diseño curricular, es bueno tener una imagen general de todos los contenidos posibles e ir seleccionando los adecuados según la edad, las ventanas de oportunidad, el contexto y los objetivos prioritarios.

Quizás cada institución educativa pueda construir su propia "pirámide invertida de la educación integral profunda", adaptada a sus intereses y contexto. Y, luego, armar su diseño curricular a partir de ella.

El diseño curricular por niveles de profundidad puede llevar a cierta fragmentación. De todas formas, si se desea evitarlo, es dable crear materias mixtas. Las materias mixtas integrales serían aquellas que pasan equitativamente por todos los niveles de profundidad. Podrían ser un recurso para promover una educación más integral, pero no se debe ser dogmático en esto. No es bueno "forzar" uno o varios niveles de profundidad si no se conectan natural y espontáneamente con los objetivos curriculares.

En cualquier caso, la fragmentación no necesariamente es negativa. Si tiene una razón práctica y los diversos espacios curriculares se encuentran bien articulados, puede ser muy positiva.

Hoy se les pide muchas veces a los docentes que hagan todo. Que transmitan información, estimulen la comprensión, generen la aplicación en contexto, afiancen las habilidades sociales, brinden herramientas de comunicación, favorezcan la creatividad, etc. Así, por pretender que todos hagan todo, nada se hace del todo bien –sin el suficiente tiempo de dedicación y especialización–. Esta situación puede ordenarse desde una visión integral y sistémica que adecúe las prácticas de enseñanza a la naturaleza de los objetivos.

En un diseño curricular integral profundo o por niveles de profundidad, cada docente tiene bien claro su objetivo principal y el plano en el cual opera. Así, puede focalizarse, especializarse y perfeccionarse con el tiempo, alcanzando mayor seguridad, precisión y eficiencia en su tarea.

No se pretende aquí presentar soluciones mágicas o simples. Solo se trata de colaborar en la construcción de un mapa o guía general que nos permita aspirar a una educación razonablemente integral. Si bien no se puede hacer todo, y no se debe perder de vista lo esencial, poseer un mapa educativo relativamente completo en la mente ayuda a tener la conciencia tranquila de que cualquier elusión será deliberada, y no negligente.

CUARTA PARTE:
ENTRENAMIENTO PROFUNDO

Cabe denominar "entrenamiento profundo" al trabajo educativo sobre los tres niveles de mayor profundidad, que son el cognitivo, el emocional y el volitivo. Se trata de los niveles menos habituales o convencionales, por lo menos según el estado de la educación actual. Son, también, sobre los que menos sabemos en términos generales y los de más difícil acceso para el educador.

Proyectos integradores

En las últimas décadas, ha tenido lugar una suerte de moda o fiebre del trabajo por proyectos. Y, como toda moda, ha caído en excesos. El trabajo por proyectos se ha encarado como un fin en sí mismo, en lugar de como una herramienta más a la cual el docente pueda echar mano cuando le resulte útil y práctico.

La gran ventaja del trabajo por proyectos es la posibilidad de incluir saberes interdisciplinarios y habilidades diversas en un contexto vinculado con la resolución de problemas de la vida real. En ese sentido, resulta especialmente interesante para estimular el uso combinado de saberes y funciones cerebrales.

Pero los proyectos no sirven para todo. No deben sustituir a las demás actividades, sino complementarlas. Por lo general, no sirven como entrenamiento intensivo. Son más bien una modalidad "lenta". Y no se puede unir lo que no se conoce. Primero es preciso consolidar, para después integrar.

Cuando se abusa de los proyectos, no se produce la consolidación y los aprendizajes son débiles.

Los proyectos no son fáciles de diseñar e implementar, y pueden insumir una gran cantidad de tiempo. En ocasiones, el trabajo en grupo puede provocar que la ejercitación sea mínima o ineficaz si no existen mecanismos de monitoreo e incentivos personalizados.

Por eso, no se debe caer en una moda o fanatismo del trabajo por proyectos. Estos pueden cumplir una función importante, pero no necesariamente deben tener un rol central o hegemónico en todo el sistema educativo ni en todas las instancias o materias. En general, serán más eficaces como la "frutilla del postre"; es decir, como la coronación final de un proceso de aprendizaje y entrenamiento, más que como su motor principal. En otros casos, quizás sencillamente sean incompatibles con los objetivos curriculares prioritarios. Cuanto más complejo e integrador sea el proyecto, más tiempo demandará y habrá que sopesar el costo de oportunidad en relación con otras actividades que dejarán de hacerse.

Cabría aludir a los proyectos "integradores", en tanto aquellos que poseen como objetivo prioritario el uso combinado de la mayor variedad posible de saberes, competencias y/o inteligencias.

Aunque a veces sea difícil separarlos o diferenciarlos, podría haber proyectos integradores con más énfasis en lo informacional –proyectos integradores informacionales (la educación por fenómenos podría cuadrar aquí)–, otros con foco en las competencias –proyectos integradores competenciales–, u orientados hacia las inteligencias –proyectos integradores cognitivos–, así como mixtos, etc.

Los proyectos cognitivos integradores poseen un especial valor para promover o afianzar las interconexiones entre las inteligencias. En principio, no sirven tanto para entrenar las inteligencias, sino para promover y afianzar su uso conectado o conjunto.

La implementación de proyectos de alta complejidad y transversales a las materias no es algo sencillo, y seguramente variará conforme los fines y las instituciones. Una modalidad, entre muchas, es la de que cada docente trabaje un aspecto diferente del proyecto. Otra forma puede ser que los maestros se repartan los proyectos elegidos por los estudiantes o grupos. Cada profesor tendría ciertos proyectos a cargo, si bien todos colaborarían con todos para favorecer un enfoque complejo e interdisciplinario.

En la medida de lo posible, es positivo que la evaluación abarque todos los niveles de profundidad, cada uno con el peso que le corresponda. Así, se analizará de qué manera se desenvolvió el estudiante en los distintos niveles.

Esto equivale a evaluar en qué medida se usó la información aplicable, se demostraron las competencias pertinentes, se accionaron las inteligencias correspondientes y se pusieron en juego emociones e intenciones positivas. Cabe imaginar distintos factores de complejización de los proyectos. A mayor presencia de estos elementos o características, más complejo e integrador será el proyecto:

- *Complejidad del desafío o problema:* cuanta mayor sea la complejidad del problema o desafío a resolver, más sofisticado será el proyecto.
- *Interdisciplinariedad:* el proyecto demanda conocimientos y competencias de diversas disciplinas y en él participan docentes de diferentes especialidades.
- *Diversificación cognitiva:* el proyecto involucra o exige el uso de una variedad de inteligencias, tanto de forma sucesiva como combinada.
- *Evaluación emocional-volitiva:* se promoverá y monitoreará la aplicación de emociones e intenciones positivas a lo largo del proceso.
- *Iniciativa del estudiante:* la enseñanza o el entrenamiento no es impartido de forma directa al alumno, sino que se adquiere parcialmente de manera indirecta, a través de la investigación y el esfuerzo por resolver un problema o elaborar un producto. La intervención del maestro es la mínima indispensable.
- *Autonomía:* se le brinda al alumno cierta capacidad decisoria, como elegir el tema u objetivo del proyecto (siempre con el control y aval del docente), y se le da más libertad para innovar o buscar caminos o soluciones alternativos.
- *Grupalidad e individualidad:* el hecho de que el trabajo sea en grupo aumenta las habilidades sociales y emocionales involucradas o demandadas, pero también exige un diseño más cuidadoso de los sistemas de incentivo, monitoreo y evaluación, así como de la división de tareas. La individualidad también agrega ciertas capacidades que son importantes. Por eso, lo conveniente es lograr una combinación equilibrada entre lo grupal y lo individual, o bien alternar proyectos grupales e individuales.
- *Autoevaluación:* más allá de la valoración o calificación del docente, los proyectos son una buena oportunidad para la ejercitación de habilidades metacognitivas y de autoconocimiento. Esto implica reflexionar sobre los procesos llevados a cabo, los aprendizajes, los errores, las estrategias y las implicancias a futuro.

Estos factores se mencionan a modo de ejemplo. De hecho, puede haber otros. La complejidad deberá ajustarse de acuerdo con la edad, los objetivos y el tiempo disponible. No se trata de maximizar la complejidad porque sí, sino de regularla a los fines prácticos.

Un proyecto de alta complejidad ideal de cara al futuro, con el cual finalizar la escolaridad obligatoria, podría ser aprender a construir y operar un "hogar autosuficiente" (también llamado en algunos círculos "*navetierra*"). Esto es, un hogar capaz de producir su propia energía, alimento y procesamiento de residuos. Así, empezaríamos a preparar a las nuevas generaciones para el mundo automatizado, descentralizado y ultrademocrático que tenemos el desafío de construir como especie.

Este proyecto puede parecer costoso e inviable si se implementa de forma literal (es decir, construyendo el hogar autosuficiente en serio), pero no hace falta aclarar que dichas habilidades podrían evaluarse indirectamente hasta tanto se poseyeran simuladores virtuales eficaces o espacios y recursos suficientes. Podría, incluso, existir un espacio curricular competencial abocado a ello. Algo así como "Construcción y Operación de Hogares Autosuficientes". Seguramente, más allá de promover una mayor conciencia sobre este fenómeno, sería un buen marco para poner en juego e integrar múltiples saberes, competencias y recursos cognitivos.

Entrenamiento cognitivo

Llamamos "entrenamiento cognitivo" a la actividad educativa que opera de forma directa, deliberada y continua en el nivel de profundidad de las inteligencias o capacidades fundamentales, con miras a estimular, acelerar o ampliar el desarrollo de estas. Esto incluye el fortalecimiento tanto de las zonas del cerebro como de las conexiones entre ellas.

No se trata solo de enseñar a usar las inteligencias –eso sería competencial–. Aquí se alude principalmente a mejorarlas o potenciarlas por medio de un entrenamiento sostenido e intensivo.

El término "cognitivo" es, quizás, demasiado amplio. Sin embargo, en su uso está bastante asociado con lo relativo al cerebro y la inteligencia. Por eso, lo aplicaremos para aludir a la capacidad cerebral potencial.

En la enseñanza de una competencia específica, el objetivo es la adquisición de dicha habilidad. Acreditada y consolidada esa adquisición, pierde sentido seguir con la ejercitación o práctica. El estudiante ya habrá incorporado la competencia.

En cambio, en el entrenamiento cognitivo se escoge una actividad o conjunto de ellas que estimulen operaciones medulares de las inteligencias y se las lleva a cabo de forma intensiva y extensiva, con la máxima cantidad posible de ejercitaciones que permita el tiempo disponible, sin importar el resultado inmediato. Aquí, la ejercitación o entrenamiento es casi un fin en sí mismo, no un medio para la adquisición de una competencia concreta. Se desea potenciar la inteligencia todo lo que sea posible.

Para explicarlo de forma más ilustrativa, si usáramos el ejemplo de una computadora, podríamos decir que desarrollar una competencia es instalar un programa, mientras que entrenar una inteligencia es cambiarle el disco rígido o el procesador para que le entren más cantidad de programas y programas de mayor complejidad.

La capacidad no sirve de nada si no hay programas instalados, del mismo modo que los programas no sirven de nada si no poseen información almacenada que procesar y utilizar. Como vemos, todos los niveles de profundidad son importantes y necesarios. Desde luego, una computadora no posee emociones ni conciencia, así que hasta aquí llega la metáfora.

Es cierto que toda enseñanza modifica el cerebro. La interacción del individuo con el medio ambiente produce continuos cambios neuronales. "De hecho, aprender y memorizar es eso, cambiar el 'cableado sináptico' del cerebro. Y aprender y memorizar es el proceso que realiza el ser humano desde que nace hasta que muere" (Mora, 2013: 23).

Ahora bien, la naturaleza del objetivo educativo cambia radicalmente cuando la aspiración es elevar la capacidad potencial de un módulo o función cerebral. Esto apunta a cambios neuronales de otro tipo, con otro nivel de profundidad e irradiación. Una cosa es sacar provecho de la capacidad existente y otra es mover el umbral de esa capacidad.

Esto último exige otros tiempos y evaluaciones mucho más dificultosas. No es cuestión de realizar cualquier actividad bajo la suposición de que ayudará a entrenar alguna inteligencia. Se requiere de una estrategia, un método y alguna forma de evaluación eficaz (por lo menos artesanal).

Idealmente, para validar un entrenamiento cognitivo debería demostrarse que, con el mismo, la capacidad cognitiva en cuestión se desarrolló en mayor medida que sin ese entrenamiento. Es decir, más rápido o más lejos que el curso natural y espontáneo marcado por la genética y el entorno habitual.

Un ejemplo famoso de entrenamiento cognitivo en el ámbito de la inteligencia musical, quizás excesivamente intenso por descuidar otras inteligencias, podría ser el método Suzuki. A través de este sistema japonés, se llegó a demostrar que, bajo ciertas condiciones, cualquier niño normal puede convertirse en un destacado violinista.

Lo que Suzuki hizo en el campo de la interpretación musical creo que puede aplicarse a todas las demás inteligencias, y, de hecho, cada inteligencia puede necesitar su propia teoría educativa específica. Uno no puede simplemente asumir que las técnicas que funcionan para determinadas especialidades en ciertas edades, serán aplicables de forma global. (Gardner, [1993] 2015: 62).

En el campo de la memoria, se destaca el experimento realizado por Chase, Ericsson y Faloon en 1980.

Una de las propiedades más fundamentales y estables del sistema de memoria humana es la capacidad limitada de la memoria a corto plazo. Este límite impone graves restricciones a la capacidad humana para procesar información y resolver problemas. Por otro lado, este límite (alrededor de siete elementos no relacionados) contrasta claramente con las hazañas documentadas de los expertos en memoria. (...). Un estudiante universitario (SF), con capacidades de memoria e inteligencia promedio, participó en la tarea de extensión de memoria durante aproximadamente 1 hora al día, de 3 a 5 días a la semana, durante más de 1,5 años. A SF se le leyeron dígitos aleatorios a razón de 1 dígito por segundo; luego, se le pidió que recordara la secuencia. (...). Durante el transcurso de 20 meses de práctica (más de 230 horas de pruebas de laboratorio), el rango de dígitos de SF mejoró constantemente de 7 a casi 80 dígitos. Además, también mejoró su capacidad para recordar dígitos después de la sesión. Al principio, no podía recordar prácticamente nada después de una sesión de una hora. Después de 20 meses de práctica, podía recordar más del 80 por ciento de los dígitos que se le presentaban. (…). Con solo unos cientos de horas de práctica, SF sería clasificado como principiante en la mayoría de las habilidades. Sin embargo, en su campo de especialización, la memoria de dígitos aleatorios, se compara favorablemente con los memoristas más conocidos. (Chase, Ericsson & Faloon, 1980: 1-2).

Este impresionante entrenamiento memorístico no alteró la capacidad memorística de corto plazo del estudiante. Más bien implicó el desarrollo de nuevas conexiones entre las memorias de corto y largo plazo (Chase, Ericsson & Faloon, 1980).

En cualquier caso, el aumento sinérgico de la conectividad entre dos inteligencias o subinteligencias, capaz de elevar su potencialidad, es también un entrenamiento cognitivo. No se trató de la mera adquisición de una nueva competencia, sino de elevar el potencial cognitivo para adquirir una competencia que antes era inaccesible. El sujeto no se limitó a aprender un procedimiento para recordar mejor, sino que lo repitió intensiva y sostenidamente para provocar un aumento de la capacidad potencial. Es esperable que, a edades más bajas y durante tiempos más prolongados, el impacto pueda ser mayor.

Esto significa que la capacidad de memoria puede entrenarse y desarrollarse. En similar sentido, expresa Jonathan Hancock:

Entrenar la memoria significa organizar el pensamiento, desarrollar la creatividad, afinar las competencias de aprendizaje y, gracias a ese proceso, elevar las propias expectativas en relación con todo lo que se puede lograr en la vida. De modo que cuando nos hayamos familiarizado con la memoria, no solo será nuestra actitud ante el estudio la que resurgirá con más fuerza, sino que empezaremos a pensar y a sentir de otra manera. Olvídate de si tienes una "buena" o una "mala" memoria. Cualquiera puede entrenar su cerebro para recordar cualquier cosa que necesite. Existen técnicas fáciles y prácticas que han pervivido durante siglos y que son perfectas para todos los desafíos a los que nos enfrentamos en la actualidad. (Hancock, 2015: 7).

Más allá de los ejemplos mencionados, hay bastante consenso sobre que las inteligencias pueden entrenarse y mejorarse. Después de todo, no hay dos personas que tengan exactamente las mismas inteligencias y en las mismas combinaciones.

Consultada la Psicopedagoga Romina Analía Cardigni, especialista en neurociencia educativa, sobre la conveniencia y viabilidad de crear espacios curriculares dedicados a entrenar en forma directa y sistemática determinadas inteligencias, ella respondió:

Lo considero tanto factible como necesario. Esto cambia el proceso, lo torna más inclusivo y holístico. Asimismo, prepararía mejor a los estudiantes para una vida plena y satisfactoria en múltiples aspectos y no solo para el éxito académico. (…). Considero que debe tener un protagonismo significativo en la currícula. (…).

Empero, considerar implementar estas estrategias requiere una planificación cuidadosa, formación adecuada de los docentes y recursos apropiados, pero los beneficios potenciales hacen que valga la pena el esfuerzo. (Anexo).

Es preciso tener cierta moderación y cuidado con el entrenamiento cognitivo. Su uso en exceso para un tipo particular de inteligencia puede obstruir el desarrollo de otras. Tampoco es conveniente forzar el surgimiento de genios. Ese tipo de presión exagerada suele ser contraproducente.

En el caso de la memoria, un entrenamiento cognitivo de carácter temprano y eficaz podría sustituir a decenas de cursos informacionales. Así, se podría focalizar en la información mínima indispensable sin riesgo de sub ejercitar la memoria. Esto liberaría espacio en el diseño curricular para materias competenciales, cognitivas, emocionales y volitivas.

Las actividades escogidas para el entrenamiento cognitivo deberán ser acordes a la edad y a la etapa de desarrollo de cada inteligencia –teniendo en cuenta que no todas evolucionan en simultáneo–. La educación de las inteligencias suele ser más eficaz e influyente a edades tempranas. No es que no deba realizarse a edades más avanzadas, con mayor intensidad, pero es muy importante la intervención temprana. La exposición prematura suele ser fundamental, tanto para identificar fortalezas como para potenciarlas.

Los individuos que han triunfado, a menudo atribuyen una enorme importancia a las "experiencias cristalizadoras" durante las que, por primera vez, se enfrentaban a un esfuerzo que encajaba con sus potenciales y su estilo de aprendizaje. Con demasiada frecuencia estas coincidencias ocurren de forma completamente accidental. (Gardner, [1993] 2015: 86).

Generalmente, para el entrenamiento cognitivo se elegirán actividades que no requieran de un aprendizaje previo para su concreción. Estas estarán al alcance del alumno y valdrán por la orientación del esfuerzo cognitivo que suponen.

Por ejemplo, simplificando e hipotéticamente hablando, se le podría pedir a los estudiantes que lean un cuento tras otro y que, luego de cada lectura, dibujen a los personajes y/o contextos principales tal como los imaginaron. Quizás podrían luego compararlos y conversar sobre por qué los imaginaron de esa forma. El objetivo primordial aquí no sería adquirir la competencia de leer y dibujar, sino la estimulación cognitiva que esta actividad conlleva. Probablemente, tras todo un año leyendo cuentos y dibujando, los educandos mejoren su habilidad para el dibujo, o no. Empero, si eso sucede, será un efecto colateral o secundario. El objetivo principal habrá sido la máxima posible estimulación de la imaginación.

Como hemos dicho, el conexionismo permite explicar la lentitud del aprendizaje profundo. Cuanto más profundo, más lento. Pues, no puedo pretender que un alumno modifique su aptitud creativa tan rápido como memorizaría un concepto. La sana exigencia y los tiempos escolares deben contemplar el nivel de profundidad en el cual operan.

El cerebro no aprende de manera directa o mecánica, como cuando se instala un programa en un ordenador. Más bien requiere de un largo y repetitivo proceso de experiencia, prueba y error, así como de refuerzos positivos y negativos. Ello va ajustando y perfeccionando las conexiones neuronales, sus pesos relativos y el funcionamiento de las redes cerebrales. Esto lleva a tres grandes implicancias para la educación profunda. Primero, la paciencia. Esta no significa dar tiempo ilimitado o derogar el sistema de incentivos. Simplemente, implica comprender y valorar el tiempo invertido en un proceso de esfuerzo mental, más allá del resultado inmediato. "Nada puede sustituir al lento y duro proceso del trabajo y la disciplina en el trabajo cuando se trata de aumentar las capacidades intelectuales" (Mora, 2013: 73).

En segundo lugar, el conexionismo incrementa la importancia del sistema de incentivos, con refuerzos positivos y negativos. No se trata de caer en un mero conductismo, sino de entender que el proceso de aprendizaje, igual que el cerebro, es altamente complejo y combina aspectos conscientes y otros inconscientes, automáticos y no automáticos (Salas Silva, 2003).

Finalmente, hay una tercera gran consecuencia, que es la revalorización de la repetición. La repetición, como estrategia educativa, ha quedado desprestigiada al ser asociada con el memorismo. Es decir, la idea de aprender algo "de memoria", por mera repetición, sin comprensión. Pero, como vimos, la repetición es muchas veces necesaria para consolidar o ejercitar. En el nivel cognitivo, una repetición de orden superior o profunda, tiene que ver con llevar a cabo una actividad entrenadora de manera sistemática, relativamente intensiva y prolongada en el tiempo.

Es probable que, cuanto mayor sea el nivel de profundidad educativa en el que nos movamos, más lentos y sutiles sean los cambios y, por ende, en mayor medida se necesite de la repetición o insistencia a lo largo de amplios períodos de tiempo. Es una enseñanza intensiva y extensiva. La repetición no es necesariamente de la misma actividad, pero sí de la misma estimulación cognitiva.

En síntesis: paciencia, incentivo y repetición son condimentos esenciales del entrenamiento cognitivo.

Si el objetivo en un espacio curricular fuera, por ejemplo, entrenar la creatividad, nada mejor que una gran cantidad de ejercicios o actividades mentales que involucren un fuerte uso de la creatividad de manera repetitiva y prolongada en el tiempo.

No se trata de resolver una y otra vez el mismo ejercicio, sino de insistir repetidamente con el entrenamiento de una inteligencia o función cerebral. Tampoco significa hacer todo a las apuradas, sino realizar un ejercicio tras otro, con el tiempo adecuado para cada uno.

El desarrollo de materias o cursos cognitivos, centrados en el entrenamiento directo y sistemático de las inteligencias, seguramente demandará mucha investigación neurocientífica y educativa. Asimismo, para poder llevarlos a cabo, los docentes necesitarán una fuerte capacitación en neurociencia educativa. Probablemente se requiera un título vinculado con ello, o la inclusión de una fuerte formación neurocientífica en los profesorados. De hecho, se ha empezado a hablar de la necesidad de la figura del "neuroeducador" en la escuelas:

> El neuroeducador, neurocientífico o no, sería una persona entrenada con una perspectiva interdisciplinar capaz de hacer de puente entre los conocimientos del cerebro y cómo funciona y los maestros, enseñando a estos últimos sobre los avances más recientes de la neurociencia aplicables a la enseñanza y haciéndoles capaces de detectar en cada niño ciertas enfermedades o déficits que, incluso siendo síntomas sutiles, impidan a los niños aprender bien, correctamente y poder así contactar con los padres y puedan estos reconducirlos al especialista, bien psicólogo o médico. (…). El neuroeducador debería recibir enseñanzas especiales, es decir, cursos –además de los correspondientes y específicos de un maestro– que le permitieran detectar los síntomas más frecuentes que interfieren con el aprendizaje, clases por tanto de educación, psicología, neuropsicología, neurología y medicina. Se necesitan estos profesionales en los colegios. Yo los veo como un futuro ocupando ya el presente. (Mora, 2013: 101-102).

Más allá de esta figura del neuroeducador, lo cierto es que todos los docentes deberían tener una buena base de formación neuroeducativa.

Asimismo, el título de "neuroeducador" debería incluir la capacitación pertinente para dictar espacios curriculares cognitivos, emocionales y volitivos. Quizás, con el tiempo, aparezcan formaciones más específicas y especializadas o estudios de posgrado para neuroeducadores cognitivos, emocionales y volitivos por separado.

Además del diseño de actividades que ejerciten directa y eficientemente una inteligencia, será indispensable la evaluación cognitiva. Siguiendo con el ejemplo anterior, se deberá calificar el trabajo de los estudiantes según su creatividad, lo cual exige una formación específica. En este punto, se puede garantizar el aprobado a los alumnos que demuestren un esfuerzo razonable y una trayectoria de mejoría aceptable, sin importar si tienen un talento creativo innato mayor o menor. Por encima del aprobado, solo se calificará según el grado real y objetivo de creatividad.

En definitiva, pasando en limpio, cabe aseverar que las características distintivas o principales de un curso cognitivo son:

RAFAEL EDUARDO MICHELETTI

- *Abordaje extensivo o de largo plazo:* Los resultados deben ser analizados en plazos relativamente largos, en comparación con cursos informacionales y competenciales. El entrenador cognitivo debe armarse de paciencia.
- *Abordaje intensivo o maximización del entrenamiento:* Se hará la mayor ejercitación posible según el tiempo disponible. Para ello, es fundamental un sistema de incentivos que estimule el máximo esfuerzo mental y el mayor ritmo de trabajo dentro de lo razonable para la complejidad y profundidad de la actividad.
- *Estimulación cognitiva repetitiva:* Las actividades de ejercitación tenderán a ser variadas dentro del margen de operaciones medulares de la inteligencia o capacidad a entrenar. La repetición de orden superior, de un ejercicio profundo tras otro, será fundamental.
- *Actividades accesibles:* Se priorizarán ejercicios que estén al alcance de los alumnos y cuya realización no requiera de un tiempo considerable de capacitación.
- *Evaluación cognitiva:* A diferencia del curso competencial, no se evaluará el nivel de logro en una habilidad específica, sino la capacidad potencial o "instalada".

Este entrenamiento cognitivo no es en absoluto sencillo. Sin dudas, requerirá de mucho perfeccionamiento a partir de la investigación y la experiencia.

De hecho, actividades que a simple vista aparentan entrenar una inteligencia, en realidad pueden estar ejercitando otra. Esto podría denominarse el "engaño de la inteligencia aparente". Por ejemplo, según el modo de resolver operaciones matemáticas, así como por la forma de enseñarlas, podríamos estar activando zonas diferentes del cerebro.

La neuroimagen con adultos ha demostrado que el cálculo [matemático] de respuestas exactas incrementa la actividad en regiones del cerebro implicadas en la asociación de palabras y en tareas lingüísticas, en los giros frontal y angular izquierdos (Dehaene y cols., 1999). Esto indica que la adquisición de las matemáticas formales depende de nuestra capacidad de aprender reglas y procedimientos. Sin embargo, cuando los mismos individuos trataban de estimar las respuestas, la capacidad de estimar, más antigua e innata, estaba ligada a la actividad bilateral en las cisuras intraparietales (…).

[Un estudio] de IRMf ha revelado sorprendentes diferencias de actividad cerebral entre alumnos a los que se había enseñado de forma memorística y otros a los que se les había enseñado mediante una estrategia (Delazer y cols., 2005). (…). La mayor activación del giro angular izquierdo estaba asociada al aprendizaje repetitivo (…). (Howard-Jones, 2011: 38-40).

Otro ejemplo: las imágenes cerebrales muestran que la creación de música instrumental excita las regiones del lóbulo frontal izquierdo responsables de la matemática y la lógica (Sousa, 2014: 34).

También puede suceder que, al ejercitar una inteligencia, estemos trabajando otras de manera simultánea, sin saberlo. Muchas actividades demandan el uso de más de una inteligencia o capacidad.

No puede descartarse que existan en un futuro aparatos o medicamentos capaces de estimular el desarrollo cerebral en conjunción con un proceso de entrenamiento, creando o extendiendo una ventana de oportunidad. De hecho, esto ocurre, en cierto modo, en el caso de la neurorretroalimentación electroencefalográfica para corregir problemáticas como el trastorno con déficit de atención por hiperactividad (TDAH) (Patino, s.f.; Howard-Jones, 2011: 46). Se observa aquí una potencial confluencia entre educación y medicina. Esto quizás obligue, en ciertos momentos o para determinados fines, a una mayor presencia de la ciencia médica en la institución escolar, o bien a una mayor colaboración entre ambas actividades.

Es verdad que las inteligencias y las funciones superiores deben estimularse cada vez que se dé la oportunidad, y que no pueden restringirse a un espacio curricular específico. Sin embargo, la existencia de cursos o espacios curriculares cognitivos supone varios beneficios.

Estos tienen que ver con la sistematicidad, continuidad e intensidad del entrenamiento cognitivo, la especialización del profesor a cargo en ese sentido y, eventualmente, la posibilidad de usar el curso como punto de apoyo y de referencia para propiciar el entrenamiento cognitivo en otros espacios afines. Por ejemplo, el docente a cargo de Creatividad podría capacitar a los de Ciencias Naturales o Economía sobre cómo brindar espacios en sus materias para la enseñanza, aplicación y evaluación de la creatividad, sin perjudicar sus contenidos y objetivos propios.

Entrenamiento creativo

Dentro del entrenamiento cognitivo, resalta por su importancia estratégica la ejercitación de la creatividad.

Esta es una de las inteligencias o facultades más complejas y menos comprendidas por las neurociencias. De hecho, todavía se discute su relación con el concepto de inteligencia.

[Existen] investigaciones que proporcionan cinco respuestas posibles a esta pregunta: 1) la creatividad es un subconjunto de la inteligencia; 2) la inteligencia es un subconjunto de la creatividad; 3) la creatividad y la inteligencia son dos conjuntos que se solapan; 4) la creatividad y la inteligencia son esencialmente lo mismo (conjuntos coincidentes) y 5) la creatividad y la inteligencia no tienen relación alguna (conjuntos separados). Todas estas relaciones han sido propuestas. La opinión más convencional es probablemente la de los conjuntos que se solapan, que la inteligencia y la creatividad se superponen en algunos aspectos, pero no en otros. Pero las otras opiniones merecen también una seria atención. (Sternberg & O'Hara, 2005: 114).

Sternberg y O'Hara han postulado que la creatividad se vincula con aspectos sintéticos (generar ideas), analíticos (evaluar las ideas) y prácticos (comunicación y persuasión). Empero, ellos mismos admiten que, más allá de estas claves básicas, no hay mucho más acuerdo entre los investigadores. "A pesar del sustancial corpus de investigaciones existente, los psicólogos no han llegado a un consenso sobre la naturaleza de la relación entre creatividad e inteligencia, ni incluso sobre qué son exactamente esas construcciones" (*ídem*: 144).

El propio Gardner se muestra, por momentos, desorientado en cuanto al modo de encajar la creatividad con su teoría de las inteligencias múltiples:

Al principio pensé que los tipos de creatividad se deducían directamente de los tipos de inteligencia: los escritores son creativos con el lenguaje, los matemáticos emplean la inteligencia lógico-matemática, etc. Como primera aproximación, esta ecuación no está mal. Sin embargo, la relación entre inteligencia y creatividad demuestra ser más compleja e intrigante. (Gardner, [1999] 2016: 95).

Según Mora:

La creatividad es un fenómeno complejo, un constructo cerebral y mental con muchos ingredientes y todavía muy difícil de explicar en el contexto de la neurociencia. Pero es este un pensamiento, sin duda, de valor inestimable (…). Las sociedades (…) tienen una necesidad clara de crear un nuevo foco que ilumine, potencie y ponga bajo estudio la formación del pensamiento crítico y creativo (…). Y esto debería comenzar en las escuelas, que es donde todavía no se enseña. (Mora, 2013: 98).

En general, se acepta que un ambiente relajado, dinámico, amigable y despreocupado es favorable a la creatividad. Esto permite pasar de una atención concentrada a una dispersa, y de un proceso mental analítico a uno generativo. De hecho, estudios con electroencefalogramas demostraron que el cerebro de las personas más creativas tiende a reflejar mayor difusión atencional, incluso en reposo (Howard-Jones, 2011: 46-47).

La creatividad demanda, por ende, espacios de tiempo holgados y la posibilidad de pensar profundamente, con serenidad. Ello no quita que, bajo esas condiciones, cabe suponer que, cuantas más actividades creativas se realicen, mayor será el desarrollo creativo. Esto se desprende del principio de plasticidad cerebral.

Simplificada y ejemplificativamente, podría pensarse en una materia cognitiva centrada en la creatividad, en la que en una clase los alumnos inventaran una historia con ciertos requisitos, en otra crearan un producto con elementos no relacionados entre sí, en otra dibujaran un diseño novedoso de algo, en otra escribieran un guion teatral, en otra le cambiaran el final a una obra clásica de un modo original, en otra resolvieran problemas de pensamiento lateral, en otra diseñaran una casa con un simulador, y así sucesivamente.

Se le puede criticar a la idea anterior la falta de formación específica del docente en el ámbito propio de cada una de las actividades. El maestro solo estaría especializado en evaluar la creatividad de diferentes productos y ejercicios, pero no en las actividades que sirven como medio para el entrenamiento de la creatividad.

En principio, la crítica anterior sería más aplicable a una materia competencial que a una cognitiva. En esta última, el objetivo es poner a trabajar intensiva y extensivamente un sector del cerebro, más que adquirir una habilidad o saber hacer específico. El rol del docente sería evaluar la creatividad, incentivarla, fomentar su ejercitación y dar nociones y consejos generales para su mejoramiento.

De todas maneras, si la evidencia empírica demostrara que la falta de especialización del docente estuviera afectando negativamente los objetivos cognitivos, podrían las actividades ser reducidas a las que fueran de su competencia. No habría problema en ello.

En Creatividad 1, dada por un docente de formación psicológica, el foco estaría en ejercicios y estrategias mentales. En Creatividad 2, impartida por un artista, la actividades tendrían una fuerte impronta de dicho rubro. Esto podría, en algunos casos, asemejar el espacio cognitivo al competencial. De todas formas, el objetivo último primordial sería diferente y ello sin dudas influirá en el enfoque y diseño del curso.

Vale aclarar que no se pretende dar una receta probada, sino más bien explorar el potencial educativo humano con miras a lograr un enfoque inte-

RAFAEL EDUARDO MICHELETTI

gral. No quiere decir que deban darse todos los cursos lógicamente posibles. Inevitablemente, debe haber un recorte.

Sin embargo, se parte de la premisa de que ese recorte será más consciente y atinado si se lo hace con un mapa integral de la educación humana en la mente. Si se demostrara que no es conveniente dictar una materia cognitiva enfocada en la creatividad, y que es mejor solo incluir esta última en espacios competenciales, no habría ningún inconveniente.

De todas formas, mientras no se demuestre lo contrario, por una cuestión de prudencia, se debe bregar por un diseño curricular lo más integral que sea posible, tanto en sentido vertical como horizontal. De esta manera, nos aseguraremos de atacar el desafío educativo por todos los flancos –o por la mayor cantidad posible de ellos–.

Es decir, siguiendo con el ejemplo de la creatividad, mientras no se demuestre lo contrario, se deberá asumir que es positivo que los estudiantes experimenten, a lo largo de su trayectoria educativa, aprendizajes tanto informacionales como competenciales y cognitivos vinculados con ella.

Si las horas de clase alcanzaran, en función de las prioridades establecidas –aunque cabe presumir que no sería sencillo–, se podrían dictar materias o unidades emocionales y hasta quizás también volitivas vinculadas con la creatividad. Empero, sin dudas, la prioridad debe ser lo competencial y cognitivo en el caso de la creatividad. Estos son sus niveles de profundidad medulares, por decirlo de alguna manera; aquellos que le son en principio naturales o que más directamente se vinculan con ella. Pues, la creatividad "es" una competencia y una inteligencia.

Igualmente, no hay motivos para pensar que sería inviable o imposible una materia sobre estimulación del amor al arte o del placer por el trabajo creativo (emocional), o la utilización del arte y la creatividad como inspiración o medio para el fortalecimiento o aplicación de los valores morales (volitivo).

En cualquier caso, volviendo a la faz cognitiva, sería importante que los alumnos supieran que serán evaluados y calificados por su creatividad, para lo cual se precisa de una rúbrica lo más objetiva posible. Así, el incentivo, junto con el esfuerzo y foco de los estudiantes, estarán puestos sobre la creatividad.

No es tarea sencilla evaluar la creatividad. El solo hecho de que una rúbrica o método se proponga medirla no asegura la precisión, eficacia y justicia de la evaluación. Esto demanda prudencia.

Como se ha expresado: "Parece que los problemas que Binet encontró con la creatividad a la hora de medirla en tests hacían prever las frustraciones que los investigadores experimentarían en todo el siglo siguiente" (Sternberg & O'Hara, 2005: 115).

En la era "post-Sputnik", cuando de repente se empezó a valorar la inge-nuidad científica, los educadores estadounidenses se convencieron de la importancia de la imaginación, la inventiva y la creatividad. Señalaron la necesidad de crear instrumentos que evaluaran la creatividad o el potencial creativo (Guilford, 1950). Desgraciadamente (desde mi punto de vista), en su búsqueda en post de medidas de la creatividad, repitieron la mayoría de los errores que se habían cometido a lo largo de la historia de la evaluación de la inteligencia. Es decir, intentaron diseñar medidas del tipo de respuesta corta y de tiempo limitado para las habilidades que consideraron centrales para la creatividad, la capacidad para dar diversas respuestas a una cuestión (pensamiento divergente) o la creación del máximo número posible de asociaciones ante un estímulo determinado (fluidez de ideas). (Gardner, [1993] 2015: 187).

Cattell criticó a Guilford por sobreestimar el papel del pensamiento divergente en la creatividad. Arguyó que el veredicto de que una prueba escrita formal pueda medir la creatividad es solo una proyección de la opinión personal de quien creó el test sobre lo que es la creatividad. "La creatividad ha terminado por evaluarse simplemente a través de la rareza o bizarría de las respuestas de la población, o como el número de resultados emitidos por minuto, etc., etc. Esto sin duda nos lleva a confundir la apariencia con el fondo" (Cattell, 1971: 409).

Aun así, Torrance halló que el 55% de los estudiantes de alta creatividad habían desarrollado profesiones no convencionales, comparados con el escaso 9% de estudiantes de alta inteligencia o CI. Esto dio cierta validez ecológica a los tests de creatividad (Torrance, 1975). En un estudio de gran espectro realizado en 236 escuelas secundarias, evaluadas con el Test Torrance de Pensamiento Creativo (TTCT), se mostró una correlación de 0,51 entre los valores combinados de los test de creatividad y los datos de posteriores logros creativos. Se halló, también, que la tensión debida a la situación de prueba no era evidente en absoluto (Sternberg & O'Hara, 2005: 142).

Las dificultades existentes para evaluar la creatividad no deben llevar a bajar los brazos. Es mejor una evaluación imperfecta –con las debidas advertencias al respecto a los sujetos evaluados y evaluadores–, antes que la ausencia de evaluación. Tampoco implica esto que no puedan existir aproximaciones más complejas y razonables a la medición de la creatividad que las de un test rápido de tipo escrito y formal.

Justamente, un espacio curricular cognitivo, centrado en la creatividad, permitiría la evaluación de dicha inteligencia a lo largo de todo un año. Aplicaría criterios múltiples y complejos a actividades variadas. Incluso se podrían incentivar, valorar y premiar, en el marco de dicha materia, logros creativos de los estudiantes –debidamente acreditados– en actividades o hobbies fuera de la escuela. ¿Por qué no?

La gran pregunta es en qué medida y de qué forma la intuición creativa podría estimularse y ejercitarse. Quizás no pueda hacerse de una persona no creativa un genio creador. O sí. No lo sabemos. Empero, con intentarlo no se pierde nada y, probablemente, se pueda mejorar parcial y limitadamente esta aptitud si se la trabaja oportuna y sostenidamente, más aun en etapas tempranas de la vida, con elevada plasticidad.

Como se ha expresado: "Claramente la práctica deliberada facilita el trabajo creativo y puede incluso ser vital para el mismo, aunque por sí sola no sea suficiente" (Sternberg & O'Hara, 2005: 143).

Perkins ubicó la creatividad como una habilidad del pensamiento y afirmó que podía mejorarse a través de la educación.

En las clases sobre el pensamiento creativo, se hizo hincapié en la idea de diseño. (…). Luego se les enseñaron algunas estrategias para inventar artefactos simples y para abordar otros problemas creativos. (…). El curso produjo un efecto cognitivo mayor en los alumnos de séptimo grado. (…). Lamentablemente, no tuvimos oportunidad de hacer un trabajo de seguimiento para observar el desempeño de los estudiantes seis meses o un año más tarde. No obstante, los resultados iniciales fueron alentadores. (Perkins, [1992] 2001: 112).

Sternberg y Davidson hallaron posible enseñar a los estudiantes de la escuela elemental a mejorar el pensamiento fundado en la iluminación creativa (Sternberg & O'Hara, 2005: 121). Sternberg, Ferrari, Clinkenbeard y Grigorenko sugirieron que es factible que los estudiantes creativos no logren beneficiarse de la enseñanza escolar habitual, que subraya la memoria y las capacidades analíticas. En un experimento, hallaron que los estudiantes de secundaria que fueron formados de un modo acorde con su patrón de capacidades (por ejemplo, analítico o sintético) tendían a alcanzar niveles más altos que los estudiantes enseñados de un modo más pobre con respecto a su propio modelo de habilidades (ídem: 122).

Más aun, se ha aseverado que:

La capacidad creativa (…) puede estar influida por las clases de estrategias típicas que utilizan los maestros y profesores en el aula. Una de tales estrategias requiere que el estudiante incluya en su resultado creativo elementos no relacionados entre sí y demostró que esas estrategias pueden incrementar la actividad cerebral relacionada con el esfuerzo creativo, respaldando su probable eficacia en la promoción de la capacidad creativa a largo plazo. (Howard-Jones, 2011: 47).

Edward De Bono, creador del concepto de "pensamiento lateral", afirmó: "Todo el mundo debería ser creativo. (…). La creatividad es una habilidad que se puede aprender, desarrollar y aplicar. Llevo enseñando pensamiento creativo durante más de treinta años. (…). No es posible aprender una habilidad si no se practica. No existen los atajos" (De Bono, [2007] 2015: 2-8 y 12).

Más cerca en el tiempo, Mora comentó algunas características de cursos centrados en la creatividad:

> En el entrenamiento y la enseñanza de este pensamiento creativo a los estudiantes, y ante un problema determinado, muy difícil, se les pide que piensen que las soluciones pueden ser muchas y que, en el caso de encontrar una, esta no es la definitiva, pues puede haber otras y mejores. Se les enseña que vean el problema presentándolo de modo que ello permita generar el mayor número de ideas posibles. Esto se conoce como crear el clima para un pensamiento asociativo. Después se les pide que se tomen todo el tiempo que necesiten para encontrar soluciones y aun que abandonen el pensar en el problema por algún tiempo y que durante ese tiempo hagan otras cosas, dejen "vagar la mente", pues sabemos que si el estudiante está muy motivado su mente trabajará todo el tiempo, de modo inconsciente, en el problema. Y es posible que de pronto se le ocurra una respuesta con una idea verdaderamente nueva, diferente, no perseguida antes. (Mora, 2013: 99).

En conclusión: "Empieza a no caber duda de la importancia de la necesidad de construir en las nuevas generaciones un pensamiento crítico y creativo que aleje las brumas del pensamiento mágico que durante miles de años tanto ha ensombrecido la historia de la humanidad" (*ídem*: 10).

En este sentido, si la creatividad puede ejercitarse de modo autónomo, debiera ser considerada una inteligencia o capacidad fundamental a los fines educativos. Más allá de aprovechar todas las oportunidades existentes para estimular la creatividad, es preciso considerar la conveniencia de que existan en las escuelas espacios curriculares especializados en estimularla. Como mínimo, vale la pena intentarlo.

Excurso sobre una experiencia educativa

En un colegio de Argentina, desde septiembre de 2018 hasta 2025, se llevó a cabo una experiencia parcial y limitada de creación de espacios curriculares desde una perspectiva de "integralidad profunda", además de ciertas modificaciones complementarias. En ese período, quien escribe formaba parte de la institución.[11]

Esta experiencia, como todas, dista de ser perfecta. Y fue bastante breve y parcial para lo que demanda una transformación educativa, en el marco de un sistema (como el argentino) que brinda escasa autonomía a las escuelas. Empero, también es una de la cual quien escribe posee pleno conocimiento y que puede ser aprovechada para enriquecer el presente análisis.

La institución en cuestión es una escuela privada sin subvención estatal, con un alumnado de clase media y alta. Posee, desde tiempo atrás, cierto renombre y mantiene, a pesar del avance de la pedagogía igualitarista y facilista, un compromiso con la sana exigencia y la excelencia académica.

En 2019, se creó en 2° año del nivel secundario un espacio curricular cognitivo llamado Creatividad. La idea no era sustituir las materias tradicionales, sino complementarlas, según el principio de prudencia. Este indica no modificar aquello que ha funcionado bien, a no ser que haya evidencia empírica contundente al respecto y, si se va a cambiar algo sin pruebas concluyentes, hacerlo con mucho cuidado, de a poco.

La profesora de Artes Audiovisuales, Lorena Cardona, asumió el reto de llevar adelante la materia referida. Para ello, si bien tenía una vasta experiencia trabajando con la creatividad artística, tuvo que capacitarse de modo autodidacta en lo que refiere al aspecto cognitivo y a la creación de rúbricas evaluativas de la creatividad.

Nos pusimos de acuerdo sobre una rúbrica para evaluar la creatividad y sobre una serie de actividades y ejercicios de creatividad y pensamiento lateral. Si bien fue sufriendo algunas modificaciones y adaptaciones con el tiempo, nos basamos en el modelo de Torrance. Este autor describió cuatro componentes o aspectos con los que la creatividad individual puede ser evaluada (Torrance, 1974):

- *Originalidad:* la capacidad de producir ideas que son inusuales, infrecuentes, no banales ni obvias.

---

11. Desde luego, no es factible mencionar a todos los responsables que formaron parte de esta experiencia. Sin embargo, me parece justo hacer alusión, por lo menos, a los integrantes del equipo directivo con quienes trabajé codo a codo, a saber: Alejandra Garré (Directora General), Sandra Moretti (Directora del Nivel Secundario en 2018 y Coordinadora de Inglés), Paula Cifarelli (Directora General), Laura Martorano (Coordinadora de Inglés), Pablo Eberlein (Secretario), Patricia Del Bianco (Directora de Primaria), Julia Donnelly (Vicedirectora de Primaria), Roberto Ryan (Representante Legal) y el Sacerdote Christian Wechsler, además de los dirigentes de la asociación propietaria de la escuela.

- *Fluidez:* la capacidad de producir un gran número de ideas.
- *Flexibilidad:* la capacidad de producir una gran variedad de ideas.
- *Elaboración:* la capacidad de desarrollar, embellecer o completar una idea ya existente.

De esta manera, al utilizar una rúbrica, se minimiza la subjetividad del docente. Este adquiere puntos de referencia para poder evaluar la creatividad de forma relativamente precisa y objetiva, si bien, desde luego, no se alcanzará nunca una exactitud matemática.

Lo importante es que exista una calificación basada en la creatividad, que los alumnos sepan que serán evaluados conforme a ese criterio y que opere un incentivo direccionado a favor de dicha aptitud. Desde luego, con el hecho de mostrar esfuerzo y dedicación, así como una mínima senda de progreso, el estudiante tenía garantizada la aprobación con una calificación de seis sobre diez. Pues, carece de sentido reprobar a alguien por no tener un talento creativo innato. Empero, por encima del seis, la intención era reflejar genuinamente la aptitud creativa. Después de todo, así como el alumno con un talento innato para la memorización suele alcanzar mejores calificaciones en las materias informacionales, no estaría mal que sean otros estudiantes, con otros perfiles de inteligencia, los que se destaquen en los espacios no informacionales.

La docente aportó la innovadora idea de invitar a referentes de diversos ámbitos, como la informática, la investigación científica, el diseño, la escritura, el dibujo, etc., para que les dieran charlas a los alumnos sobre la aplicación de la creatividad en sus rubros.

De esta manera, la materia quedó conformada de un modo híbrido. Tenía una breve parte introductoria informacional, que consistía en brindarles a los alumnos nociones básicas sobre qué es la creatividad y cómo aprovecharla al máximo. Esto se complementaba con las charlas inspiracionales y de concientización impartidas por los especialistas invitados. Fuera de ello, el resto del año era una materia "cognitiva", con actividades constantes para que los alumnos aplicaran y ejercitaran su creatividad. La idea fue, desde el comienzo, diferenciarla de lo artístico. Se buscaron ejercicios de creatividad lo más variados que fuera posible.

Una forma de enriquecer el curso –quizás sujeto a la necesidad de una mayor carga horaria– podría ser que finalizara con un gran proyecto final, evaluado por la medida en que el alumno lograra ser creativo u original. En este, se animaría a cada estudiante a crear algo; a elegir aquello en lo cual le gustaría ejercer su creatividad (dibujo, pintura, diseño, matemáticas, escritura,

RAFAEL EDUARDO MICHELETTI

deporte, programación, robótica, manualidades, negocios, etc., lo que sea). Luego de experimentar la creatividad en diversos ámbitos, actividades y ejercicios, el objetivo pasaría a ser que cada estudiante encuentre su propia veta creativa y se especialice en ella.

No tuvimos, lamentablemente, la posibilidad de realizar una evaluación científica del impacto cognitivo real en la inteligencia creativa de los alumnos. Además, un curso de solo un año y en el nivel secundario no puede lograr un impacto cognitivo de gran magnitud, por una simple cuestión de ventana de oportunidad y plasticidad cerebral.

Empero, a partir de las encuestas realizadas a los estudiantes y por las evaluaciones con la rúbrica de la propia profesora, se puede afirmar que el espacio tuvo un impacto positivo en el aprendizaje, además de ser muy bien recibido por los estudiantes. Ellos reclamaban más horas de esa materia –lógicamente, ya que, por lo general, es más divertido hacer prácticas de creatividad que resolver un complejo problema matemático o incorporar grandes cantidades de información–.

Es preciso aclarar que, por la escasa disponibilidad de horas cátedra, el espacio contó con solo 40 minutos semanales. Por lo tanto, es de suponer que su impacto podría haber sido mayor de contar con más carga horaria.

En concreto y en promedio, durante los años 2020, 2021 y 2022, un 70,9% de los alumnos encuestados afirmaron que el espacio curricular logró su objetivo según lo planteado por la docente. Igual porcentaje expresó que el contenido de la materia le había parecido novedoso y original. Un 40% indicó que las actividades les habían resultado intelectualmente desafiantes y un 32,3% que solo relativamente (sumando un 72,3% en total). Por su parte, el 86,5% aseveró que el contenido fue pertinente para su edad.

Preguntada la Profesora Lorena Cardona sobre su evaluación personal, en relación con el impacto de la materia sobre los alumnos, ella comentó:

Los alumnos se entusiasman con los contenidos y responden positivamente a las consignas propuestas a partir de ellos. Asocian con facilidad experiencias y anécdotas personales con los procesos creativos más simples desarrollados en clase.

Como docente, creo que los alumnos, luego de transitar el año del espacio Creatividad, comprenden que con el pensamiento creativo pueden acceder a resultados diferentes a los habitualmente esperados (…).

Hay pequeños comentarios, situaciones que ellos advierten, cosas en las que pueden estar más atentos en relación con su potencial creativo, pero siempre son pequeñas anécdotas, no grandes situaciones. Creo que la materia ayuda a tomar conciencia acerca de que la creatividad puede potenciar o mejorar cualquier cosa que hagamos tanto en el ámbito profesional (que se ve en el testimonio de los invitados) como en el ámbito escolar (que es lo que los alumnos experimentan con los ejercicios). El cambio en el proceso de pensamiento no siempre se manifiesta y es difícil medir resultados o mensurar el impacto en el momento (…). No sé si hay un efecto inmediato o tan lineal como de generar un impacto en función de la creatividad. (…). Me animo a decir que el espacio les deja esa idea latente de que poseen la capacidad creativa para potenciar y expandir cualquier práctica. Les queda esa seguridad y está en ellos, antes o después, activarla. (Anexo).

A partir de 2020, se creó un espacio curricular denominado Habilidades Blandas, con 40 minutos semanales en 1° año y 80 minutos en 4° año. En este caso, luego de varias idas y vueltas y de una experiencia piloto, con cambios de docente, la materia se afianzó con el perfil que le dio el psicólogo Franco Contesti. Sus principales objetivos estuvieron vinculados con favorecer el autoconocimiento, desarrollar la inteligencia emocional y estimular las habilidades sociales de comunicación, flexibilidad y humildad. Las actividades incluyeron trabajos de reflexión individual y grupal, así como análisis y resolución de casos prácticos.

En promedio, durante los años 2020, 2021 y 2022, un 76,5% de los alumnos encuestados afirmaron que el espacio curricular logró su objetivo según lo planteado por el docente. Un 65% expresó que el contenido de la materia le había parecido novedoso y original. Un 21,4% de los estudiantes indicaron que las actividades les habían resultado intelectualmente desafiantes y un 41,5% que solo relativamente (sumando un 62,9% en total). Por su parte, el 92,3% aseveró que el contenido le había parecido adecuado y pertinente para su edad.

Preguntado el Profesor Franco Contesti sobre su evaluación personal en relación con el impacto de la materia sobre los alumnos, comentó:

El principal impacto (…) radica en el hecho de ampliar el sesgo con el que analizan la realidad. Esto permite a los estudiantes comprender que existen diferentes formas de percibir el mundo, las cuales vienen dadas por las diferencias en sus historias personales y, por ende, indirectamente, se trabaja la empatía.

Por otra parte, además de comprender la lectura que su compañero realiza de la realidad, también les permite a los alumnos comprender muchas de sus reacciones sintomáticas, las cuales suceden frente a determinados eventos que tienen lugar en su vida cotidiana, pudiendo así apropiarse de su malestar, entenderlo y ordenarse afectivamente. (…).

Considero que uno de los principales impactos radica en que los estudiantes puedan responsabilizarse de sus actos, y que no todo lo que sucede alrededor de ellos, radica en mala predisposición del cuerpo docente y no docente. (…).

Por último, y para dar cierre, lo que puedo observar y evaluar (dentro de las dificultades que conlleva evaluar una habilidad blanda), es que cuando vuelvo a tener en cuarto año al grupo que ya tuve en primer año, todos los estudiantes cuentan con una serie de conceptos incorporados, y formas de analizar la realidad, que dan cuenta de que el espacio funciona activamente. (Anexo).

A los espacios curriculares especiales de Creatividad y Habilidades Blandas se sumaron otros que apostaron por una formación más integral y desarrollista, sin descuidar los contenidos tradicionales.

Se incluyeron Pensamiento Lógico y Ajedrez, Robótica e Inteligencia Artificial. Asimismo, hubo que reformular materias ya existentes. Por ejemplo, el espacio curricular Comprensión de Texto de 1° y 2° año funcionaba, en la práctica, como una extensión de la materia Lengua y Literatura (cual si fuera una Lengua y Literatura 2). Lo que se hizo fue darle un carácter competencial-cognitivo, ejercitando sistemáticamente la comprensión lectora y enseñando técnicas de estudio y de memorización.

Hubo desafíos y complejidades inherentes al armado de cursos nuevos –en algunos casos, desde cero–, con reformulaciones, procesos de prueba y error y cambios de docentes. Sin embargo, con los debidos ajustes a partir de la experiencia, se mostraron positivos y promisorios.

También se les empezó a enseñar a los alumnos la teoría de las inteligencias múltiples. El mensaje era "máximo esfuerzo con mínima expectativa". Se buscó que internalizaran la idea de que el esfuerzo siempre es positivo, ya que mejora y enriquece la mente, pero que no hay que preocuparse demasiado ni desesperarse si ese esfuerzo no da buen resultado. Pues, el esmero siempre sirve, todos tenemos distintos tipos de inteligencia y las diferentes inteligencias no son todas igualmente evaluadas en la escuela. Fracasar en la escuela no te hace menos inteligente, aunque igual es bueno esforzarse al máximo para intentar fracasar lo menos posible. A partir de esto, llegamos a enterarnos de casos en que los propios alumnos calmaban a sus padres –enojados con la escuela– frente a una desaprobación, explicándoles que no eran menos inteligentes, sino que poseían "otras inteligencias".

En paralelo a lo anterior, también se implementó un nuevo reglamento de aprobación y promoción. Se le daba cierta autonomía a cada docente para decidir qué peso tendría cada nota o actividad en la calificación final del trimestre. Sin embargo, debían incluir obligatoriamente dos notas académicas y una de "conducta y esfuerzo".

La novedad estuvo en que el nuevo reglamento de aprobación y promoción establecía un criterio objetivo y exigía un mínimo desempeño en los tres trimestres. Así, se incentivaba un mínimo de aprendizaje, esfuerzo y constancia durante todo el año. Esto daba lugar a un entrenamiento más eficaz y a una mejor preparación para los contenidos del año siguiente, aunque chocaba con las directivas igualitaristas de la autoridad estatal.

Para aprobar una materia, con una escala de calificación del 1 al 10, los estudiantes debían cumplir con tres condiciones en simultáneo:

- Sumar 18 entre los tres trimestres.
- Tener dos trimestres aprobados.
- No tener ningún trimestre con nota de 4 o menos.

Asimismo, incluso aunque el alumno aprobara el trimestre, en caso de haber obtenido una calificación de cuatro o inferior en el examen trimestral globalizador, el docente podía hacerle recuperar ciertos contenidos específicos de dicha evaluación que se hubieran demostrado endebles.

Existían distintas categorías de desaprobados. Cuanto más se acercaban al umbral de aprobación, más selectivo y focalizado sería el examen que tuvieran que rendir.

Todo esto hacía que fuera preciso mantener un mínimo de desempeño durante todo el año para aprobar. La idea era que el alumno siempre tuviera un incentivo para esforzarse, por muy mal o muy bien que le hubiera ido hasta el momento o en un trimestre particular. Y que pasara de año habiendo consolidado una buena base de saberes. Si quedan baches o huecos de conocimiento, eso puede dar lugar a círculos viciosos de dificultad creciente.

Una adecuada calibración de la exigencia, evitando la sobrecarga, estableciendo incentivos adecuados y permanentes, asegurando un esfuerzo mínimo que sea constante y sostenido, parece ser crucial para la mejora de los aprendizajes. Y no implica un solo centavo de gasto adicional. Por eso, este aspecto debiera tener especial consideración al diseñarse la política educativa.

Otra novedad importante, en 2019, fue la creación de un equipo de profesores-tutores, coordinados por un gabinete psicopedagógico. Los tutores se encargaban, en coordinación con docentes y preceptores, de realizar un seguimiento grupal e individual, en la medida de sus posibilidades, según su dedicación horaria (que al principio fue más acotada y luego se fue ampliando poco a poco).

El objetivo del sistema de tutoría y acompañamiento psicopedagógico no era resolverles los problemas a los alumnos, sino brindarles herramientas para que ellos pudieran resolverlos por sus propios medios. Asimismo, también estaba entre sus tareas prevenir, detectar de forma temprana y abordar problemáticas diversas, tanto sociales como académicas, así como grupales e individuales.

Finalmente, para ser justo, me veo obligado a mencionar otra novedad que hubo por esos años. Me refiero a la labor de la Sociedad San Juan y la Sociedad de María, especies de congregaciones de la Iglesia Católica que asumieron la dirección espiritual y pastoral del colegio, con el liderazgo principal del Padre Christian Wechsler y de la Hermana Lucía Boggio.

Estas sociedades religiosas inyectaron una fuerza espiritual que, con el tiempo, se había ido perdiendo en el colegio. Su trabajo metódico, dedicado y sumamente eficiente, moderno en lo metodológico, con gran audacia para conectarse con los jóvenes y con sus familias, reforzó y potenció notablemente el aspecto volitivo. Verlos trabajar renovó fuertemente mi convencimiento de que todas las escuelas debieran tener –si no desde una mirada confesional, por lo menos desde una secular– un fuerte programa espiritual.

Como se expresó antes, el colegio en cuestión poseía, desde sus orígenes, una fuerte cultura y tradición de sana exigencia y excelencia académica. Por eso, los cambios se hicieron sin descuidar la enseñanza tradicional ni las materias informacionales y competenciales troncales. Probablemente, la parte más influyente del proceso de reforma tuvo que ver, simplemente, con recuperar algunas tradiciones y características históricas de la institución. Y esto es algo que excede completamente el nivel secundario y el período indicado. Tiene que ver con la herencia de cultura institucional construida por muchas personas a lo largo de un amplio período de tiempo.

En el marco de la pandemia del coronavirus de 2020 y 2021, las autoridades educativas argentinas y santafesinas promovieron una fuerte reducción –o lisa y llana derogación– de la exigencia académica. No es que tomaron una decisión de emergencia y con un sentido práctico hacia el final del período, con los resultados a la vista. Por el contrario, pretendieron prohibir la calificación y el examen, al tiempo que anunciaron de antemano, desde un principio, que todos los alumnos pasarían de año y serían promovidos sin importar su desempeño.

No hubo una flexibilización práctica y razonable motivada por la coyuntura, sino una imposición rígida y dogmática del facilismo y el igualitarismo, causada por factores ideológicos que aprovecharon la pandemia como excusa.

En este colegio, con todas las dificultades propias de una situación de pandemia inesperada –para la cual nadie estaba preparado– hubo una decisión firme de la patronal y del equipo directivo completo de sostener los incentivos, los estímulos y la sana exigencia.

Se hicieron flexibilizaciones ocasionales en la medida necesaria y se redobló el esfuerzo de seguimiento cercano y tutorial, en especial de los alumnos con más dificultades. Empero, se evitó a toda costa el facilismo. Ayudó el hecho de ser una de las poquísimas escuelas sin subsidio y con algo más de autonomía respecto de las autoridades educativas.

No se trataba solo de defender la calidad educativa en medio de la emergencia sanitaria y social –que incluyó en Argentina un tiempo exageradamente prolongado de encierro, con clases virtuales–. También implicaba mantener la mente de los alumnos ocupada, con desafíos y estímulos que los ayudaran a no deprimirse ni abandonarse.

En este contexto, los resultados demostraron que las innovaciones prudentes, con una apuesta por la formación integral y el sostenimiento de la sana exigencia, constituyeron una decisión acertada. Los alumnos, con las dificultades propias de la edad y de la coyuntura, lograron sortear el desafío de la pandemia y el encierro. Y, en el medio, siguieron aprendiendo, sin ver lesionada su educación.

Uno de los peligros de toda teoría pedagógica y de toda innovación es perder conexión con la realidad y sustituir prácticas tradicionales eficaces por otras cuya eficacia es desconocida. Asimismo, un riesgo específico de la diversificación curricular es que el tiempo dedicado a materias informacionales y tradicionales se vea reducido excesivamente. Por suerte, en este caso los datos indicarían que eso no sucedió. Al contrario, la institución parece haber recuperado terreno luego de un leve declive.

Gráfico 1. Resultados Pruebas Aprender nivel secundario 2016-2022. Promedio de alumnos por encima del nivel básico en Lengua y Matemática. (Ministerio de Educación de Argentina, 2022a) (Ministerio de Educación de Argentina, 2022b) (Ministerio de Educación de Argentina, 2022c) (Ministerio de Educación de Argentina, 2022d).

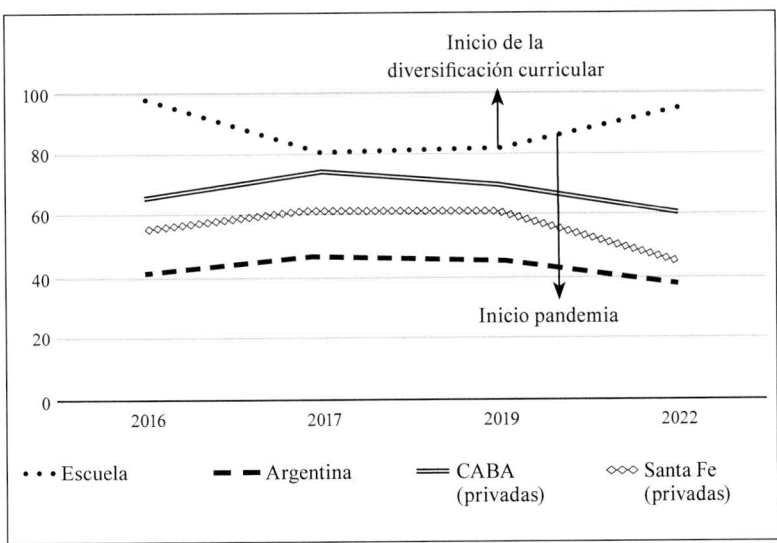

El muy preocupante desplome educativo que vivió la Argentina, el cual se sumó a un deterioro de larga data, no tuvo lugar en esta institución que, por el contrario, continuó y profundizó un camino de recuperación. Se observa en el gráfico cómo el facilismo y el igualitarismo no hacen más que agudizar la brecha educativa y la desigualdad.

Esto no pretende poner a este colegio como ejemplo o modelo a seguir. Cada institución educativa tiene sus particularidades, prioridades y coyuntura. Además, hay muchas formas diferentes de aplicar la pedagogía de los niveles de profundidad. Y esta escuela posee seguramente, como toda institución, aspectos a mejorar.

Asimismo, se requieren estudios a más largo plazo y, en parte, el establecimiento en cuestión recuperó desde 2018/2019 cierta sana exigencia perdida respecto de sus orígenes. Se puede agregar que las pruebas estandarizadas referidas no evalúan el desempeño de manera integral y que, en educación, hay tantas variables en juego en simultáneo que se hace difícil, muchas veces, la interpretación de los resultados. "El número de variables comprendidas en la descripción de sistemas educacionales es tan grande que debe aplazarse toda esperanza de experimentación controlada, de plan científico" (Gardner, [1983] 2017: 327).

Sin embargo, así y todo, tomando globalmente los datos, informes y comentarios aludidos, cabe afirmar que es esta una experiencia concreta en la que, de manera incipiente y en pocos años (pandemia de por medio), una dosis leve del modelo pedagógico que aquí se expone tuvo un efecto positivo. Mínimamente, se puede concluir que la diversificación de los niveles de profundidad curriculares no tuvo un efecto negativo en las habilidades tradicionales. Más bien al contrario, al tiempo que es posible que haya permitido avanzar en la estimulación de funciones cognitivas superiores y más variadas.

Inteligencias y facultades generales o transversales

Esta sección apunta a profundizar un poco más y generar algunas reflexiones disparadoras sobre el dilema de las inteligencias educativas y las capacidades generales. Para quienes no tengan interés en profundizar sobre ello, puede considerarse de lectura opcional o rápida.

Como vimos, desde la visión estricta y original de las inteligencias múltiples, se afirma que no hay capacidades generales que puedan aplicarse a todo tipo de situaciones o de información. Cada inteligencia trabajaría con ciertas situaciones o tipos de información. Por ejemplo, la inteligencia lingüística con el lenguaje o la lógico-matemática con cantidades o números. Esto quiere decir que la memoria o la creatividad se desarrollarían de manera fragmentada, dentro de cada inteligencia por separado.

En cambio, quienes defienden la existencia de una o varias capacidades generales (también llamadas "horizontales" o "transversales") aducen que estas se aplican a todas las situaciones, más allá de que existan o no, aparte, inteligencias múltiples más especializadas. Ejemplos de capacidades generales podrían ser la memoria o la creatividad.

Esta distinción entre inteligencias específicas y capacidades generales no es tan central en pedagogía, si bien posee, desde luego, cierta relevancia. En el ámbito educativo, interesa el entrenamiento de todas o la máxima cantidad posible de capacidades, sin importar tanto si son generales o no. Por eso, la discusión fina entre modularidad y generalidad no nos afecta en demasía, aunque debemos permanecer informados al respecto.

Podríamos pensar, en este sentido, en diversos modelos de inteligencias educativas, según cómo se ubiquen o interpreten las capacidades aparentemente "transversales" u "horizontales".

El listado de inteligencias educativas que se expuso en un comienzo podría ser el modelo "amplio". Todas las capacidades son echadas en la bolsa de las inteligencias con la misma entidad o jerarquía y listo. Problema resuelto. Este modelo destaca por su sencillez y agilidad, así como por permitir la ejercitación focalizada y unificada de las capacidades generales, como la memoria o la creatividad.

La teoría original clásica de las inteligencias múltiples, con las ocho o nueve inteligencias planteadas por Gardner, vendría a ser el modelo "restringido" de inteligencias educativas. La desventaja de este último, si bien es más simple, es que dificulta la ejercitación unificada y sistemática de ciertas capacidades transversales. Estas pasarían a ser entrenadas de forma fragmentada, "dentro" de cada inteligencia.

Cabe imaginar otros modelos posibles, que serían más complejos o sofisticados y que implicarían jerarquizar capacidades, diferenciando entre inteligencias "especializadas" y "generales". Estos modelos serían los "mixtos".

Estudios recientes han puesto en duda algunos aspectos de la perspectiva restringida de las inteligencias múltiples. Se ha afirmado que algunas capacidades parecieran ser, efectivamente, generales, e incluso se ha tildado a la teoría de las inteligencias múltiples de "neuromito" (Visser, Ashton & Vernon, 2006; Waterhouse, 2023). Aunque, por otro lado, estos estudios no han permanecido sin respuesta y dicha teoría, en su formato original, continúa teniendo gran aceptación en el terreno educativo (Shearer & Karanian, 2014).

Quizás el tiempo y los resultados educativos y científicos terminen demostrando que una de estas perspectivas es más eficaz que la otra. O bien que deben alternarse o combinarse según cada situación, contexto u objetivo.

En cualquier caso, existe una corriente cada vez más grande que afirma la importancia de ejercitar ciertas funciones generales o transversales de modo autónomo y unificado, como la creatividad o la memoria (De Bono, [2007] 2015; Chase, Ericsson & Faloon, 1980).

Un posible modelo "mixto" de inteligencias educativas (a mitad de camino entre el amplio y el restringido) podría reconocer capacidades transversales con diverso nivel de profundidad y generalidad. Así, las facultades transversales más profundas, como la creatividad, funcionarían de forma más general y dependiente. Serían aplicables de forma general, pero para expresarse se nutrirían de información previamente procesada por las inteligencias especializadas.

Mednick afirmó que el proceso de pensamiento creativo consiste en la formación de nuevas combinaciones que cumplen con requerimientos específicos o son útiles de algún modo. La habilidad para hacer esas combinaciones y llegar a una solución creativa necesariamente depende de la existencia del "material" para las combinaciones en la base de conocimientos de una persona (1962). Esto significa que la creatividad depende de la materia prima que le brindan la memoria u otras inteligencias especializadas para operar. Si esto fuera así, en términos prácticos, la creatividad adquiriría una jerarquía especial, convirtiéndose en una suerte de inteligencia "profunda" (de aplicación general y dependiente para su expresión de las inteligencias especializadas).

Hoy sabemos que este pensamiento [creativo] y las nuevas ideas que alumbra requiere de un sustrato neuronal diferente al del pensamiento crítico y analítico y que recluta redes neuronales distribuidas en parte por las cortezas temporales de ambos hemisferios cerebrales y en particular en el hemisferio derecho. (Mora, 2013: 99).

Así, podrían existir personas creativas para todo tipo de tareas o gran parte de ellas. "Es claro que algunos individuos han alcanzado habilidades de una clase muy creativa en más de un sentido: el fenómeno de Leonardo" (Gardner, [1983] 2017: 289).

Desde esta perspectiva, las personas creativas focalizadas (es decir, que parecen ser creativas solo en uno o unos pocos asuntos), no se explicarían por la falta de un tipo de creatividad. El motivo de dicha focalización sería el "cuello de botella" que ejercerían, sobre la creatividad, las inteligencias menos desarrolladas que no le suministrarían una adecuada materia prima.

Es decir, una persona altamente creativa, con una inteligencia lingüística desarrollada, podrá crear textos originales porque poseerá mucha materia prima lingüística con la cual hacer trabajar su creatividad. Por el contrario, si no tuviera inteligencia musical, fracasará en componer música original, pero no por falta de creatividad musical, sino porque no tendrá facilidad para percibir y almacenar en su mente los sonidos. Así, le faltará la materia prima musical para hacer trabajar su creatividad.

Como hemos dicho, existen personas creativas generalistas (el "fenómeno Leonardo"). Estas parecen tener una predisposición para la creatividad en todo aquello que hacen. En palabras de Gardner:

Entrevistamos a varios individuos que llegaron a ser compositores de música bastante originales. En cada caso, encontramos que ya desde los 10 u 11 años de edad estos futuros compositores no se satisfacían con sólo interpretar las piezas de música que se les presentaban, sino que ya habían comenzado a experimentar en formas diversas, buscando variaciones que fueran más atrayentes. En otras palabras, como vimos en el caso de Igor Stravinski a una edad todavía más temprana, determinados músicos jóvenes dotados ya estaban componiendo y descomponiendo.

Hasta donde he podido determinar, esta experimentación a una edad temprana no es común entre los individuos que llegan a ser intérpretes superlativos, pero que no componen regularmente. Los individuos no comienzan siendo Menuhins y terminan siendo Mozarts. (Gardner, [1983] 2017: 290).

Guilford y Hoepfner hallaron que los patrones de resultados de los coeficientes intelectuales (CI) y de los datos de la producción divergente o creativa eran triangulares. Es decir, los estudiantes con un CI bajo tenían también un bajo nivel de producción de divergencias creativas, pero los estudiantes con alto CI daban resultados muy variables en la escala de producción divergente (Sternberg & O'Hara, 2005: 116).

Esto fue confirmado por estudios posteriores sobre creatividad, que establecieron, en igual sentido, que "la creatividad está más fuertemente correlacionada con un coeficiente intelectual por debajo de 120, pero solo lo está débilmente o nada por encima de un CI de 120" (Sternberg & O'Hara, 2005: 130-131). Es decir, las personas de bajo CI evidenciaron no ser creativas, pero el hecho de tener un CI alto no implicaba, necesariamente, una alta creatividad.

Esto podría explicarse, o bien porque el CI bajo ejerce de filtro de la materia prima con la que opera la creatividad, o bien porque los tests de creatividad, al ser escritos, formales y lógicos, se veían impactados por el nivel de CI.

Si se tiene en cuenta que los tests de CI incluyen la medición de capacidades lógicas y lingüísticas, y que los tests de pensamiento divergente utilizaron medios lingüísticos y lógicos –esto es, un examen formal escrito–, el resultado anterior podría explicarse. En los estudiantes con un CI bajo, la escasez de capacidades lógicas y lingüísticas habrían ejercido como cuello de botella o bloqueo para la expresión de la creatividad en un test escrito, lógico y formal. Fuesen o no creativos, la prueba de creatividad siempre les daría baja. En cambio, en los estudiantes de CI alto, las diferencias de creatividad pudieron expresarse sin problemas, ya que el hecho de usar un medio de evaluación lógico-lingüístico no los obstaculizó.

¿Es posible que la inteligencia lógico-analítica sea también general? ¿Tendría en ese caso una profundidad equivalente o diferente a la de la creatividad? No se pretende aquí dar respuesta a estos interrogantes, ni mucho menos. Solo se intenta alumbrar un poco la complejidad y el misterio que los sobrevuela.

La otra explicación plausible para los resultados anteriores sería que una baja inteligencia lógico-analítica –en tanto capacidad general medianamente profunda– conllevaría un cuello de botella en el relacionamiento de información, evitando el despliegue de la creatividad en todos los casos (y no solo en el contexto de un test lógico y formal). En cambio, una alta inteligencia lógico-analítica habilitaría el funcionamiento creativo, aunque sin garantizarlo.

Desde estas perspectivas, los creativos generalistas se explicarían por poseer una estructura de inteligencias relativamente repartida (esto es, una buena base de desarrollo de todas o la mayoría de las inteligencias), junto con un fuerte desarrollo de la capacidad creativa general –y, si fuera el caso, de las capacidades horizontales intermedias–.

Una persona altamente creativa, aunque no posea una altísima inteligencia lingüística, podrá hacer trabajar su elevada creatividad mientras su desarrollo lingüístico le sea suficiente para incorporar cierta cantidad significativa de materia prima o información de naturaleza lingüística.

Desde luego, las creaciones más originales y revolucionarias demandan un amplio dominio y experiencia en un determinado campo de pensamiento o acción, y quizás también un muy elevado desarrollo de una o varias inteligencias.

Otro asunto complejo es el de la intuición. ¿Podría considerarse la intuición como una facultad transversal, relativamente general, en un nivel similar al de la creatividad? ¿Deberíamos hablar de una "creación-intuición"? ¿O de dos grandes núcleos del nivel transversal más profundo, uno creativo y otro intuitivo? ¿Se encuentra la intuición, como relación inconsciente, en una posición intermedia entre la relación consciente y la creatividad espontánea y fluida?

Se ha estudiado la intuición como una atención inconsciente que estaría vinculada con la creatividad humana. "La neurociencia actual sabe muy poco acerca de este otro tipo de 'atención cerebral' que muchos individuos 'geniales' utilizan para resolver problemas altamente complejos" (Mora, 2013: 49).

En muchas ocasiones, los grandes descubrimientos han aparecido espontáneamente en las mentes de los científicos, incluso antes de haber tenido tiempo para corroborarlo o plasmarlo en palabras (el famoso "¡Eureka!" o "¡Ajá!"). "El científico competente maneja simultáneamente muchas variables y crea numerosas hipótesis que son evaluadas sucesivamente, y posteriormente aceptadas o rechazadas" (Gardner, [1993] 2015: 33).

La parte sintética de la inteligencia que se aplica en creatividad comprende también tres componentes de adquisición de conocimientos, o procesos utilizados en el aprendizaje. Estos tres procesos, en el contexto de la creatividad, son las bases del pensamiento innovador basado en la iluminación creativa (*insight*). Se denominan codificación selectiva, que implica distinguir la información relevante de la información no significativa; combinación selectiva, que supone combinar elementos de información relevante en modos novedosos; y la comparación selectiva, que implica relacionar la información nueva con vieja información de modos nuevos. Por ejemplo, el modelo atómico de Bohr es un "sistema solar" en miniatura que está basado en una revelación por comparación selectiva, que pone en relación el átomo con el sistema solar. (Sternberg & O'Hara, 2005: 121).

Es posible que la creatividad, o por lo menos un tipo avanzado de ella, posea como base un proceso constante, intuitivo e inconsciente de generación y chequeo de ideas múltiples, de las cuales el cerebro selecciona la mejor o las mejores.

El desarrollo de la intuición podría consistir en la automatización de una parte cada vez mayor de las funciones más superficiales de percepción, memorización y relación. Por su parte, la creatividad implicaría la habilidad, de base intuitiva, para producir combinaciones originales y seleccionar las más aptas.

Desde este enfoque, podría haber intuición elevada sin creatividad, pero no una creatividad elevada sin una buena base de intuición. La creatividad vendría a ser, en cierto modo, una forma avanzada de intuición o una función emergente de una intuición altamente desarrollada.

Asimismo, se han estudiado rasgos de la personalidad que podrían explicar una tendencia a favor de la creatividad. Empero, en relación con esto último, surge el dilema del huevo y la gallina. La explicación más plausible podría ser la inversa: la capacidad creativa podría dar lugar a ciertos rasgos de personalidad.

En cualquier caso, una alternativa puede ser pensar en las inteligencias clásicas estrictas, atravesadas cada una de ellas por facultades u operaciones generales de distinto nivel de profundidad. A mayor profundidad, más generalidad y más dependencia respecto de las inteligencias especializadas.

Cuadro 9. Inteligencias educativas y funciones generales según modelo mixto.

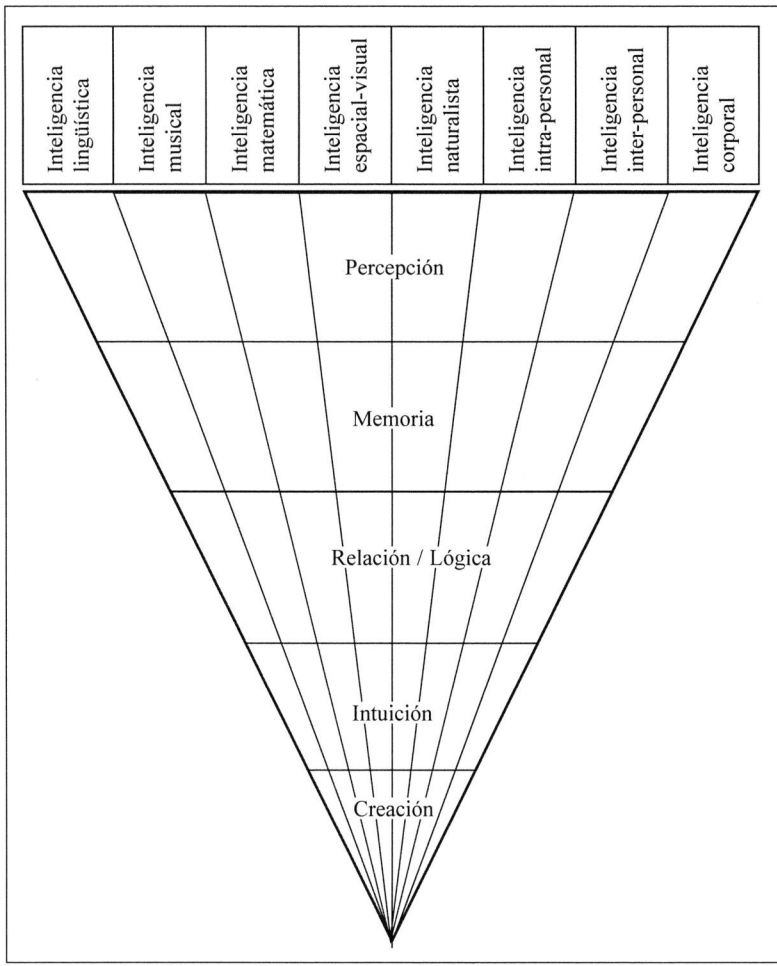

Si esta versión de modelo mixto fuese acertada, existirían ciertas capacidades horizontales relativamente jerarquizadas y estratégicas, como (en orden ascendente de importancia): la inteligencia memorística, la inteligencia lógico-analítica, la inteligencia intuitiva y la inteligencia creativa. Estas serían bastante generales, aunque dependerían en diverso grado, para expresarse, de las inteligencias especializadas. La creatividad tendría máxima dependencia y generalidad. La inteligencia lógico-analítica poseería una generalidad y una dependencia intermedias. Las inteligencias especializadas presentarían nula generalidad y máxima autonomía.

RAFAEL EDUARDO MICHELETTI

No está claro en qué medida la relación y la memoria difieren en profundidad. Seguramente hay cierta interrelación. Sí, en cambio, está más claro que la creatividad es la función más profunda: "Prácticamente en todas las áreas, las capacidades perceptivas y de comprensión de un individuo se desarrollan mucho antes que las capacidades productivas" (Gardner, [1993] 2015: 153).

Surge, entonces, la pregunta: ¿qué implicancia práctica posee el hecho de considerar a la creatividad una "inteligencia general profunda"? Por ejemplo, imaginemos dos personas que poseen un desarrollo intermedio de todas sus inteligencias. Una de ellas tiene una creatividad baja y la otra una alta.

Parecerán, a simple vista, muy disímiles. Una será percibida como mucho más inteligente que la otra, como una suerte de genio, cuando en verdad la estructura de sus inteligencias será casi idéntica. Esto acrecienta el diferencial de la creatividad y la importancia de su entrenamiento sistemático y temprano.

Asimismo, una persona con elevada creatividad, pero bajo desarrollo de todas las demás inteligencias, podrá pasar desapercibida, pues su creatividad no hallará terreno o material para expresarse. Quizás sus constantes creaciones de bajo impacto, incoherentes o erráticas, tiendan a ser caratuladas como una suerte de insensatez, locura o patología, y se vea desalentada en el uso de la creatividad. De hecho, es muy común que la creatividad se defina como la generación de ideas novedosas y "*útiles*". Esto otorgaría una gran importancia a fomentar una buena base de entrenamiento de todas las inteligencias, con foco en las propias fortalezas y en las capacidades generales.

Una persona con una sola inteligencia bien desarrollada, y una creatividad intermedia, podría llegar a destacarse mucho en un área específica. Podría percibirse como más creativo, o creativo de un modo más inteligente y eficaz, que la persona con una capacidad creativa mayor, pero bajo desarrollo de las demás inteligencias.

En un estudio realizado por Wallach y Kogan (1965; 1972), se analizaron estudiantes en cuatro grupos, cubriendo todas las combinaciones posibles: (1) alta creatividad y alto CI; (2) alta creatividad y bajo CI; (3) baja creatividad y alto CI; (4) baja creatividad y bajo CI. Sorprendentemente, los estudiantes con alta creatividad y bajo CI resultaron ser los que menos confianza en sí mismos tenían y los más cautos y dubitativos, con más temor a las presiones externas, todo esto por encima incluso de los alumnos con baja creatividad y bajo CI, que eran más seguros y sociables (Sternberg & O'Hara, 2005: 141-142).

No hay elementos suficientes para emitir un juicio categórico y concluyente entre los modelos de inteligencias educativas analizados (amplio, restringido y mixto). Los expertos no han logrado un pleno acuerdo sobre la estructura de las capacidades cognitivas humanas.

Es posible que ninguno de estos modelos de inteligencias educativas sea del todo correcto y aparezcan otros superadores, o que cada uno tenga sus ventajas según la finalidad y el contexto.

Por lo pronto, desde el ámbito educativo, es preciso utilizar, en cada caso, el modelo que nos sea más útil a los fines de planificar y ejecutar la enseñanza. La evaluación de los resultados educativos será el juez que emitirá el veredicto último, más allá de que debemos estar atentos a los avances de las neurociencias para incorporarlos al modelo educativo en beneficio del aprendizaje.

Entrenamiento emocional

La educación de las emociones o "entrenamiento emocional" busca la modificación del sistema impulsivo con el que está dotado el ser humano.

Esta especie de ejercitación es un gran desafío pendiente en el ámbito escolar. Se precisa de mucha investigación y experiencia para desarrollar cursos emocionales efectivos. Empero, no hay motivo para creer que ello sea imposible. Existen tratamientos psicológicos que se orientan en ese sentido y que podrían adaptarse a la realidad escolar. Y los beneficios serían enormes.

Los efectos no se limitarían al bienestar y la convivencia, sino que también alcanzarían los aprendizajes. Las interacciones y el estado social impactan en los niveles de hormonas y estas inciden en el conocimiento (Jensen, 2000). El aprendizaje está profundamente influido por la naturaleza de las relaciones sociales dentro de las cuales se encuentran las personas (Caine & Caine, 1997).

Al educar los impulsos, las personas tenderán a sentir las emociones más adecuadas y sanas, y poseerán mayor facilidad para gestionarlas. La curiosidad, la capacidad atencional, la disciplina, la cooperación, la perseverancia y la tolerancia a la frustración, son ejemplos de estados o actitudes "escolares" que demandan cualidades emocionales específicas.

Resulta sumamente importante que el docente intente generar curiosidad en sus alumnos. Ahora bien, más allá del esfuerzo de cada profesor, los estudiantes podrían atravesar, en algún punto de su escolaridad, una formación emocional específica. Ella estimularía su curiosidad intelectual y les enseñaría cómo alimentarla y administrarla de forma autónoma.

Un aspecto central del plano emocional es el autoconocimiento. Conocer la propia interioridad, la complejidad mental de uno mismo, con las fortalezas y debilidades, aceptándose y valorándose como uno es, resulta indispensable para el pleno desarrollo emocional y volitivo.

Si bien el plano emocional (en este sentido de educar las emociones, no como mera inteligencia emocional), es diferenciable del plano volitivo, en la práctica puede ser difícil separarlos. ¿Cómo distinguir si se está fortaleciendo la voluntad o apaciguando un impulso problemático?

En muchos casos, cuando se ejercite deliberada y sistemáticamente la volición, se ejercitarán las emociones, y viceversa. El hecho de que sean niveles de máxima profundidad puede hacer que el abordaje sea más indirecto y confundible.

Sin embargo, más allá de cierta yuxtaposición, es admisible una separación teórica fundamental: Si la prioridad fuera ejercitar la decisión a favor del bien común, sin importar las emociones involucradas, se tratará de un curso volitivo. Si el foco estuviera en un impulso específico, sea para apaciguarlo o para fortalecerlo, será un curso emocional.

Cabe pensar que un curso o espacio curricular emocional debería cumplir, por lo general y mínimamente, con las siguientes condiciones:

- Concientización acerca de los diferentes tipos de impulsos humanos (sensaciones, emociones y sentimientos), así como sobre su plasticidad o flexibilidad.
- Exploración y autoconocimiento en relación con el sistema impulsivo o dispositivo emocional personal.
- Identificación de impulsos o emociones sanos o positivos y de aquellos que son insanos, negativos o potencialmente problemáticos.
- Diseño e implementación de estrategias para modelar (apaciguar o fortalecer) impulsos o emociones específicos, con evaluación introspectiva posterior. Se podría incluir aquí la puesta en práctica de estrategias durante un período de tiempo, llevando un registro diario introspectivo a modo de autoevaluación.

Un curso emocional podría tener como objetivo, por ejemplo, aprender a identificar impulsos adictivos o potencialmente adictivos y desarrollar e implementar estrategias para apaciguarlos y aumentar el control sobre ellos. O bien podría enfocarse en identificar y fortalecer impulsos sanos, como el placer por la lectura.

¿Podríamos tener en las escuelas, en alguna instancia o momento de la trayectoria educativa, una materia que se denominara "Apaciguamiento de

Impulsos Adictivos" y otra "Fortalecimiento del Placer por la Lectura"? ¿Es acaso eso muy descabellado?

Entrenamiento volitivo

El entrenamiento volitivo consiste en la ejercitación de la espiritualidad y de la voluntad. Debe tener como base la estimulación de las funciones ejecutivas y de la empatía en conexión con la idea interior de bien común. Esto se logra, principalmente, por medio de los incentivos para actuar bien y la concientización.

Como hemos dicho, más fuerte es el condicionamiento hacia arriba que hacia abajo entre los niveles de profundidad. Por eso, el entrenamiento y estímulo de las funciones ejecutivas es sumamente importante para el aprendizaje.

El recurso atencional es de alta importancia, particularmente en educación, ya que es la primera vía para alcanzar los aprendizajes. De este modo, la atención es el mecanismo de acceso para llevar a cabo cualquier actividad mental, es lo que antecede a la cognición y además funciona como un sistema de filtro que nos permite seleccionar, priorizar y procesar la información. (Portellano & García, 2014). (Arias Silva, 2022: 136-137).

Igual que todos los demás aspectos del cerebro, las funciones ejecutivas pueden entrenarse y mejorarse. "Los circuitos neurales que subyacen a las funciones ejecutivas son supermodificables (plásticos) durante el desarrollo y residen en mayor parte en la corteza prefrontal. En algún sentido, podemos decir que esta corteza nunca termina de modificarse" (Goldin, 2022: 54). "El 'tiempo atencional' para atender las enseñanzas en una clase es también diferente y bastante dependiente del entrenamiento previo" (Mora, 2013: 12).

Las funciones ejecutivas se ejercitan poniéndolas en funcionamiento. Esto es, un ambiente relativa y razonablemente exigente y desafiante ayudará a desarrollar funciones ejecutivas más robustas y eficaces. "Las funciones ejecutivas, al igual que casi todo el sistema nervioso, se desarrollan a medida que las usamos y, entonces, entornos más demandantes generarán un mayor desarrollo" (Goldin, 2022: 56).

Una parte central del entrenamiento ejecutivo es la formación de hábitos. El hábito automatiza conductas que liberan fuerza de voluntad que puede ser usada para hacer lo que uno considera más adecuado. Por ejemplo, si todos los días tiendo mi cama al levantarme, lo haré de forma tan automática que, no solo me llevará menos tiempo, sino que, además, podré hacer otras acciones mientras lo realizo, como anticiparme a las conductas siguientes, planificar el día o simplemente reflexionar sobre algún asunto importante. En cambio, si no lo tengo automatizado, además de llevarme más tiempo, ese tiempo estará completamente consumido por la actividad en cuestión. El costo energético y de tiempo de la actividad se incrementa exponencialmente con la falta de hábito.

En igual sentido, un alumno habituado a estar sentado en silencio mientras el maestro explica, podrá poner a trabajar su voluntad para imaginar, interpretar y analizar lo que dice el enseñante. Por el contrario, si no se encuentra habituado a ello, en el mejor de los casos –si es que lo logra–, toda su voluntad será consumida por el esfuerzo para hacer silencio o quedarse quieto. No le quedará resto para lo demás. "La gran cosa de toda educación es hacer de nuestro sistema nervioso un aliado, no un enemigo. (…). Debemos hacer automático y habitual, desde tan temprano como sea posible, el mayor número de acciones que podamos" (James, [1890] 1989: 100).

Existen estrategias que pueden ayudar a destrabar un hábito negativo para formar uno positivo. Por ejemplo, reflexionar sobre la procrastinación y comprenderla, así como dividir las tareas de largo plazo en unidades pequeñas de corto plazo cuyo cumplimiento genere una satisfacción o un premio explícito (Goldin, 2022: 62-63).

Es posible y crucial entrenar las funciones ejecutivas desde edades tempranas. En relación con la capacidad atencional, se ha expresado:

Se ha visto, por ejemplo, que las redes neuronales sustrato de la atención ejecutiva, aquellas que se activan para el estudio, son de una enorme plasticidad, es decir, capaces de cambiar su funcionamiento neuronal con el entrenamiento y ello puede servir para el tratamiento de ciertos síntomas atencionales de los niños. (…). Estas redes (…) tienen su punto máximo o ventana plástica para ser moldeables en los primeros años del desarrollo, entre las edades de cuatro a siete años. Pasada esa edad son más resistentes al cambio, menos flexibles, como se ha demostrado en niños entre ocho y doce años. Un estudio acaba de mostrar esta plasticidad en niños de cuatro a siete años con solo un entrenamiento específico de cinco días. Se trata de niños normales y sin déficits para la atención en los que, tras el entrenamiento correspondiente, se comprobó una mejora en su capacidad atencional e incluso un aumento de su coeficiente de inteligencia. (…). Los efectos beneficiosos del tratamiento conductual de los niños no solo se han visto en la atención para el estudio, sino en general para los procesos que hemos llamado de atención de orientación (la atención que se requiere para identificar rápidamente una cara entre muchas otras o entre una serie diferente de objetos). Estas redes para la atención de orientación tienen ventanas plásticas diferentes a las de la atención ejecutiva y se forman antes. (Mora, 2013: 48).

En un sentido coincidente, expresa Stanislas Dehaene que determinadas prácticas educativas tempranas pueden mejorar las funciones ejecutivas con un efecto positivo en el coeficiente intelectual. Las opciones son variadas: software educativo, actividades prácticas de la pedagogía Montessori –como caminar sobre una elipse trazada en el suelo sin salirse de la línea–, videojuegos con beneficios atencionales, meditación, aprender a tocar instrumentos musicales, etc.

De hecho, el entrenamiento de la memoria de trabajo y del control ejecutivo produce un ligero aumento de la inteligencia fluida. (…). El CI puede aumentar 20 puntos cuando un niño es adoptado y criado en un entorno estimulante, y el incremento ligado a la educación se sitúa entre 1 y 5 puntos por cada año de educación suplementaria. (…). Los mejores resultados parecen ser los obtenidos por los programas educativos que estimulan el conjunto de habilidades cognitivas que constituyen la memoria de trabajo y la atención ejecutiva en una gran variedad de tareas y contextos. (Dehaene, 2019: 224 y 226).

La trascendencia de ejercitar las funciones ejecutivas de modo temprano, así como el efecto duradero de las primeras experiencias en este sentido, han quedado reflejados en diversos experimentos.

En uno de estos, a un grupo de niños se les dijo que podían agarrar caramelos del montón que se puso a su alcance, pero se les dieron dos posibilidades. Una era que tomaran un caramelo de inmediato. La otra, que si eran pacientes y aguardaban a que volviera el profesor –que saldría de la clase por un rato–, podrían obtener dos caramelos en vez de uno. Unos niños, la mayoría, prefirieron tomar el caramelo de inmediato. Otros, la minoría, aguardaron el regreso del profesor, en cuyo caso obtuvieron los dos caramelos prometidos. "Años más tarde, (…) se encontró que los del grupo que habían escogido la recompensa inmediata (un caramelo) eran más impulsivos y viscerales que los que prefirieron esperar (dos caramelos) y que eran más tranquilos, pensativos y calculadores" (Mora, 2013: 61-62).

Existen otros estudios que refuerzan cuanto acabo de señalar. Por ejemplo, en uno de ellos, que siguió a 1.000 personas desde el nacimiento hasta los 32 años, se mostró que los niños cuyos padres y maestros clasificaron ya entonces de poseer un buen autocontrol, luego resultaron ser los que, en porcentaje, menos abandonaron los estudios en la escuela secundaria. Esto confirma de otra manera lo señalado anteriormente y sería indicativo del valor de estas funciones ejecutivas como instrumento predictivo de un rendimiento académico sostenido. Y, en consecuencia, nos habla de la enorme relevancia que tiene adquirir de modo correcto y desde muy temprano esas funciones complejas que hemos llamado funciones ejecutivas. (…). (Mora, 2013: 61-62).

Todo esto muestra que la enseñanza tradicional, centrada en la información –tanto en su versión memorística como desarrollista informacional– poseía y posee una gran virtud. Impone fuertes presiones a favor de la disciplina y el estudio metódico y, por ende, entrena las funciones ejecutivas. Esto, por el nivel de profundidad en que ellas operan, repercutirá positivamente en todos los demás niveles.

Cuando se le inculca un hábito a un alumno, como por ejemplo formar una fila, esperar o atender en silencio, levantar la mano en silencio, acomodar su banco y silla al retirarse del aula, dirigirse a sus docentes y compañeros con cortesía, etc., no solo se lo acostumbra a conductas positivas para que luego le cueste menos llevarlas a cabo. También se están entrenando mecanismos de autorregulación, planificación, anticipación y capacidad atencional (funciones ejecutivas) que le servirán el día de mañana para estudiar, prestar atención en clase, gestionar, planificar, liderar, crear, etc.

Existe una falsa creencia de que el pensamiento profundo y creativo es incompatible con la disciplina. Algo así como que, si forzamos mucha disciplina, estamos creando ciudadanos más sumisos y menos creativos. Esto es un error. Las neurociencias están demostrando que es exactamente al revés.

La disciplina y los hábitos de trabajo facilitan y fortalecen la creatividad por dos motivos. Primero, la creatividad exige una atención fluida, pero atención al fin. Sin tolerancia al silencio, constancia, esfuerzo, manejo de la ansiedad y capacidad atencional no puede haber pensamiento profundo y creativo. Por otra parte, la disciplina y los hábitos automatizan funciones liberando memoria de trabajo y capacidad atencional para que la persona pueda dedicarse a actividades de mayor nivel de complejidad.

Por ejemplo, si estoy sentado en mi escritorio teniendo que luchar arduamente para quedarme sentado y no levantarme, la energía mental estará dedicada a eso y habrá menos de ella disponible para procesar información y, eventualmente, ser creativo. Por el contrario, si estoy habituado a estar sentado largamente en mi escritorio y lo puedo hacer de forma natural, me será más fácil alcanzar la creatividad. Por eso suele decirse que los niños, además de aprender a jugar, también deben aprender a aburrirse. Esto último los habitúa a la falta de estímulo externo constante y los impulsa a poner en acción la introspección y la imaginación.

Es muy conocida la aversión que Einstein tenía hacia la educación tradicional, en su versión más extrema, por haberla padecido hasta los 15 años. Le comentó a su amigo y biógrafo Philipp Frank que, si los profesores de la escuela primaria le habían parecido sargentos, los de la secundaria Luitpold eran tenientes que empleaban métodos similares a los del ejército prusiano. Siempre se quejó de que había sido una instrucción excesivamente autoritaria, memorística y aburrida (Durán, 2024). Y tenía razón. Pues, era una educación incompleta y mecanicista, por momentos incluso violenta. Pero también es cierto que la disciplina y el aburrimiento, colateralmente, pudieron haber tenido un efecto benéfico en su imaginación, que sin dudas poseía ciertos anclajes innatos.

En relación con la disciplina, entran a jugar, no solo funciones ejecutivas y emocionales, sino también la capacidad volitiva en sentido estricto. El hecho de que las funciones ejecutivas puedan entrenarse abona la idea de que la función volitiva también puede ejercitarse y mejorarse. De hecho, ambas se interrelacionan y superponen.

La sanción nunca debe ser un fin en sí mismo, sino un medio para inculcar buenos hábitos y valores, así como para imponer orden en beneficio de la calidad educativa. Por eso, siempre se debe aplicar la mínima sanción justa y disuasoria (es decir, la menor posible siempre que sea eficaz y contundentemente disuasoria y justa), de manera progresiva según la gravedad y la reincidencia, así como acompañarla en todos los casos con una concientización adecuada.

Es importante que el alumno sancionado sea informado acerca de la conexión entre la regla de conducta o valor moral protegido y el bien común. Así, se evitará caer en un mero entrenamiento de las funciones ejecutivas –de por sí muy importante– y se aprovechará para avanzar en el fomento de la conciencia moral y la capacidad volitiva.

En los casos que lo ameriten, se debe dar la posibilidad de derogar o reducir la sanción a través de una acción reparadora o tarea compensatoria que sea significativa, útil y esforzada. En definitiva, se debe intentar usar el sistema disciplinario para accionar en simultáneo sobre las funciones ejecutivas, la conciencia moral y la empatía, de forma tal de abordar la capacidad volitiva propiamente dicha.

La importancia de que las sanciones sean disuasorias y estén atadas a un disuasor de última instancia tiene que ver, no solo con el entrenamiento volitivo, sino también con la eficacia de la educación. Es indispensable para dotar al docente con autoridad práctica, más allá de la requerida autoridad moral y disciplinar. Concebir al docente como entrenador fortalece su rol como autoridad. Ella es vital para lograr un entrenamiento eficiente. Al igual que las funciones ejecutivas, la capacidad volitiva –en sentido estricto– se ejercita poniéndola en acción. Como expresó Aristóteles: "No adquirimos las virtudes sino después de haberlas previamente practicado" ([Siglo IV aC] 2016: 29). La religión, bien entendida, ha acumulado mucho saber histórico y es experta en estos asuntos:

> Cuanto más se sigan los mandatos de la conciencia, mejores resultados se obtendrán en la acción y, al mismo tiempo, se la escuchará con mayor claridad y en cosas menos evidentes. Quien sigue a esta voz será cada vez más capaz de distinguir el bien del mal, hasta lograr hacerlo en las más insignificantes acciones. Al contrario, quien no haga caso de este tribunal, quien no siga la voz de su conciencia, se verá cada vez más privado de la guía que de ella debería recibir y será cada vez más in-consciente de aquella excelencia que está por encima suyo. (Wechsler, 2020). (Newman, 2010).

Si unimos el principio de plasticidad del cerebro humano con la teoría cuántica de la conciencia, podría conjeturarse que, si hacemos lo correcto, se fortalecen o multiplican las neuronas relacionadas con la conciencia; aque-llas que abren una especie de portal (y comunican nuestra mente o cerebro) con la energía cuántica de nuestra consciencia. Nuestra fuerza de voluntad pasa a tener, entonces, mayor poder relativo dentro de nuestra mente, por lo cual nos volvemos más éticos y libres. Lo correcto nos es más sencillo, menos costoso y más agradable. Aparece un tipo de felicidad profunda y genuina que depende de nuestra sola decisión, y no de circunstancias o fuerzas externas a nosotros.

La plasticidad material del cerebro no alcanza, por si sola, para explicar la espiritualidad. Pues, si solo nos moviéramos por estímulos o impulsos materiales, no podríamos distinguir interiormente el bien del mal según la información en nuestra mente. Nos limitaríamos a elegir el estímulo o impulso más placentero. El hecho de poder influir deliberadamente en la modificación de nuestro propio sistema de impulsos y condicionamientos habla de una metaconciencia o conciencia superior, de tipo espiritual, que nos hace, en última instancia, libres –condicionados, pero libres al fin–. El actuar a conciencia, a diferencia de seguir indefinidamente determinados impulsos, no genera ansiedad ni adicción, sino tranquilidad y plenitud.

Ingresamos aquí, empero, en un terreno muy complejo para la tarea educativa. ¿Cómo favorecer la espiritualidad y fuerza de voluntad de los estudiantes, con miras a que puedan elegir el bien en la mayor cantidad posible de situaciones? ¿Cómo saber si el motivo último del accionar del educando es su idea interior de bien común o un impulso disfrazado de ello? Desde luego, no hay recetas mágicas. Al ser la dimensión volitiva la más profunda, es la más difícil de alcanzar. No podemos acceder a ella de modo simple y directo. Seguramente, tendremos que dar un rodeo y operar en todos los demás niveles de profundidad educativos en simultáneo para abordarla indirectamente, así como aprovechar cada ocasión que se presente para entrenarla de forma relativamente directa.

Este listado de posibles acciones o estrategias para la educación volitiva o espiritual es meramente ilustrativo y no excluyente:

- Concientizar sobre valores morales.
- Concientizar acerca de los puntos de conexión de los contenidos con el bien común, dentro de lo posible y por más indirectos que sean.
- Inculcar criterios de decisión moral y teorías éticas, aplicándolos a situaciones concretas y a dilemas morales complejos.
- Facilitar e incentivar la colaboración y ayuda mutua entre estudiantes siempre que los tiempos y recursos lo permitan. Por ejemplo, por medio de alumnos tutores o figuras similares o a través de campañas o tareas de impacto positivo llevadas a cabo por los alumnos.
- Observar y analizar testimonios reales sobre las consecuencias negativas de acciones o decisiones inmorales y sobre los efectos positivos de conductas éticas.
- Establecer un estándar de exigencia académica que sea sano y razonablemente elevado, para estimular el esfuerzo sostenido.
- Establecer un sistema de disciplina escolar estricto y justo, con un esquema de incentivos eficaz, que internalice buenos hábitos y patrones de conducta. Aquí es importante que haya reglas claras con un sistema ágil de aplicación de sanciones que lo haga fluido y eficaz, para darle verdadera fuerza disuasoria –conforme la teoría de las ventanas rotas (Kelling & Wilson, 1982)–. "No permita que ocurra una excepción hasta que el nuevo hábito esté arraigado (…). Cada caída es como si se nos cayera una bola del cordón que estuviéramos enrollando cuidadosamente; un simple desliz destruye más de lo que muchas vueltas volverán a enredar. (…) Es imperativa la necesidad de tener éxito desde los comienzos" (James, [1890] 1989: 101).
- Incentivar acciones reparadoras y reconciliaciones siempre que sea posible, sin afectar el sistema de incentivos. Por ejemplo, si los antecedentes del alumno lo ameritan, se puede reducir la sanción a cambio de la reparación.

- Realizar experiencias y acciones solidarias, preferentemente vivenciales. "No importa cuán llena de máximas esté nuestra represa, ni lo buenos que puedan ser nuestros sentimientos. Si no aprovechamos las oportunidades concretas de actuar, nuestro carácter seguirá igual" (James, [1890] 1989: 102).

- Terapia conductual y cognitivo-conductual o ejercicios de la voluntad: Si bien no es responsabilidad de la escuela realizar terapias psicológicas, puede ayudar detectando y derivando de forma temprana estudiantes con dificultades emocionales y volitivas. Asimismo, en algunos espacios curriculares, en especial a edades tempranas, podrían implementarse terapias conductuales grupales orientadas, no ya a atender una deficiencia, sino a promover niveles óptimos de las funciones ejecutivas. Los ejercicios de la voluntad, así no tengan un propósito práctico inmediato, pueden, en ocasiones, preparar y predisponer la mente para el esfuerzo y el autocontrol. Desde luego, deben ser ejercicios razonables y no excesivos, preferiblemente pequeños y cotidianos, sostenibles y accesibles, en vez de grandes, pesados e insostenibles. No deben ser vistos como fines en sí mismos, sino, en todo caso, como pequeñas ayudas regulares que facilitan el entrenamiento volitivo. Si pueden estar conectados de manera práctica con el bien común, mucho mejor, para evitar el mecanicismo o hábito irracional. Empero, mientras el esfuerzo se haga con conciencia e intención de entrenar la voluntad para el bien común, y no como un fin en sí mismo, será positivo.

- Registro y análisis introspectivo: El hecho de identificar, registrar y reflexionar sobre la interioridad, las emociones y las decisiones de la vida cotidiana puede ayudar a elevar el nivel de conciencia sobre la propia vida interior, y facilitar la inteligencia emocional y la capacidad volitiva.

- Proceso decisorio-reflexivo guiado: Vinculada o solapada con la estrategia anterior, esta se refiere a ejercicios de práctica y análisis de decisiones, generalmente acompañados de registros introspectivos. Estos buscan que el estudiante reflexione sobre las consecuencias interiores y exteriores y los criterios éticos subyacentes de procesos decisorios enmarcados u orientados por el docente. Podría encargarse al alumno que registre las decisiones con implicancia moral de su vida real a lo largo de un período de tiempo, o bien intentarlo por medio de algún tipo de simulación. Se busca que el aprendiz elabore y aplique su propio criterio interior de bien común y que experimente o analice los efectos interiores y exteriores, así como a corto y a largo plazo, de esas decisiones. Puede ayudar el identificar todos los impulsos intervinientes en cada situación y aclarar si cada uno es racional o irracional, de atracción o de repulsión y si constituye una sensación, una emoción o un sentimiento.

- Oración/meditación: Las neurociencias han empezado a confirmar algunos saberes que la religión bien entendida conoce desde hace miles de años. Las prácticas de oración y meditación pueden disminuir los índices de depresión, estrés y ansiedad (Goldin, 2022: 110). Sea desde una perspectiva más religiosa, a través de la oración, la reflexión teológica y los rituales religiosos, o bien con una mirada más secular, desde las técnicas de meditación, el *mindfulness*, etc., el trabajo sobre la interioridad ayuda a desarrollar la capacidad volitiva o espiritual. Cada familia decidirá si prefiere una formación religiosa o no para sus hijos. Es una cuestión muy íntima. Personalmente, considero que es importante no tener prejuicio respecto de ninguna de las dos opciones y, más allá de cuál se priorice, no negarse dogmáticamente a la otra. Por eso, incluso en las escuelas públicas, las religiones y las organizaciones espirituales seculares deberían tener la posibilidad de ofrecer espacios de educación espiritual optativos. El saber neurocientífico sobre el funcionamiento del cerebro puede ayudar a optimizar estas prácticas de meditación y oración, pero es cierto, también, que en algunas ocasiones métodos más tradicionales, probados y pulidos durante cientos o miles de años, pueden esconder procesos desconocidos o inaccesibles para la ciencia (por lo menos en su estado de desarrollo actual).

- Espacios curriculares volitivos-espirituales: Pareciera positivo que la educación espiritual o volitiva posea espacios curriculares propios. Así, se podrá integrar, potenciar y profundizar todo lo que resulte aplicable de este listado. No importa si estos espacios se denominan, según el contexto, Educación Espiritual, Educación Moral, Educación Religiosa, etc.

Cabría plantear una progresión del desarrollo volitivo, marcada por tres principales etapas, sin descartar fases intermedias ni subprocesos: 1) impulsividad irracional; 2) hábito irracional; y 3) hábito racional. Quizás se podría agregar una cuarta: 4) plenitud espiritual. Esta implicaría un grado tan elevado de capacidad volitiva que casi no habría probabilidad de decisiones inmorales o egoístas, ni siquiera frente a situaciones sorpresivas o imprevistas. En caso de existir, probablemente se encuentre – en el estado de desarrollo actual de la humanidad– reservada para una minoría de ejemplos y referentes espirituales excepcionales.

El igualitarismo facilista entrena poco o nada la voluntad, de manera tal que tiende a mantener al ser humano en su estado más básico e involucionado, que es la impulsividad irracional. La educación autoritaria genera hábitos irracionales, mecánicos, basados en el miedo y en la obediencia acrítica a la autoridad por la autoridad misma. Finalmente, el desarrollismo, al combinar sana exigencia y disciplina estricta con concientización, libre pensamiento y espíritu crítico, apunta al hábito racional. Esto es, una fuerza de voluntad más libre, consciente y orientada al bien común.

En materia de disciplina, igual que en la didáctica, el desarrollismo se muestra como el "justo medio" o posición sabia y equilibrada entre el constructivismo radical igualitarista y el conductismo autoritario.

Hay tres principales diferencias entre el hábito irracional y el hábito racional. Una es que el hábito irracional se fundamenta en sí mismo, mientras que el racional se fundamenta en el bien común. La otra, derivada de la anterior, es que el hábito irracional carece de concientización, mientras que el racional va acompañado o precedido de ella. En tercer lugar, el móvil último del hábito racional es la idea interior de bien común, mientras que el del hábito irracional es un impulso cualquiera (miedo, estatus, etc.).

Si se obliga a un niño a descargar y cargar cajas de un camión todos los días con la amenaza de que si no lo hace sufrirá un castigo, sin mayor explicación, eso será hábito irracional. Por el contrario, si se lo obliga a tender su cama cada mañana al levantarse, incluso aunque se lo amenace con un castigo si no cumple (siempre que no sea desproporcionado), explicándole que adquirir ese hábito entrenará su voluntad y le facilitará la convivencia, mejorando la vida de otros, eso es hábito racional.

El entrenamiento de la voluntad trasciende el fin práctico inmediato de la acción utilizada como medio. Empero, la conexión de la acción con el bien común es lo que hace que se esté entrenando realmente la función volitiva y no una mera función ejecutiva o hábito mecánico. Quizás se pueda acompañar la acción de descargar y cargar cajas con una explicación que la conecte con el bien común, pero seguramente será una conexión más débil o ineficaz y ese tiempo se aprovecharía mejor si la vinculación fuera más fuerte. Por eso, además de la explicación, también importa la razonabilidad de la acción.

El bien común –vale aclarar– incluye el bien propio legítimo como primera responsabilidad, pues no se puede ayudar a otro si primero uno no se ayuda a sí mismo. No es una cuestión egoísta, sino práctica. No es que uno valga más que el resto, sino que cada uno posee más poder sobre sí mismo que sobre los demás y, por ende, mayor responsabilidad. El primer y principal responsable de uno es uno mismo.

En general, es necesario o conveniente estar bien y no ser una carga o problema para hacer el bien. Esto no implica, desde luego, negarse a pedir ayuda cuando uno la necesita. Muchas veces esa es la única manera de resolver un problema. Se trata de que la búsqueda del bien común sea esforzada, no solo física, sino también mentalmente; con consciencia, prudencia, autorregulación emocional, inteligencia y sostenibilidad.

Si se ayuda a la ligera solo para decirse a uno mismo que se ayudó y sentirse bien, no se tratará realmente de entrenamiento volitivo, sino de una impulsividad moderada o camuflada. Todos lo hemos hecho y lo hacemos, pero sería un error creernos genios espirituales por ello.

Es importante enfatizar que, como decía Aristóteles, los impulsos o emociones (él los llamaba "pasiones") no son buenos ni malos en sí mismos. No son inmorales per se. De hecho, no los elegimos, sino que simplemente aparecen, sin que se pueda juzgarnos por experimentarlos. Lo importante es cómo actuamos o qué decidimos ante los impulsos que sentimos.

No existe ni puede existir un manual o receta mágica para la educación volitiva o espiritual. En última instancia, la eficacia de cualquier acción orientada a ello dependerá de la voluntad e intención real con que la haga el estudiante. No será lo mismo si la realiza a conciencia, con el debido compromiso y sentimiento, que si la hace mecánicamente, para cumplir.

Empero, la solución no es desarticular el sistema de incentivos y dar impunidad para hacer lo que el alumno quiera. Es preciso combinar la concientización con el incentivo. Es decir, entrenar la voluntad y el hábito mientras se lo concientiza sobre la conexión de la conducta estimulada con el bien común.

Un grave error del paradigma educativo igualitarista ha sido, justamente, desactivar o derogar el sistema de incentivos con la esperanza de que los alumnos lleguen a hacer el bien por el bien mismo, sin especular con ningún beneficio personal. Sin embargo, el efecto de ello ha sido la inexistencia de un proceso progresivo de entrenamiento de las funciones ejecutivas y de la voluntad, además de crear un marco injusto y anómico que corrompe y degrada las voluntades. Ese es el daño más grave que se le puede propinar a una persona en desarrollo. Pues, el nivel más profundo es el que más irradia hacia los demás, el que más tiempo lleva y el más difícil de revertir.

Por eso, en un contexto de anomia o impunidad, la capacidad volitiva disminuye y la concientización cae en el vacío por quedar desconectada de la realidad. Es percibida como muy distante de las posibilidades interiores reales del educando. En el mejor de los casos, el alumno querrá hacer el bien, pero no hallará en su interior la energía espiritual necesaria para ello.

Finalmente, es posible que caiga en un auto engaño o una auto justificación y desestime las enseñanzas morales que le fueran impartidas.

Es cierto que algunos experimentos o investigaciones han enfatizado que las motivaciones intrínsecas son más eficaces que las extrínsecas (Perkins, [1992] 2001). Empero, sería una equivocación pensar que por eliminar las últimas conseguiremos automáticamente las primeras. Y algunos enfoques más recientes advierten sobre que ambas serían necesarias.

La mayoría de nosotros somos hijos del rigor y funcionamos mejor cuando tenemos un plazo para cumplir una meta: la fecha de entrega de un trabajo, el cierre de notas o el último llamado para rendir un examen. Y, encima, es más probable que cumplamos el objetivo propuesto si esa fecha se acerca en el tiempo. (…). Los especialistas en investigar las funciones ejecutivas plantean que la procrastinación no tiene que ver específicamente con un mal manejo del tiempo sino que, en realidad, es un problema de regulación de las emociones. En particular, consiste en privilegiar la urgencia por mejorar el estado de ánimo a corto plazo por sobre la realización de las tareas previstas a largo plazo. (Goldin, 2022: 60).

Además, es preciso diferenciar entre incentivos generales o "macro" y particulares o "micro". Usualmente, las investigaciones educativas y neuro-científicas tienden a enfocarse en lo micro. Si en una situación particular y en un determinado contexto un docente logra o necesita reemplazar motivaciones extrínsecas por intrínsecas, bienvenido sea. Ahora bien, esto solo puede darse en un marco más amplio que posea incentivos generales eficaces. En los casos en que se erradicaron o debilitaron los incentivos extrínsecos de manera generalizada, a nivel macro, el resultado ha sido calamitoso (Heller Sahlgren, 2015; Micheletti, 2022).

Lo ideal es combinar incentivos intrínsecos y extrínsecos, tanto en lo micro como en lo macro, para asegurar y reforzar el entrenamiento cognitivo, emocional y volitivo de todos los alumnos.

El desarrollo volitivo es un proceso complejo, lento, gradual y progresivo. Debe abordarse de forma permanente y sistemática, desde edades tempranas y desde todos los flancos posibles.

QUINTA PARTE:
REFLEXIONES ADICIONALES

Integralidad profunda

La complejidad cerebral humana es prácticamente inabarcable. Inevitablemente, debe hacerse un recorte o priorizarse determinadas actividades, saberes o competencias sobre otros. Sin embargo, por otro lado, la interconexión y el funcionamiento interdependiente de las diferentes zonas cerebrales obliga a enfatizar la importancia de la educación integral.

Esto conduce a entender la integralidad de la educación en un sentido vertical, además de horizontal. Por eso se alude a una "integralidad profunda". Lo importante es abarcar razonablemente todos los niveles de profundidad educativos, garantizando un mínimo de ejercitación y evaluación en cada uno, así como también en cada componente principal dentro de cada nivel.

Dentro de cada nivel de profundidad, también se debe llevar a cabo un enfoque de integralidad profunda. Esto significa que, en caso de identificarse una jerarquía de los componentes, la prioridad debe ser alcanzar los más profundos o influyentes. Desde luego, el proceso irá de menor a mayor, y es innegable que todos los componentes son importantes porque en algún punto se interrelacionan. Empero, es preciso asegurarse de llegar a abordar los componentes profundos y organizar toda la secuencia para tal fin.

A mero título ejemplificativo e ilustrativo, sin ánimo de exhaustividad, en el nivel informacional podrían mencionarse los conceptos o categorías más complejos, vinculados con el aprendizaje, el autoconocimiento, la teoría de sistemas y la epistemología. En el nivel competencial, cabe aludir a las habilidades de autoaprendizaje, investigación científica, estrategias de pensamiento crítico-creativo y comunicación. En el plano cognitivo, es discutible si algunas inteligencias son más elevadas o gravitantes que otras. Los pedagogos, neurocientíficos y psicólogos no se ponen de acuerdo sobre esto. Quizás las funciones vinculadas con la inteligencia emocional, la imaginación, la abstracción y la creatividad sean buenas candidatas como inteligencias "estratégicas" o "profundas". En el plano emocional, habría que identificar los impulsos prioritarios tanto para controlar o apaciguar como para estimular y retroalimentar. Acaso el amor al ser humano, el apaciguamiento de adicciones, el gusto por la lectura, la curiosidad científica y el placer por crear sean buenos candidatos. Finalmente, en la dimensión volitiva, la prioridad debe ser no quedarse empantanado en las meras funciones ejecutivas y la empatía, sino usarlas como punto de apoyo para llegar a ejercitar la función volitiva.

Una vez asegurada una integralidad profunda, tanto en general (niveles) como en particular (componentes dentro de cada nivel), el recorte podrá realizarse de manera más sencilla, según el perfil de cada institución o el contexto sociocultural, pero a sabiendas de que lo indispensable estará presente y la base estará resguardada. Es decir, el recorte podrá llevarse a cabo con una conciencia mucho más tranquila.

Apuntar a lo profundo permite suponer, también, que se le estarán dando a los estudiantes las herramientas y habilidades que podrán usar en el futuro para rellenar cualquier hueco más superficial que hubiera sido desatendido en su recorrido educativo. No se puede enseñar absolutamente todo, pero sí se pueden brindar las herramientas necesarias para resolver o afrontar, de manera relativamente óptima, todos o la mayor cantidad posible de los desafíos y problemáticas que se le puedan presentar a la persona a lo largo de su vida.

La integralidad profunda también puede plasmarse en que, sin perjudicar su objetivo prioritario, como hemos visto, los docentes aprovechen las oportunidades para operar en todos o la mayor cantidad posible de niveles de profundidad. No debe ser algo obligatorio o dogmático, sino una simple apertura o atención orientada a aprovechar las oportunidades que se presenten en ese sentido –insisto: sin perjudicar la consecución de los objetivos prioritarios y la naturaleza del curso correspondiente–.

Otro costado de la educación integral es la conectividad de los aprendizajes. Esto no siempre será posible, o no de una forma absoluta. Empero, es factible, como objetivo máximo, la construcción de un registro personal que integre todo lo que interese e incumba a un alumno, atado a un incentivo fuerte. Esto haría que todos los aprendizajes se vivieran de otra manera. Es

RAFAEL EDUARDO MICHELETTI

decir, con cierta alerta o atención sobre qué es lo que se puede integrar y qué no al esquema o mapa de intereses y aprendizajes personales.

Por ejemplo, podría pensarse –y quizás nos parezca un tanto utópico– en alguna forma de reservorio personal de saberes y progresos preferenciales de los alumnos. Es decir, más allá de dar cuenta de los contenidos en cada curso o materia, que los estudiantes vayan construyendo su propio mapa integral profundo de experiencias y aprendizajes.

Las enseñanzas relevantes serían agrupadas, jerarquizadas y relacionadas según los intereses, valores, proyectos, vocaciones y fortalezas de los alumnos. Sería una suerte de mega mapa o esquema de la propia educación. Cada selección o desestimación debería estar adecuadamente fundamentada. Al final de cada año o curso, o cada cierta cantidad de tiempo, podría estimularse este tipo de reflexión y, en base a ella, añadirse elementos en el reservorio.

Así, se estimulará un mayor autoconocimiento y un relacionamiento sistémico de los aprendizajes más conectados con el estudiante. Es decir, en función del rol social, laboral y ciudadano proyectado a futuro, de los intereses y la vocación de cada estudiante, se podrían ir seleccionando, anotando y relacionando aprendizajes o desarrollos significativos en los cinco niveles de profundidad educativos. Esto podría incluir saberes claves o interesantes, competencias estratégicas o destacadas, fortalezas y debilidades cognitivas, características emocionales y experiencias volitivas trascendentes.

En una educación basada en la integralidad profunda, la libreta de calificaciones deja de ser una medición parcializada y pasa a ser una evaluación más integral de la persona. El analítico o certificado final de graduación brinda datos de logros y desempeños variados. Indica cultura incorporada, competencias adquiridas, perfiles de inteligencias, logros emocionales y capacidad volitiva demostrada. Este analítico o certificado final pasa a ser una fuente muy rica de información sobre la persona, seguramente no perfecta, pero mucho más perfecta que un analítico puramente informacional o competencial. Es de esperar que esta riqueza informativa de los boletines genere más interés de parte de potenciales empleadores y que ello acabe obrando como un importante incentivo a favor del máximo esfuerzo.

Desde luego, lo anterior exige que los títulos sean auténticos y representativos, que reflejen los aprendizajes o progresos realmente alcanzados. Esto choca con las pretensiones del igualitarismo de títulos y logros idénticos para todos. En virtud de ello, el título final de graduación se convierte en un mero papel vacío, que nada vale porque nada dice sobre los aprendizajes y logros reales.

En síntesis, la integralidad profunda puede entenderse en sentido curricular (abarcar razonablemente la pirámide invertida de espacios curriculares potenciales, tanto en general como en particular), en sentido didáctico (aprovechar las oportunidades razonables para operar en todos los niveles de profundidad en el aula, sin perjudicar los objetivos prioritarios) y en sentido personal (fomentar el registro consciente y el autoconocimiento reflexivo en las cinco dimensiones).

Personalización

El mito de los tipos de aprendizaje

El reconocimiento de la diversidad de mentes ha llevado a la preocupación por ajustar los métodos de enseñanza a las particularidades de cada cerebro. Ahora bien, es un error creer que cada persona aprende de manera diferente en un sentido fundamental, o que el docente debe dictar una clase distinta para cada alumno o tipo de alumno.

La experiencia práctica limita fuertemente la viabilidad de la personalización didáctica. De hecho, una personalización excesiva puede generar efectos nocivos en un sistema educativo masificado.

Un foco exagerado en la personalización es capaz de desactivar el sistema de incentivos y desalentar el esfuerzo, ya que resulta confundible con el facilismo. Asimismo, otro daño colateral puede ser la sobrecarga del docente. Pues, si este debe diseñar e impartir tantas clases en simultáneo como alumnos posee, su trabajo se hace imposible e inhumano, con obvias consecuencias negativas para la calidad educativa.

Si bien es positivo el uso de múltiples puntos de entrada o *inputs* (lectura, audiovisual, visual, exposición docente, etc.), no se puede dar una clase distinta a cada alumno o grupo de alumnos. El uso combinado de inteligencias o sistemas de procesamiento es deseable por la sinergia entre ellos, no porque existan mentes que aprenden diferente de forma esencial.

Los formuladores de políticas educativas a veces se equivocan cuando intentan integrar la teoría de las inteligencias múltiples en las escuelas. Creen erróneamente que los profesores deben agrupar a los estudiantes para recibir instrucción según ocho o nueve puntuaciones de inteligencia diferentes. O luchan con la difícil idea de exigir a los profesores que preparen ocho o nueve puntos de entrada separados para cada lección. (Moran, Kornhaber, & Gardner, 2006).

Podrían darse situaciones en que cambiar la inteligencia usada como "medio" o "acceso" ayude a algún alumno a destrabarse. O, por lo menos, no podemos descartar que ello sea factible. Empero, incluso en ese caso, la tarea no sería sencilla y el resultado no estaría garantizado. Pues, haría falta una traducción inversa posterior, para que la inteligencia usada como medio no termine alterando la naturaleza del contenido.

Por ejemplo, si usamos una inteligencia alternativa para enseñar un contenido matemático:

En tales casos, la vía secundaria –el lenguaje, el modelo espacial o lo que sea– es, como mucho, una metáfora o una traducción. No se trata de matemáticas, en sí mismas. Y en algún momento, el alumno debe hacer la traducción inversa al terreno de las matemáticas. Sin esta traducción, lo que se ha aprendido tiende a permanecer en un nivel relativamente superficial (…). En segundo lugar, la ruta alternativa no está garantizada. No existe un motivo necesario por el que un problema deba ser traducible a un problema metafórico en otro terreno. Los buenos profesores encuentran estas traducciones con relativa frecuencia; pero a medida que el aprendizaje se hace más complejo, la posibilidad de que exista una buena traducción disminuye. (Gardner, [1993] 2015: 47).

Es preciso tener presente que diversos estudios han identificado como neuromito la idea de adaptar la clase según el "estilo de aprendizaje"[12] de los estudiantes. "Idea sobre la que se ha demostrado no tener ningún efecto en el rendimiento académico" (Barraza & Leiva, 2018: 19). Debe maximizarse la prudencia a este respecto y, en caso de duda, atenerse a lo práctico y comprobado, velando por un desarrollo integral.

Sin duda, existe una localización con respecto a funciones cerebrales y hay áreas concretas que desempeñan un rol decisivo en el procesamiento motor, auditivo y visual; sin embargo, estas áreas están altamente interconectadas por medio de fibras o cableados neuronales que no trabajan de manera aislada (Geake, 2007). (…). El pensamiento involucra una interconectividad coordinada entre ambos hemisferios, por lo tanto, es errado pensar que el aprendizaje ocurre mediante el procesamiento de información localizado en un área en particular del cerebro. (Arias Silva, 2022: 143).

Puede suceder que un estudiante tenga más habilidad para las matemáticas que para la música, y que otro, a la inversa, se lleve mejor con la

---

12. Relativo a las clasificaciones de alumnos del tipo visual-auditivo-kinestésico o teórico-pragmático-reflexivo-activo.

música que con las matemáticas. Pero esto no quiere decir que se les deba enseñar de modo esencialmente diferente cada una de esas materias ni que se les deba dejar de inculcar aquello que le genera dificultad dentro de un entrenamiento básico general.

No existe prueba alguna que demuestre que algunos niños son más visuales y otros más auditivos o más táctiles. (…). Algunas estrategias funcionan mejor que otras –por ejemplo, resulta más fácil memorizar una imagen que una palabra–, pero esto es así para todos los niños. (…). Hasta donde sabemos, todos los seres humanos compartimos el mismo algoritmo de aprendizaje. (…). Todos aprendemos esos hechos, contenidos o metáforas con la misma maquinaria básica: una que prefiere la atención concentrada en vez de la doble tarea, el compromiso activo en vez de la lectura pasiva, la corrección detallada de errores en vez del elogio falso, y también la enseñanza explícita antes que el constructivismo o el aprendizaje por descubrimiento. (Dehaene, 2019: 244-245).

La personalización como diversificación

La personalización no debe entenderse como enseñarle a cada uno lo que puede o quiere dar, ni como dejar que cada uno aprenda "a su manera" o como dictar múltiples clases distintas en simultáneo. Más bien implica diversificar el sistema educativo para que todas las mentes puedan encontrar sus fortalezas y apoyarse en ellas.

Es decir, los estudiantes deben vivenciar y experimentar todos los tipos de inteligencias y capacidades, detectar y reconocer fortalezas y debilidades, e ir especializándose a edades más avanzadas, en la medida de lo posible, en las áreas vinculadas con su vocación, intereses y talentos.

Para ser genuina y razonable, la personalización debe basarse, fundamentalmente, en los siguientes pilares de "diversificación":

- *Diversificación didáctica:* Uso de materiales enriquecidos o multimodales y medios de transmisión diversos. Por ejemplo, mezclar lo auditivo, textual y visual durante la transmisión.
- *Diversificación de técnicas de estudio:* Enseñar una multiplicidad de medios y estrategias para incorporar contenidos, así como su uso combinado y complementario.
- *Diversificación curricular:* Para que en las diferentes materias los estudiantes experimenten y sean evaluados según distintos niveles de profundidad y habilidades, detectando sus fortalezas y debilidades.

- *Diversificación vocacional:* Consideración de los intereses y fortalezas de los estudiantes. Esto es, la posibilidad de los alumnos de orientar parcialmente su educación según sus inquietudes (por ejemplo, que exista un porcentaje de materias optativas y/o que al interior de algunos espacios curriculares tengan libertad para investigar temas o problemas de su interés).
- *Diversificación institucional:* Las instituciones educativas no deben ser todas iguales. Debe haber una diversidad de perfiles y enfoques institucionales para que cada familia y alumno pueda encontrar la que le siente mejor. Esto es más importante, lógicamente, a edades más avanzadas.

Espacios optativos

En un diseño curricular bien hecho, todos los cerebros encontrarán momentos o espacios para destacarse relativamente, en mayor o menor medida, de acuerdo con sus esfuerzos y talentos, y así descubrir sus fortalezas. A medida que el alumno avance de año, pasará de una mayor generalidad e integralidad a una creciente especialización, guiada esta, idealmente, por sus propios intereses y habilidades.

La posibilidad de explorar y realizar investigaciones crecientemente sofisticadas, en áreas o temas de su propia elección, hace a la personalización. Las materias optativas, idealmente, deben involucrar tanto lo informacional como lo competencial y lo cognitivo.

Como principio general, no es adecuada la especialización temprana –o no por lo menos en un sentido profundo. Se necesita una buena base de experiencia y entrenamiento de todos los saberes y funciones del cerebro para garantizar su pleno desarrollo y una especialización oportuna. "La enseñanza en los primeros años debe ser global, de equilibrio de todas las potencialidades de un niño que se presentan en grados diferentes, como, de hecho, se hace en la actualidad" (Mora, 2013: 74).

En algunos casos, se ha sugerido cierta especialización leve temprana al efecto de brindar la experiencia del dominio de una tarea y empezar a perfilar una vocación o búsqueda de ella (Gardner, [1993] 2015: 212-216). Podría darse cierta elección limitada, cuidadosa y temporal, que realicen los padres asesorados por la escuela y escuchando a su hijo, para buscar una estimulación temprana más elevada de las fortalezas.

Se ha expresado, en relación con una escuela basada en las inteligencias múltiples: "Cuando un alumno llega al tercer grado, se reúne, junto con sus padres, con un miembro del equipo de evaluación para revisar la variedad de potenciales y de preferencias que ha mostrado hasta entonces" (Gardner, [1993] 2015: 90). En este sentido, el objetivo de la especialización temprana parcial o limitada podría ser aprovechar una ventana de oportunidad cuando existe una notoria predisposición o inclinación innata a favor de determinada inteligencia o capacidad. Empero, esto no se encuentra del todo comprobado y ello no quita la regla de que el entrenamiento debe tener una buena base general y, luego, poco a poco, en la medida de lo posible, ir dándole más espacio a la especialización.

Clases enriquecidas o multimodales

En la medida de lo posible, es conveniente que el docente utilice materiales o recursos multimodales. Esto es, que combinen expresiones lingüísticas, visuales, auditivas o audiovisuales. Esto ayuda a una mejor retención. En casos puntuales en que sea práctico y útil por las características de la clase, quizás se puedan usar, como propone Gardner, medios más diversos, basados en las inteligencias múltiples: musicales, cinestésicos, matemáticos, etc.

No es cuestión de complicar demasiado las cosas, sino de atenerse a lo práctico. En general, combinar medios lingüísticos, auditivos y visuales suele ser eficaz y suficiente. Por ejemplo, para enseñar un tema, un educador podría hacer una breve introducción hablada, dar un material de lectura con un enlace a un video tutorial y brindar un esquema visual general sobre el asunto. Desde luego, esto sin contar las accesibilidades especiales por discapacidad, que idealmente debieran estar incluidas en los materiales o, en su defecto, ser añadidas cuando resulte necesario.

Los textos multimodales son un camino eficaz para la personalización y, especialmente, para la estimulación plena de la capacidad cognitiva en el marco de un sistema masificado. Existen estudios de neuroimagen que confirman que los alumnos que utilizan estrategias múltiples para la memorización, como la verbal y la visual, poseen un mejor desempeño (Howard-Jones, 2011). Esto comprobaría que la ventaja de la transmisión multimodal no se debe a diferentes tipos de aprendizaje, sino al uso combinado de diversos sectores de la mente.

El uso de la tecnología –como por ejemplo las plataformas de enseñanza especializadas– puede ayudar a incrementar la diversificación didáctica o multimodalidad. Estas plataformas, especialmente diseñadas para el autoaprendizaje, pueden, además, servir para liberarle tiempo al docente y permitirle asignar más tiempo a los estudiantes con dificultades. Los alumnos con facilidad avanzarían de manera más rápida y autónoma, mientras que, quienes presentaran problemas, se beneficiarían con una mayor atención del maestro.[13] No es cuestión de caer en el fanatismo por la tecnología ni de pensar que las plataformas pueden sustituir al docente, pero, bien aplicadas, colaboran con la eficiencia del proceso educativo y potencian la tarea del educador.

Ventanas de oportunidad y de riesgo

Las neurociencias han detectado "ventanas de oportunidad" neurológicas. Esto quiere decir que hay zonas del cerebro que, en determinado momento de nuestro desarrollo, presentan una mayor plasticidad –es decir, mayor predisposición o facilidad para expandirse o modificarse–. Si no lo hacen en ese momento, luego no podrán hacerlo de la misma manera. Tendrán siempre un techo o límite más bajo para su despliegue. La persona en cuestión presentará secuelas que podrá aminorar con esfuerzo, pero no desterrar completamente.

Hoy comenzamos a saber que estas ventanas plásticas o periodos críticos, en los que el medio específico que rodea al individuo debe estar necesariamente presente, son absolutamente fundamentales para el desarrollo de muchas funciones del cerebro, como el habla, la visión, la emoción, las habilidades para la música o las matemáticas, el aprendizaje de una segunda lengua o, en general, los procesos cognitivos (conocimiento y razonamiento). Incluso empezamos a conocer que existen periodos críticos diferentes para la formación de los subsistemas o componentes de esas funciones plásticas que acabamos de mencionar. (Mora, 2013: 20-21).

Por ejemplo, durante unos meses después del nacimiento, permanece abierta la ventana del aprecio de la música. Pasado este período, sin embargo, solo somos sensibles "principalmente" (no exclusivamente) a los ritmos con los que ya hayamos tenido contacto (Howard-Jones, 2011: 45).

En el caso del vocabulario, las áreas del lenguaje presentes en el cerebro se vuelven más activas aproximadamente al año y medio. Un niño de esa edad puede aprender más de diez palabras por día, llegando a poseer un vocabulario de 2.500 a 3.000 palabras a los cinco años.

Si bien los avances científicos van modificando los saberes acerca de las ventanas de oportunidad, los principales se pueden sintetizar de la siguiente manera, tomando un gráfico de David A. Sousa:

---

13. Sobre este asunto se puede ver, por ejemplo: <https://www.modernclassrooms.org/>.

Cuadro 10. Ventanas de oportunidad en el desarrollo cognitivo (Sousa, 2014).

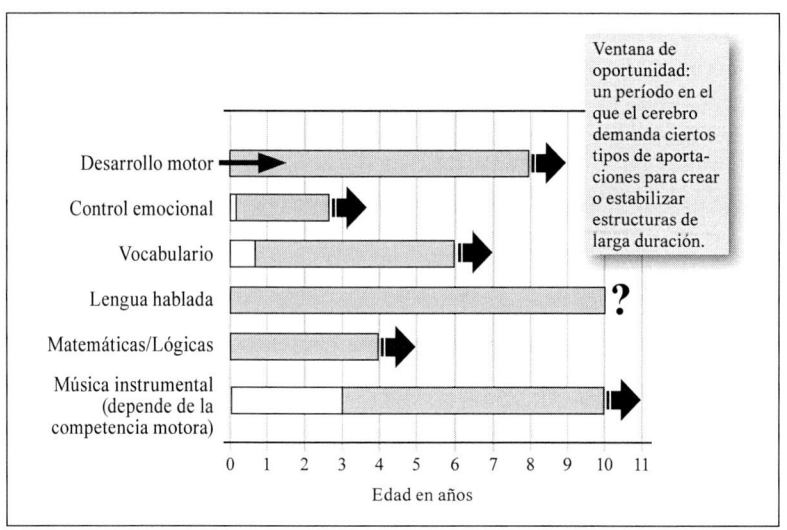

Los bebés cuyos padres hablan más con ellos tienen un vocabulario más amplio. Es importante, además, que usen las nuevas palabras en un contexto en el que demuestren que saben su significado. Los niños que conocen el significado de la mayoría de las palabras de su vocabulario tendrán más posibilidades de aprender a leer de forma rápida y sencilla. La ventana de oportunidad del lenguaje hablado se estrecha a los 5 años y vuelve a hacerlo a alrededor de los 10 a 12. Pasada esa edad, aprender cualquier lengua se vuelve más arduo, aunque no imposible, desde luego (Sousa, 2014: 33). Un niño que nunca oyó hablar a sus semejantes previo a los siete u ocho años, jamás podrá hacerlo después –o lo hará con enormes dificultades y limitaciones– (Mora, 2013: 21).

De estas ventanas que estamos considerando hay un área del cerebro, la corteza prefrontal, que sufre un retraso de maduración considerable. Esta área del cerebro está implicada nada menos que en todo aquello que consideramos más humano, desde la ética, la moral, el razonamiento o la propia responsabilidad social, el control de las emociones y la impulsividad hasta la toma de decisiones y la planificación responsable del futuro de la propia vida del individuo. Esta parte del cerebro de la que hablamos, de hecho, no termina de madurar hasta los 25-27 años, que es cuando ya han aparecido ciertos neurotransmisores y cuando se han terminado de aislar con mielina los axones de las neuronas. (*Ídem*: 22).

Este retraso en la maduración de la corteza prefrontal –encargada de las funciones ejecutivas– genera lo que podríamos denominar una gran "ventana de riesgo". Por eso, previo a su desarrollo, estímulos demasiado fuertes y reiterados tienen mayor probabilidad de generar conductas insanas como adicciones, patrones ansiosos, malos hábitos, etc. Y ello podría traer secuelas para toda la vida.

Por ese motivo, es bueno demorar hasta edades más cercanas a la adultez –o, en su defecto, regular y suavizar– el acceso a estímulos fuertes de difícil control, como el alcohol, las drogas, la sexualidad o, como veremos más adelante, cada vez se acepta más que es el caso, también, de los juegos electrónicos adictivos, las redes sociales y los dispositivos móviles.

En algunos aspectos, al contrario de lo que diría el sentido común, esto se agrava durante la adolescencia. Pues, en dicha fase hay un particular desfasaje entre las funciones cognitivas, emocionales y ejecutivas. Hay un fuerte salto en materia de deseo y cognición, pero sin que se hayan desarrollado la autorregulación y el control ejecutivo.

Los estudios con neuroimágenes de los últimos años han revelado que la adolescencia constituye un periodo en el que se produce una extraordinaria reorganización cerebral, tanto a nivel funcional como estructural, comparable a la que acontece en los tres primeros años de vida. Y es esta gran plasticidad cerebral la que hace que la adolescencia sea un periodo de grandes oportunidades, pero también de grandes riesgos. Así, por ejemplo, el adolescente puede progresar rápidamente en su desarrollo cognitivo, emocional y social, pero también es más vulnerable a conductas de riesgo o a trastornos psicológicos. (…).

En la actualidad, se cree que lo más determinante para explicar la conducta típica del adolescente no es únicamente el desarrollo tardío de las funciones ejecutivas (…), o los cambios drásticos que experimenta el sistema límbico durante la pubertad estimulado por las hormonas, sino el desfase temporal entre ambos procesos. (…).

La mayor sensibilidad de regiones subcorticales (…) animan al joven a explorar nuevos ambientes, asumir riesgos o alejarse del entorno familiar (…). Pero la falta de desarrollo de la corteza prefrontal explicaría su mayor dificultad para controlarse, entender a los demás o percibir esos mensajes tan importantes en las interacciones sociales. (…). El adolescente emplea de la misma forma que el adulto las estrategias cognitivas básicas, pero le falta desarrollar la capacidad para interpretar las acciones ajenas, lo cual es imprescindible para navegar con rumbo en el océano de las relaciones sociales. (Guillén, 2017).

La idea de autorregulación como método educativo –generalmente promovida por el igualitarismo– es un grave error conceptual. Puede y debe ser el objetivo final de la educación, pero no el método. Para llegar a eso hay que atravesar un proceso de entrenamiento que, por definición, exige autoridad y disciplina, no autorregulación.

La forma de llegar a la autorregulación es ejercitar la voluntad y la conciencia. Si se apuesta por la autorregulación antes de que ello se encuentre consolidado, el resultado tiende a ser la adquisición de patrones de conducta nocivos o problemáticos. Por ejemplo, darle un celular a un niño o preadolescente no generará autorregulación, sino ansiedad, adicción, déficit atencional, etc. Por el contrario, si uno lo acostumbra y le genera el hábito de poder estar tiempos prolongados sin celular, en la adultez, consolidadas las funciones ejecutivas, será más sencilla y probable la autorregulación.

Por este mismo motivo, es también un grave error el programa de la ideología de género de la extrema izquierda. Este consiste, simplificadamente y a grandes rasgos, en la idea de exponer a los educandos al contenido y las vivencias sexuales de forma temprana, para que puedan elegir y definir su orientación sexual con libertad. En ocasiones, se ha caído en una lisa y llana promoción de la promiscuidad sexual, que no tiene nada que ver con la educación sexual propiamente dicha.

Esto supone múltiples riesgos relacionados con la falta de madurez para procesar los impulsos y las emociones sexuales o de pareja. Es decir, el resultado será un aumento de la probabilidad de desarrollo de hábitos o patrones nocivos, como por ejemplo adicción a la pornografía, traumas o trastornos psicológicos o emocionales, vínculos tóxicos, etc., además del riesgo de embarazos no deseados y enfermedades de transmisión sexual. Lo correcto sería informar y concientizar sin exponer a contenido o vivencias sexuales prematuras. Es lo que muchos padres organizados han empezado a denunciar como "sexualización de los niños".

La realidad muestra que el desarrollo cerebral es progresivo, diversificado y complejo. Combina procesos inconscientes y conscientes. Por ende, no corresponde tratar al niño como si fuera un adulto. Esto se ha hecho también en el plano de la alfabetización, con resultados muy negativos.

Los métodos constructivistas o anti fonológicos de alfabetización, que se han puesto de moda en las últimas décadas, están inspirados en postulados político-ideológicos más que en estudios científicos. Enarbolan el dogma anti empírico de que, aprendiendo la lectoescritura de forma autónoma y absorbiéndola del entorno, se generaría una supuesta mayor igualdad o un espíritu más libre. Ese es uno de los motivos por los cuales acaecieron descensos

RAFAEL EDUARDO MICHELETTI

de aprendizaje tan severos y permanentes, acrecentándose la desigualdad. El daño que se ha hecho, inspirándose en el paradigma igualitarista, es, no solo cultural, sino también biológico.

La simple exposición a las palabras escritas entra en vía muerta si no se explica a las niñas y los niños la presencia de las letras. Son pocos los pequeños que logran por sí solos correlacionar el código escrito con el oral. (…). Descubrir sin ayuda el principio alfabético sería una tarea desmesurada si el docente no se tomara el trabajo de seleccionar con cuidado ejemplos, palabras sencillas o letras aisladas que la simplifiquen. (Dehaene, 2019: 242).

El cerebro humano no está preparado evolutivamente para el lenguaje escrito. Por eso, necesita de una enseñanza explícita y anti intuitiva para desarrollarlo. Se requiere de un arduo e incómodo entrenamiento para que un sector de nuestro órgano pensante se reconvierta y se vuelva propicio para la alfabetización.

Si bien no hay pleno consenso ni es una ley rígida y uniforme, en el ámbito neurocientífico se habla de que se precisan, como mínimo y sin dificultades especiales, unas aproximadas seis horas semanales de practica de lectoescritura durante los primeros años de escolarización. También se afirma que los errores de ortografía deben corregirse desde el primer momento y no esperar a edades más avanzadas, cuando ya están internalizados y es más difícil rectificarlos.

La repetición sostenida y el afianzamiento, incluso memorístico, ayudan a la automatización de funciones. Por ende, las prácticas tradicionales fonológicas, estructuradas y repetitivas, para enseñar a leer y escribir, resultan más eficaces. Pues, si la lectura se automatiza, la parte consciente del cerebro se libera para prestar atención al significado de las letras en vez de a las letras mismas. "Una vez que la lectura se vuelve automática, el cerebro puede dedicar los valiosos y escasos recursos de la memoria de trabajo y la atención a comprender el significado de un texto, la verosimilitud del argumento, su relación con otros textos y conceptos, etc." (Goldin, 2022: 121). Y se pueden mencionar otros ejemplos fuera de la lectoescritura: "Guardar el contenido de las tablas de multiplicar en la memoria de largo plazo permitirá resolver ecuaciones más complejas. En todas las áreas existen ciertos procedimientos que se utilizan una y otra vez. Esos procedimientos deben aprenderse hasta el punto de automatizarse" (*ídem*: 122).

Las intenciones de imponer cambios en el lenguaje de arriba hacia abajo y sin sentido práctico, como el llamado "lenguaje inclusivo", están destinadas al fracaso –o por lo menos a ser negativas–. El idioma es algo dinámico, pero evoluciona de abajo hacia arriba, con usos afianzados que se consolidan y se automatizan. Imponer cambios no prácticos, de arriba hacia abajo, debilita el consenso lingüístico, fragmenta el idioma y dificulta su consolidación. El resultado es negativo, no solo para la capacidad de expresión, sino también para la de pensamiento. Más energía mental puesta en el idioma implica menos de ella asignada a su significado.

En definitiva, no es aconsejable jugar con nuestro cerebro. Su enorme complejidad exige, al mismo tiempo, optimismo y prudencia. No se pueden alterar las prácticas de enseñanza a la ligera, sin bases científicas sólidas, pero podemos ser optimistas en el sentido de que, si aprovechamos las ventanas de oportunidad y eludimos las de riesgo, el cerebro humano puede lograr hazañas maravillosas.

Autoestima

La diversidad y complejidad del cerebro humano refuerza la idea de que cada persona es única e irrepetible. "Con aproximadamente 100 mil millones de células nerviosas llamadas neuronas, el cerebro va armando una red de conexiones desde la etapa prenatal y conformando un 'cableado' único en cada ser humano, donde las experiencias juegan un rol fundamental" (Campos, 2010: 6).

Esta realidad conlleva un mensaje de valorización de cada individuo. El solo hecho de ser consciente dota al ser humano de dignidad y valor intrínseco. Sin embargo, más allá de eso, cada cerebro posee una conformación única que se adapta mejor a determinadas situaciones o funciones. Por lo tanto, desde esta perspectiva, aunque a algunos les cueste más descubrirla que a otros, todos tenemos una vocación; es decir, un llamado, alguna actividad o rol para el cual fuimos creados y al que nuestro cerebro se adapta mejor que casi todas o la mayoría de las demás mentes del mundo.

Si a lo anterior le sumamos la plasticidad cerebral y la posibilidad de entrenar y mejorar nuestra mente, el aporte a la autoestima es mayor.

Lo que ha demostrado la investigación reciente, casi en forma incontrovertible, es que independientemente de las diferencias que puedan aparecer al principio, la intervención oportuna, junto con el adiestramiento consistente, pueden tener un papel decisivo para determinar el nivel final de desempeño del individuo. (Gardner, [1983] 2017: 314-315).

Lejos de nacer predestinados a ciertas actividades, podemos formar y descubrir, en simultáneo, nuestra vocación. Como vimos, la diversidad, complejidad y plasticidad del cerebro humano nos indican que, además de ser únicos, nuestros cerebros son perfectibles y mejorables a partir del esfuerzo y la experiencia.

La neurociencia ofrece evidencias de cómo se adapta el cerebro a las exigencias de una formación amplia. "En contraste con las ideas de la biología como destino, la neurociencia hace más hincapié en la práctica y la experiencia que en el talento natural" (Howard-Jones, 2011: 45). Incluso se ha descubierto que la voluntad, el esfuerzo y las experiencias, dentro de ciertos límites, hasta pueden influenciar los genes por medio de su activación o desactivación (Sousa, 2014: 32-33).

Por todo esto, resulta crucial enseñar psicología y neurociencias en las escuelas. Esta perspectiva también jerarquiza y valoriza fuertemente el autoconocimiento. Entender la complejidad y riqueza mental propia es un recurso vital para el desarrollo personal y para la felicidad.

Lo anterior esconde un mensaje profundamente democrático. La distribución del poder, la división de poderes y las elecciones libres son esenciales para aprovechar al máximo el aporte único y peculiar que cada individuo puede hacer al debate público y a la sociedad. A mayor distribución del poder, mayor es la complejidad procesable por el sistema de decisión.

El arte de la sana exigencia

A mediados de la década del 60, el investigador Robert Rosenthal realizó un famoso experimento por el cual se les dijo a un grupo de docentes que ciertos alumnos tenían un coeficiente intelectual muy superior al de otros. El dato era falso, pero, luego de un período de tiempo de enseñanza con esa creencia, los supuestamente mejor dotados presentaron resultados muy superiores a los de aquellos que, teóricamente, poseían un coeficiente bajo (Perkins, [1992] 2001: 46).

Esto quiere decir que el maestro debe confiar en el potencial de mejora de su aprendiz, transmitirle confianza, pero también exigirle sanamente y convencerse de que puede mejorar. Quien más espera de otro, más exige y, quien más exige, más obtiene.

No es cuestión tampoco de etiquetarlos como "muy inteligentes", porque eso les pondría una presión innecesaria. Las etiquetas no sirven de mucho. Y suelen limitar, encasillar, condicionar y presionar de modos contraproducentes. Por eso, es bueno evitarlas. Siempre se puede hablar en concreto y en particular. Por ejemplo, "en este caso tuviste un desempeño tal" en vez de "eres" tal cosa. Es preciso transmitir que todos son inteligentes, cada uno a su manera, con fortalezas y debilidades, y que con esfuerzo y constancia pueden mejorar, desarrollar sus inteligencias y mover el umbral de su capacidad. En esta línea, la profesora rosarina María Cristina Gómez, reconocida como una de las 50 mejores docentes del mundo en 2019, expresó:

> Mis alumnos fueron expuestos a programas de alto rendimiento, algo que la gente generalmente no valora, o piensa que los chicos no van a poder acceder porque son de condición vulnerable. Es como que hay un prejuicio, ¿no? Si sos pobre, a lo mejor parece que no fueras inteligente. Y en realidad, gracias a Dios, el talento está repartido en todos lados. (…). Afortunadamente, todos esos alumnos de Villa Manuelita, de La Tablada, que pasaron por esos programas, hoy tienen una vida diferente. Cambiaron la suya y la de su familia. (Moreno Condis and Brothers, 2021)

En otras palabras: hay que exigir lo máximo que se pueda, dentro de límites razonables, y confiar en que los aprendices progresarán si se esfuerzan. No importa el éxito o fracaso del resultado final. La sana exigencia habrá sido entrenadora. Ese es el verdadero éxito.

Desde luego, se deben aceptar las limitaciones de la edad. El equilibrio está en el entrenamiento desarrollista. En caso de duda, se debe priorizar la estimulación temprana. En las edades más bajas, el cerebro tiende a ser más flexible. Sin embargo, es preciso tener cuidado con la sobre estimulación.

En ocasiones, la elevada plasticidad cerebral de los más pequeños les permite simular habilidades muy desarrolladas o alcanzar progresos extraordinarios no sostenibles, que luego desaparecen. Y esto puede provocar problemas de frustración, autoestima, etc. O también puede suceder que un entrenamiento muy intenso y focalizado, en edades inferiores, posea un costo respecto de otras habilidades (incluso antes de que el perfil de inteligencias del niño se exprese plenamente y sepamos cuáles son realmente sus fortalezas).[14] Por eso, la estimulación temprana, dentro de cánones espontáneos y naturales, es positiva, pero la sobre estimulación no es recomendable.

Es decir, es bueno preocuparse porque el niño reciba una estimulación razonable y sostenida en la mayor variedad de inteligencias y aspectos, pero no es adecuado desesperarse ni obsesionarse con pretender "fabricar un genio". Eso sería inhumano. La inteligencia del niño debe tener estímulos y oportunidades de desarrollo variados, pero también debe poder seguir cierto

---

14. Se puede tener en cuenta, al respecto, la crítica que Howard Gardner le realiza al método Suzuki para la enseñanza prematura de la música. Dicho cuestionamiento incluye el hecho de basarse mucho en la imitación y no estimular adecuadamente otras inteligencias, lo que daría como resultado que un porcentaje bajo de los aprendices muestran inclinación por componer (Gardner, [1983] 2017: 367).

cauce natural y espontáneo, dentro de los límites, incentivos y condiciones fijados por los adultos.

Por ejemplo, se ha calificado como neuromito la idea de que en los primeros años de vida se debe "inundar" o "bombardear" el cerebro con datos, vocabulario, hechos históricos, etc., para aprovechar su mayor plasticidad. "Aprender bien en esos primeros años requiere de un instrumento básico que se resume en la espontaneidad, el placer, el juego entre lo motor sencillo y lo sensorial directo y asequible" (Mora, 2013: 72).

En este sentido, las neurociencias son un recurso fundamental para la educación. Ellas pueden ayudarnos a los educadores a conocer hasta dónde es sano llevar la exigencia y la estimulación según la edad y la habilidad en cuestión. De todas maneras, la sana exigencia es, en última instancia, un arte difícil de poner en palabras. Debe ser la máxima posible siempre que no ocasione perjuicio o daño alguno.

De hecho, la intervención temprana y oportuna puede ayudar a prevenir o suavizar, incluso, problemas de aprendizaje variados.

Cada vez está más claro que es durante los primeros seis a doce meses de vida del niño cuando ya es posible detectar muchas cosas que más tarde pueden repercutir negativamente en el proceso normal de aprendizaje. Todo lo dicho sirve también para los años todavía tempranos que siguen. Por ejemplo, la dislexia, la acalculia, el síndrome de déficit de la atención e hipermotilidad, el autismo o la misma ansiedad son síndromes que se benefician marcadamente con intervenciones psicológicas y conductuales si estas se inician muy temprano y en los que el seguimiento de esta terapéutica con estudios de resonancia magnética funcional ha demostrado ser de un beneficio extraordinario en los niños. (Mora, 2013: 17).

Una vez más, se observan puntos de confluencia entre la educación, la psicología y la medicina que exigirán una creciente imbricación y colaboración entre las instituciones y los especialistas respectivos.

Dicho esto, la plasticidad del cerebro humano constituye un argumento a favor de la sana exigencia educativa y en contra del igualitarismo y el facilismo. Una enseñanza estimulante y desafiante, que demande un esfuerzo razonable, estará entrenando, complejizando y potenciando el cerebro. Ahora bien, en un contexto de educación masificada, lograr el equilibrio de la sana exigencia se hace doblemente arduo.

La sana exigencia es, en efecto, un punto medio entre la impunidad y la violencia, así como entre el facilismo y el estrés extremo (agudo o crónico). No se debe llegar nunca a esos cuatro excesos.

De hecho, "los episodios agudos de estrés afectan negativamente a las funciones ejecutivas" (Goldin, 2022: 57). "El cerebro aprende de manera óptima y hace el máximo de conexiones cuando es desafiado apropiadamente en un entorno que estimula el asumir riesgos" (Salas Silva, 2003).

Cuadro 11. La sana exigencia como punto medio entre cuatro extremos.

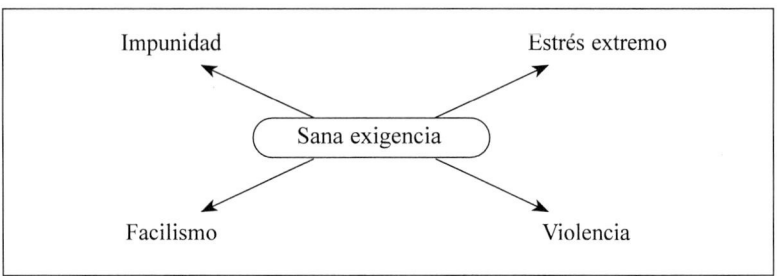

No es mucho decir que, para lograr la sana exigencia, se deben evitar los cuatro extremos de impunidad, facilismo, estrés extremo y violencia. No hay una fórmula mágica porque no podemos medir y visualizar en tiempo real el esfuerzo de los alumnos. Si pudiéramos hacerlo, sería todo mucho más fácil. Mientras tanto, quedará en el pulso o cintura de cada docente intentar lograr el máximo esfuerzo posible en sus alumnos sin llegar a ninguno de los cuatro excesos mencionados. Como se ha expresado, la sana exigencia es, en última instancia, un arte.

Más allá de evitar esos cuatro extremos, el desarrollismo integral bregará por elevar la exigencia lo más posible, con la debida prudencia y razonabilidad. Pues, dentro de ciertos límites, cuanta más exigencia haya, mayor será el entrenamiento. La sana exigencia es "entrenadora".

Ser exigente no implica ser autoritario o violento, pero si ejercer una autoridad firme y eficaz, con un sistema de incentivos fluido y aceitado. No se debe castigar el error, sino únicamente la inconducta deliberada que obstruye un adecuado clima áulico o evidencia falta de buena voluntad. La baja percepción de amenaza no debe derivarse de la ausencia de sanción o de un entorno de impunidad permisivo, sino del hecho de tener certeza de que las amenazas están bajo control del educando. Es decir, ellas dependen de su voluntad. Son manejables y evitables con un mínimo y razonable esfuerzo de su parte.

Hasta cierto punto, los perfiles institucionales con rangos y tipos de exigencia son necesarios. Así, cada familia y alumno podrá elegir el nivel y tipo de exigencia y el perfil institucional que mejor se adecúe a su estructura mental, vocación, intereses y objetivos. Idealmente, debería haber escuelas secundarias –por lo menos en sus últimos años– preparadas y especializadas para determinados perfiles de inteligencia, intereses y vocaciones. Y que esto pueda profundizarse por medio de materias electivas.

Por otra parte, en una clase masificada con diversidad de desempeños, probablemente el equilibrio quede reflejado en que los alumnos con mejor actuación necesiten de un esfuerzo considerable para obtener la máxima calificación, y que los de desempeño más bajo deban hacer un esfuerzo también importante para lograr la aprobación. Si todos obtienen la máxima calificación o todos reprueban, sin dudas habrá que chequear el estándar de exigencia. No será una evidencia, pero sí una alerta para revisar.

Lo crucial es que la exigencia sea "entrenadora", y que lo sea en un sentido integral, considerando los cinco niveles de profundidad en la medida que sea acorde con los objetivos curriculares. Esto es: entrenar la cultura, las competencias, las inteligencias, las emociones y las funciones ejecutivas y volitivas.

Una complejización y diversificación del diseño curricular no debe entenderse como una disminución de la exigencia. "Me adhiero completamente a los currículos rigurosos dentro de una escuela centrada en el individuo: solo pido un menú más amplio de opciones curriculares" (Gardner, [1993] 2015: 200).

Un sano y manejable estrés es positivo, no solo para aprender a manejarlo, sino también, en ocasiones, para el aprendizaje mismo. Pero la sobrecarga de estrés puede dañar el aprendizaje y, en casos extremos, la autoestima y la salud.

La investigación de los efectos del estrés sobre la memoria ha obtenido resultados aparentemente contradictorios. Es posible que la mayoría de nosotros sintamos la necesidad de cierto grado de estrés para mantenernos alertas al estudiar, aunque un estrés excesivo sea inconveniente. (Howard-Jones, 2011: 33).

Sintéticamente, la neurociencia pareciera decirnos que un estrés transitorio, para una actividad puntual, dentro de rangos humanamente soportables o manejables, es positivo. Por el contrario, cuando el estrés se torna crónico, o alcanza niveles insoportables o insalubres, empiezan los problemas.

En general, los efectos del estrés leve a moderado (…) son saludables, mientras que los del estrés severo son todo lo contrario. Es falso que cualquier situación de estrés es perjudicial. Solo el estrés severo es malo. El estrés leve reporta beneficios y, de hecho, muchas situaciones que nos gustan incluyen una cantidad óptima de estrés. (…). Una clase o un examen no deben generar terror, pero tampoco podemos pretender que el nivel de estrés sea nulo. El objetivo es encontrar ese punto intermedio, óptimo, la cima de la U invertida –o casi– para que los estudiantes puedan dar lo mejor de sí. (Goldin, 2022: 103-104).

La carga de trabajo intensiva y elevada puede ser parte de un entrenamiento de las funciones ejecutivas. Empero, si se torna excesiva de forma permanente o se produce sin una finalidad práctica deliberada, atenta contra el aprendizaje.

Si la memoria de trabajo es sobrecargada, hay un mayor riesgo de que el contenido enseñado sea malinterpretado, confuso o simplemente no entendido por el estudiante, y como resultado, este aprendizaje además no será codificado en la memoria a largo plazo (Martin, 2016). La teoría de la carga cognitiva es respaldada por un significativo número de pruebas controladas aleatorizadas, cuya evidencia indica que la instrucción suele ser más efectiva cuando es diseñada de acuerdo con cómo el cerebro procesa y almacena la información (Centre for Education Statistics and Evaluation, 2017). (Arias Silva, 2022: 139).

Esto demuestra que la memoria tiene un límite. No solo en el plano de la factibilidad sino también en el de la eficiencia. Una carga sobrehumana o excesiva no sería eficiente, además de que podría tornarse insalubre.

Empero, dentro de lo humanamente manejable, conforme a la edad, la educación debe ser exigente. Pues, estará estimulando y modelando las inteligencias y el desarrollo volitivo. La exigencia, incluso aquella tradicional, a la vieja usanza, puede ser muy útil, bajo determinadas condiciones, para entrenar las funciones ejecutivas, la memoria, el manejo del estrés, el trabajo bajo presión y la tolerancia a la frustración. El problema es si solo se focaliza en este tipo de exigencia o si la misma se transforma en algo imposible, fuera de las posibilidades reales del estudiante.

Surge entonces la pregunta sobre en qué se debe ser exigente. ¿Se debe priorizar la memoria, el ritmo de trabajo y estudio, el pensamiento profundo y relajado?

En este punto, nuevamente, para garantizar una educación integral, lo mejor es diversificar. Sería óptimo que existieran, en un equilibrio acorde a la edad, espacios curriculares intensivos (podrían ser los informacionales o la mayor parte de ellos), centrados en la incorporación de grandes cantidades de contenidos, y otros más lentos, focalizados en el aprendizaje profundo y las funciones cognitivas más elevadas, como el pensamiento crítico-creativo o la abstracción-imaginación. En las materias informacionales o intensivas se priorizaría un poco más la cantidad (siempre que sea de manera razonable para los objetivos planteados), mientras que, en los espacios competenciales-cognitivos o "lentos", la calidad o profundidad.

Las resistencias a la exigencia

Más allá del desafío del sano equilibrio en la exigencia, existe otro drama a este respecto. Es el de las resistencias a la exigencia. Estas son múltiples y variadas, e implican muchas veces una retroalimentación negativa recurrente para los decisores y actores educativos. En ocasiones, pueden tornar el trabajo pedagógico altamente desgastante o desagradable y, en situaciones extremas, terminan provocando que se derogue toda exigencia en los hechos.

Como dijimos, las resistencias contra la exigencia son numerosas, pero cabe mencionar las principales:

- Resistencias personales: El educando suele incomodarse con la exigencia y plantear oposición. En algunos casos, puede volverse agresivo hacia la persona que lo instruye. Es importante explicarle que se le exige por su propio bien y que el estímulo que ahora lo molesta o incomoda, a la larga, lo hará más inteligente, competente y libre. Otro aspecto importante es aprender a diferenciar una resistencia normal –común en toda enseñanza– y una anormal –cuando el educando da demostraciones genuinas y claras de estar experimentando una sobre exigencia, estrés extremo o crónico, o bien imposibilidad real de afrontar el desafío–. No siempre es sencillo hacer esta diferencia. Puede ayudar la evaluación de un especialista. En casos de duda, se debe bregar por una evaluación integral y una decisión que incluya las perspectivas del alumno, su familia, docentes y profesionales intervinientes. Si existiera sobre exigencia, se deberá analizar si están dadas las condiciones para una adaptación curricular de acceso (dentro de ciertos límites que no impliquen una sobrecarga del docente) o si resulta conveniente un cambio de institución a otra con un enfoque o perfil diferente.
- Resistencias familiares: A veces son los padres quienes se ponen agresivos y no toleran o aceptan la exigencia sobre su hijo. Algunas personas pierden toda objetividad o cordura cuando ven a su hijo sufrir, lo cual es entendible, aunque no justificable. Es importante, para los trabajadores de la educación, saber poner límites y no tolerar ningún tipo de falta de respeto o violencia, como así tampoco la atribución, sin evidencia, de mala intención a quien enseña. Por otra parte, se debe intentar explicar

que la exigencia es la misma para todos, que es parte del proceso educativo y que la idea es trabajar en conjunto, del mismo lado, para resolver las causas de las dificultades. Pues, no es bueno que el mensaje sea que ante la adversidad hay que bajar las aspiraciones o metas. Asimismo, si ante cada fracaso educativo se baja la exigencia, desaparece de facto el sistema de incentivos y el esfuerzo se diluye. No habrá, entonces, entrenamiento, ni mucho menos un entrenamiento relativamente intensivo.

- Resistencias emocionales: Estas son las resistencias que opone el propio educador. La lástima que se experimenta al ver al aprendiz fracasar o padecer tristeza, puede conducir a bajar prematura y perjudicialmente la vara o el estándar de acreditación. De esta manera, el maestro aplaca su sentido de culpa y se quita el asunto de encima, pero no resuelve el problema y, en cierto modo, le miente al alumno afirmando que obtuvo un logro que nunca sucedió. Si bien en todas las edades del educando sortear esta resistencia presenta sus complicaciones, más difícil es en edades más bajas, ya que la pena que se siente y el instinto maternal o paternal son mayores. Empero, en general, en las edades más bajas es más importante que nunca la sana exigencia, porque en ese momento el cerebro presenta mayor plasticidad y flexibilidad. Toda exigencia que se retacea en edades tempranas, se paga muy caro en las edades más avanzadas. A nadie le gusta ser "el malo de la película", y menos frente a un niño, paro hay que pensar, ante todo, en el futuro de ese niño que tenemos frente a nosotros.

- Resistencias políticas: En ocasiones, son las autoridades políticas las que presionan o dictaminan en contra de la exigencia, al efecto de mostrar estadísticas más agradables. Por ejemplo, bajar el nivel puede ser una forma de reducir la tasa de desaprobación o repitencia. Sin embargo, como resulta obvio, no es ninguna solución, porque la falta de aprendizaje seguirá existiendo. Peor aún, será una ignorancia oculta, no detectada ni reflejada en la información oficial. Asimismo, será crecientemente difícil una intervención adecuada, ya que el alumno se encontrará cada vez más lejos del desempeño de sus compañeros y de las metas fijadas por los profesores. Probablemente, los incentivos para aprobarlo y promocionarlo sin el saber adecuado sean cada vez mayores. Se ingresa así en un círculo vicioso por el cual, cuanto menos se exige, menos condiciones hay para una exigencia futura. Ello explica que, con el modelo del igualitarismo y el facilismo, se dé lugar a múltiples situaciones en que alumnos acaban egresando de la escuela sin las competencias mínimas indispensables.

- Resistencias ideológicas: Estas existen cuando hay como trasfondo un paradigma igualitarista que demoniza la exigencia. Así, se potencian todas las demás resistencias al dotarlas de aparente y engañosa legitimidad científica. Por eso es tan difícil luchar contra el facilismo una vez que este se ha vuelto hegemónico.

Como vemos, los trabajadores de la educación no la tenemos fácil a la hora de hacer bien nuestro trabajo y exigir. Es preciso, primero, aprender a lograr un sano equilibrio para que la exigencia sea desafiante, estimulante y entrenadora, pero sin llegar a un extremo perjudicial. Conseguido esto, que no siempre es sencillo, igualmente deberemos sortear variadas, múltiples y recurrentes resistencias personales, familiares, emocionales, políticas e ideológicas, entre otras. Por eso es tan importante que los docentes y directivos reciban un muy firme respaldo, así como apoderamiento, protección y contención adecuadas, de parte de la sociedad en general y de las autoridades estatales, para que puedan llevar adelante su tarea sin contratiempos ni violencia.

Sin una fuerte formación, capacitación y convicción sobre la legitimidad y los beneficios de la exigencia, esta tiende a esfumarse. Existe algo así como una "ley natural de la disminución de la exigencia". De no formarse y prepararse especial y deliberadamente a los educadores para exigir y soportar los obstáculos de la exigencia, la tendencia espontánea será a favor de un progresivo debilitamiento del rigor. Sin una cultura de la sana exigencia, esta tenderá a desaparecer. Eso es lo que ha pasado masiva y alarmantemente en Occidente una vez que los pedagogos dejaron de legitimar y sostener el valor de la exigencia. El igualitarismo no solo causó daño por lo que hizo, sino también por lo que dejó de hacer.

Resulta muchas veces inexplicable e inaudita la agresividad con que algunos padres se dirigen a los docentes o directivos cuando sus hijos fracasan. Seguramente son una minoría, pero que se hace sentir y mucho. Además, hay una tendencia a atribuir mala intención a la ligera, como si el maestro se levantara por la mañana y pensara de qué manera complicarles la vida a sus alumnos.

No se dan cuenta de que para el docente sería mucho más cómodo y fácil aprobar a todo el mundo, vivir tranquilo y desligarse del problema y las presiones. Empero, eso estaría condenando a sus estudiantes a un menor aprendizaje y desarrollo cerebral, que los condicionará para toda la vida.

Existe, desde luego, una cuestión de educación y respeto que va más allá de esto. Tiene que ver con el buen trato, la presunción de buena voluntad

mientras no se demuestre lo contrario y el asumir los desafíos de forma personal, sin externalizar las responsabilidades. En esto, las diversas culturas,
idiosincrasias y valores de las poblaciones harán, seguramente, una gran
diferencia. No es lo mismo ser docente en Japón o en Suecia que serlo en
Argentina o Francia. El respeto a la autoridad está menos asentado en estas
últimas sociedades.

Esto nos lleva a la importancia de cultivar el respeto hacia la autoridad
legítima. Este es un valor democrático. El autoritarismo es la obediencia
incondicional y la idolatría hacia la autoridad por la autoridad misma; la
subordinación incuestionada al más fuerte, sin importar su legitimidad. Pero,
por otro lado, la anomia y la falta de respeto también generan debilidad de
las instituciones y, por ende, otra forma de autoritarismo. La democracia,
en cambio, implica orden y respeto. Por eso, se sostiene en un muy fuerte
respeto a la autoridad legítima, lo cual fortalece a las instituciones.

Ante una autoridad legítima, como es un docente, se debe respeto y
obediencia. Se debe presumir su buena voluntad y su competencia para la
tarea que le fue asignada. En todo caso, si se detectara alguna anomalía,
habrá que comunicarla por los canales institucionales correspondientes para
que las autoridades superiores puedan intervenir. Nunca hay excusa para la
falta de respeto o la violencia.

Crisis de autoridad, crianza débil y redes sociales

La moda del igualitarismo en la educación, sumada a la escasa o nula
supervisión adulta en las redes sociales, está creando una crisis de autoridad
educativa de enormes proporciones, quizás sin precedentes.

Esta crisis afecta tanto a familias como a escuelas. Lo más terrible de
ella es que impacta de lleno en las dimensiones educativas más profundas.
Al crecer los niños y adolescentes en entornos mayormente sin autoridad,
o con autoridad débil, la transmisión de saberes y valores se torna notoria-
mente menos eficaz.

No es solo que no se afianzan correctamente determinados saberes,
hábitos y valores. Por el contrario, el entorno de impunidad y descuido se
convierte en una escuela negativa. La impunidad corrompe y la anomia
deseduca. Sacan lo peor del ser humano.

Muchas veces, los niños crecen internalizando malos hábitos que educan
negativamente sus emociones y deterioran fuertemente su capacidad volitiva.
Existe el riesgo, incluso, de que incorporen a edades tempranas patrones
de conducta nocivos e insanos que los acompañarán durante toda la vida.

Según fue explicado previamente, existen "ventanas de riesgo". Estas no solo suponen la pérdida de la oportunidad para adquirir una habilidad, sino también el peligro de desarrollar patrones de conducta negativos que se estabilizan y se consolidan prácticamente para siempre.

Este es uno de los mayores inconvenientes del igualitarismo, que se ha extendido, incluso, al ámbito de la crianza. Desde dicho paradigma, se han desarrollado teorías que promueven el igualitarismo entre padres e hijos. Así, a las resistencias naturales o espontáneas que de por sí presenta la exigencia en el hogar, se les suma una resistencia ideológica.

Como vimos, uno de los campos de investigación más profusos en las últimas décadas, en relación con la interacción entre neurociencias o ciencias cognitivas y educación, ha sido el de los llamados "neuromitos" (Geake, 2007; Barraza & Leiva, 2018; Dehaene, 2019).

En ocasiones, teorías científicas acertadas han sido extrapoladas y desvirtuadas con tintes ideológicos más que empíricos y racionales. Es el caso, por ejemplo, de la teoría del apego. Esta afirma que la ausencia de figura maternal y paternal –o de una figura "de apego"– afecta el desarrollo del niño.

Hasta ahí, parece un planteo sumamente lógico y razonable, incluso validado por investigaciones científicas. Empero, esta teoría ha sido extrapolada y desnaturalizada por corrientes que pretenden demonizar el ejercicio de la autoridad por parte de los padres sobre sus hijos.

En este marco, alimentadas por la pedagogía igualitarista, han aparecido distintas teorías de la crianza, con diversas denominaciones, con el efecto de deslegitimar y restringir la autoridad parental (Etcheverry, [1999] 2005). Así, los niños son privados del estímulo de desarrollo volitivo más elemental e importante de todos, que es el del hogar. Contra eso, poco pueden hacer la escuela y la sociedad.

Un ejemplo de estas teorías es la llamada crianza "respetuosa" o "positiva", inspirada en los desarrollos de William Sears, a partir de las teorías de Bowlby y Harlow. Esta perspectiva se justifica con investigaciones sólidas sobre la importancia de una "figura de apego" y el efecto benéfico de una crianza basada en el amor y el cariño. Sin embargo, educar con amor no debe implicar permisividad o debilidad. Eso daña al educando.

De hecho, las investigaciones originales sobre la figura de apego se dieron en las décadas de 1940 y 1950, comparando niños huérfanos con otros que habían crecido con sus padres normalmente. Los niños que habían crecido con una figura de cuidado demostraban mayor aptitud cognitiva, emocional y social (Bowlby, 1982).

De esto, la crianza respetuosa o positiva deduce que todo lo que asuste, haga llorar o angustie al niño le hará mal, lo cual es un gravísimo error. Les dice a los padres que pongan límites, pero les quita las herramientas para lograrlo de manera eficaz. Es decir, deben poner límites sin obligar al niño a cumplirlos. Sería algo así como pedirle a la policía que haga cumplir la ley solamente por medio del diálogo.

En 1940 y 1950, sin dudas que los niños que habían crecido con sus padres no habían tenido una crianza "positiva". La diferencia era que habían tenido uno o más referentes que sabían que estaban presentes y que los cuidaban (figura de cuidado o "apego"). Pero esa figura también ponía límites estrictos, inculcaba buenos hábitos, entrenaba las funciones ejecutivas, retaba, probablemente les daba una nalgada o ejercía algún tipo de fuerza leve para obligarlos a portarse bien, sin lastimarlos ni traumarlos. Es decir, ejercía también, en paralelo, como figura "de autoridad".

La figura de apego debe estar acompañada de una figura de autoridad firme. Esa es la parte que no tiene en cuenta la llamada crianza respetuosa o positiva. Pretende que los padres eduquen a sus hijos tratándolos como adultos maduros. Afirma que todo reto, grito o penitencia es violencia que perjudica su desarrollo. Arguye que el llanto y el berrinche deben ser aceptados como un lenguaje natural y al mismo tiempo evitados. Cree que es preciso adaptar las rutinas de la familia a las del bebé, en vez de fomentar que adquiera costumbres y hábitos funcionales a la vida social y familiar (DI Crianza Respetuosa, s.f.).

Según la psicóloga Carina Schwindt, sus principios son amor incondicional –¿quién podría oponerse?–, empatía, respeto –hasta aquí, nada polémico– e "igualdad" –sí, como leyeron, igualdad entre padre e hijo, incluso entre padre y bebé– (Vera, 2024). Dejando a un lado la igualdad, que nada tiene que ver con la relación jerárquica de maternidad o paternidad, a esos principios le faltan otros, como obediencia, disciplina, sana exigencia y concientización. Se pretende criar un niño solo a través del diálogo; solo por medio de retroalimentación positiva. Y eso es insuficiente para generar hábito y entrenamiento de la voluntad. Mucho más en un infante que no está en condiciones de comprender mucho.

Como vemos, la crianza positiva o respetuosa plantea un escenario adverso para el entrenamiento sano e intensivo de las funciones ejecutivas y volitivas. Y, si se pierde esa ventana de oportunidad, dicha ejercitación nunca podrá ser recuperada del todo. Desde luego que el bebé no debe ser sometido a violencia ni a estrés crónico o extremo. Igual que en el ámbito educativo, lograr el justo medio o sano equilibrio es, en última instancia, un

RAFAEL EDUARDO MICHELETTI

arte, que se consigue con la vivencia y la retroalimentación de la experiencia. Las teorías solo pueden dar algunas orientaciones genéricas, como la de evitar los cuatro extremos de la impunidad, la violencia, el facilismo y el estrés extremo, como así también la de intentar maximizar la exigencia sin ocasionar daño. Tan compleja es la sana exigencia que deben usarse todos los recursos a disposición, positivos y negativos, sin renunciar dogmáticamente a los negativos.

Aunque se presente como un supuesto equilibrio entre la crianza autoritaria y la permisiva, lo cierto es que esta mirada hace que los niños aprendan y naturalicen que, cuando algo no les gusta, deben llorar y hacer berrinche. Se acostumbran a negociar y manipular en vez de entrenar la voluntad, la disciplina, la idea de límite en serio y el manejo de sus emociones. Los padres se quedan sin recursos en casos de caprichos prolongados y tienden a padecer la crianza en vez de disfrutarla, mientas perjudican a sus propios hijos. Estos, al no entrenar la voluntad ni el manejo de emociones, corren el riesgo de ver afectada también su capacidad de atención y que esto los perjudique, indirectamente, en el plano del aprendizaje. Lejos de implicar respeto, se trata de usar al niño como objeto de aplicación de dogmas ideológicos rígidos, que pasan a ser fines en sí mismos.[15]

Está muy bien concientizar al hijo sobre que los límites buscan su bien, dialogar y confiar en su capacidad de raciocinio. Sin embargo, también hay que obligar al niño a comportarse bien, para que entrene sus funciones ejecutivas, su autorregulación emocional y su tolerancia a la frustración, adquiriendo hábitos positivos.

Es muy común encontrar en las redes sociales debates sobre la crianza positiva en los que los padres se quejan de que no funciona y sus promotores les responden que no la han entendido bien. En un blog pro crianza respetuosa puede leerse, por ejemplo, el siguiente fragmento sobre la disciplina positiva:

---

15. No es extraño encontrarse, en medio de las argumentaciones y explicaciones sobre la crianza respetuosa, con proclamas anticapitalistas que nada tienen que ver con la crianza. Esto denota que el basamento es, en muchos casos, más la ideología que la ciencia. Por ejemplo: "¿Cómo se aplica la crianza respetuosa en nuestras vidas, en un capitalismo feroz que nos ha abducido hacia la producción y la competitividad, sin que haya conciliación laboral? ¿Cómo aplicas la crianza respetuosa cuando los permisos de maternidad y paternidad solo cubren 16 semanas de vida del bebé? ¿A las 16 semanas ya lo has criado? ¿Ya puede formar parte del engranaje capitalista? Tanto la crianza respetuosa como cualquier tipo de crianza necesita de mayor tiempo e implicación. Pues esa es una de las luchas que cada madre y padre debe llevar a cabo, tanto interna como externamente, y esa es la lucha que intentamos aunar con el Día Internacional de la Crianza Respetuosa" (DI Crianza Respetuosa, s.f.). Así, la crianza respetuosa, indirectamente, termina fomentando ciudadanos débiles que son más fácilmente manipulables por parte de modelos políticos autoritarios.

La disciplina positiva tiene un problemón. En muchas ocasiones se vende como si fuera un "manual de mejora de la crianza" cuando lo que se busca es cambiar de una manera profunda la manera en la que se ve la infancia y a uno mismo. No es sencilla ni mágica.

Así que nos encontramos a un montón de gente frustrada porque la disciplina positiva "no funciona"... Como si no se hubieran seguido bien las instrucciones del producto o no se hubiera usado bien el "aceite esencial" concreto... Y claro, ¡qué timo es la disciplina positiva!

Se paquetiza, se parte, se convierte en un infoproducto y se mastica tanto para que tengamos una digestión más sencilla... Que no estaría nada mal si no se perdiera en ese camino la noción de que es un proceso VITAL de adoptar una mirada respetuosa a uno mismo y a los demás. (Madresfera, 2022).

Se nos dice esto: Si algo falla en la crianza o la disciplina positivas, es porque en realidad la expectativa de los padres estaría mal calibrada. Deben estar contentos por estar "respetando" a su hijo. No importan los resultados prácticos. Es decir, solo importa el dogma: aplicarla, no la realidad, ni si el niño se está desarrollando sanamente o no.

Esto choca con el sentido común, la experiencia práctica y, más recientemente, también con los saberes neurocientíficos sobre las ventanas de oportunidad del desarrollo cerebral y las funciones ejecutivas.

Ya Aristóteles enfatizaba la importancia de educar a los niños en los buenos hábitos. "No es pues de poca importancia contraer desde la infancia y lo más pronto posible tales o cuales hábitos; por el contrario, es este un punto de muchísimo interés, o por mejor decir, es el todo" (Aristóteles, [Siglo IV AC] 2016: 36).

También Kant fue capaz de exponer la importancia de la disciplina en los primeros años con las siguientes palabras:

Se envían al principio los niños a la escuela, no ya con la intención de que aprendan algo, sino con la de habituarles a permanecer tranquilos y a observar puntualmente lo que se les ordena, para que más adelante no se dejen dominar por sus caprichos momentáneos. (…). Ha de aplicarse la disciplina desde muy temprano, porque en otro caso es muy difícil cambiar después al hombre; entonces sigue todos sus caprichos. (Kant, 1803: 1).

Estas palabras de sentido común, de los sabios de tiempos lejanos, están siendo confirmadas hoy por las neurociencias:

La ventana para el desarrollo del control emocional parece abrirse de los 2 a los 30 meses. Durante este período, el sistema límbico (emocional) y el sistema racional del lóbulo frontal evalúan mutuamente su habilidad para ofrecerle a su propietario lo que demanda. Es toda una batalla. (…). Si el niño logra casi siempre con sus rabietas aquello que quiere cuando la ventana está abierta, es probable que ese sea el método que utilice el niño para conseguir lo que quiere cuando la ventana se estreche. Esta constante batalla emocional-racional es uno de los principales causantes de los denominados "terribles dos años". Ciertamente, uno puede aprender a controlar sus emociones tras esta edad. Pero lo que el niño aprendió durante este período de ampliación de la ventana será difícil de cambiar. (Sousa, 2014: 32).

La sabiduría popular y las estrategias tradicionales de crianza, obviamente dejando a un lado la educación violenta o agresiva, tienen su razón de ser neurocientífica. Si el niño se acostumbra a llorar o hacer rabieta cada vez que algo no le gusta o cuando no se hace lo que él quiere, probablemente vea limitado en el futuro su desarrollo del manejo emocional, la autorregulación y la tolerancia a la frustración.

Debe haber, por lo tanto, una exigencia estricta sin caer en la violencia. Esta última puede dar lugar a trastornos de inseguridad, autoestima e internalización de patrones de conducta violentos. Desde luego, violencia se refiere aquí a daño deliberado, agresividad o maltrato, sea este verbal o físico. Empero, no necesariamente implica esto que no deba usarse nunca la fuerza para obligar al niño a obedecer o portarse bien.

En ocasiones, cuando no ha respondido al diálogo ni al reto, el uso de la fuerza mínima necesaria, como último recurso, no para violentarlo sino para obligarlo a acatar una orden o ponerlo en penitencia, puede ser un recurso razonable. Tampoco hay evidencia de que una fuerza simbólica y suave, que no busque dañarlo físicamente ni genere ninguna lesión, como la típica "nalgada", pueda tener un efecto nocivo o traumático.

Lo importante es que no sienta o respire un entorno de impunidad y que se acostumbre a los límites y las reglas, "automatizándolos". Esto, acompañado con el amor, el cariño y la concientización que le demuestren que esos límites son impuestos por su propio bien y por el bien común.

En este marco de crisis de autoridad de los padres, el uso a edad temprana de redes sociales y dispositivos móviles está generando numerosos trastornos y polémicas.

Algo tan simple e inofensivo como un grupo de WhatsApp entre amigos, sin supervisión adulta, puede convertirse en un infierno tortuoso de hostigamiento o bullying para más de uno, un espacio de sexualización prematura, de naturalización de la discriminación y la violencia, etc. Y esto puede dar lugar a un deterioro emocional y volitivo (tanto de los agresores como de las víctimas y los observadores pasivos). O bien puede generar un foco para adicciones diversas, como la ludopatía, que tantos estragos está causando hoy entre los más pequeños.

Esta realidad ha dado vida al concepto de "huérfanos digitales", y muchas veces incluye situaciones que los adultos no imaginamos, percibimos ni dimensionamos. Pues, no solo no las vivenciamos en igual cantidad, sino que no las padecimos en las etapas iniciales de nuestro desarrollo –con todo lo que ello conlleva–.

Notificaciones de comentarios negativos que no dejan de aparecer, posteos por parte de compañeros con imágenes que por propia voluntad no se publicarían, difusión de contenido íntimo sin consentimiento, modificación de fotos o videos mediante inteligencia artificial, son algunos de los ejemplos de situaciones que los centennials viven diariamente (como víctima, agresor o cómplice) y que naturalizan o invisibilizan. Cabe aclarar que estas prácticas no involucran solamente a la generación Z, muchos adultos también las llevan a cabo, pero en ellos la corteza prefrontal ya se encuentra desarrollada. (Valenzisi, 2024: 55).

Algunos expertos aconsejan, de hecho, demorar el acceso a los dispositivos digitales hasta los catorce años y mantener una supervisión cercana, con autonomía progresiva y horarios restringidos, hasta la adultez (Las Condes, s.f.; Perazo, 2023). Cada vez es más común que se restrinja el uso en escuelas, incluso durante los recreos, al efecto de crear entornos libres de pantallas que sirvan como descansos u oasis emocionales.

A nivel cognitivo, estudios hallaron que un mayor número de horas de uso de los dispositivos electrónicos es factor de riesgo para presentar retraso en el desarrollo del lenguaje en menores de 5 años (Contreras-Silva, y otros, 2023).

El uso de tecnología en los primeros años de la vida estimula más el área conectiva perceptiva del cerebro, pero disminuye los procesos simbólicos. Esto quiere decir que los chicos, acostumbrados a mirar imágenes, luego les cuesta muchísimo más fantasear, inventar y crear (Hacker, 2018).

La utilización inadecuada de la tecnología a edades tempranas puede estimular niveles de ansiedad que inciden negativamente en el desarrollo de la persona. "La tecnología que usamos cotidianamente es capaz de modificar nuestro cerebro mucho más de lo que creemos" (García & Juanes, 2013: 48). "Los mecanismos que generan ansiedad disminuyen los procesos de atención y tienen consecuencias severas sobre el proceso de aprendizaje y memoria.

También perjudican la maduración de los mecanismos corticales neuronales de inhibición cuyo deterioro o retraso pueden generar impulsividad" (Mora, 2013: 31).

En 2022, alrededor del 18% de los adolescentes calificaron su grado de satisfacción con la vida en cuatro sobre diez o menos, según datos de la OCDE, frente al 11% de 2015 (The Economist, 2024).

Estas nuevas tecnologías pueden producir un daño en el cerebro de los niños, pues es cierto que navegar en internet necesita de un foco de atención muy corto y siempre cambiante, y ello puede ir en detrimento del desarrollo de una atención sostenida, ejecutiva, que es la que se requiere para el estudio. De hecho, empieza a hablarse de una nueva forma de atención producida por internet. Y esto no es baladí, pues ya conocemos los varios tipos de atención con circuitos neuronales específicos y es posible que el entrenamiento excesivo de unos pudiera ir en detrimento del funcionamiento de los otros y, en consecuencia, afectar los procesos de aprendizaje y memoria. Es más, se ha sugerido que todo ello pudiera reducir el tiempo que queda para dedicar al pensamiento reposado, lento, profundo y verdaderamente creativo. En este concepto de la atención son curiosos los resultados de un estudio que muestra que los niños pequeños que veían la televisión varias horas al día, tiempo después, en la edad escolar, algunos de ellos presentaban problemas de atención en el colegio. En el lado negativo, internet se ha relacionado con el aumento en el número de niños que padecen trastorno de hiperactividad y falta de atención en el colegio. Y también con un daño en las conductas fundamentales de relación emocional y personal, como la empatía. Y finalmente, ya en el lado más patológico, ser la causa de ese síndrome de "adicción a Internet". (Mora, 2013: 83).

Según Jonathan Haidt, algunas redes sociales han aumentado la ansiedad, la depresión y la tendencia a la comparación social. Además, fomentan el pensamiento polarizado y la hostilidad en el discurso público (2024).

Más allá de las consideraciones que merece el uso de dispositivos electrónicos según la edad, lo más grave es su uso sin supervisión adulta, irrestricto. Esto les abre a los menores todo un mundo, manejado por ellos mismos, por donde circulan la mayor parte de sus interacciones. Donde ellos son amos y señores y crean sus propias reglas, para lo cual no están preparados. Esto, dejando a un lado los riesgos para su seguridad fruto del acoso y la criminalidad cibernética. Son cada vez más frecuentes los testimonios sobre grupos de chat, populares entre niños y adolescentes, en los que son manipulados por tratantes de personas y pedófilos (Di Nicola, 2024). Sin llegar a redes criminales, las redes sociales, en cierto modo, amplifican la capacidad de daño de los hostigadores o acosadores escolares, haciendo que sus víctimas vivan un infierno silencioso.

Así, crecen internalizando muchas veces prácticas y hábitos discriminatorios, agresivos, intolerantes, ansiosos, incluso en ocasiones violentos y crueles. Pueden aprender a aparentar una conducta o ética en el mundo físico, mientras ejercen otra en el ámbito digital.[16]

En ciertos casos, los padres poseen una imagen distorsionada de sus hijos, porque no los conocen en el mundo virtual, que es, para ellos, el más real e importante. Si la impunidad corrompe, mucho más lo hace a edades tempranas, en que la autorregulación emocional, la empatía y la capacidad volitiva no se hallan maduras ni consolidadas.

Algunos expertos han empezado a sugerir que –más allá de demorar el acceso a los dispositivos electrónicos– el acceso a redes sociales se restrinja hasta los 16 o 18 años, ya que antes de eso están en pleno desarrollo de su identidad y de sus funciones ejecutivas. Una investigación ha planteado que consultar habitualmente las redes sociales puede alterar la química cerebral de los adolescentes (Gordon & Brown, 2023).

En Australia, por ejemplo, se ha empezado a discutir una edad legal mínima para el acceso a redes sociales. El primer ministro Anthony Albanese expresó que, previo a ello, llevaría a cabo un ensayo de verificación de edad (Reuters, 2024). "Las redes sociales están haciendo daño de verdad a los niños y voy a terminar con esto", sentenció al presentar una propuesta de edad mínima de 16 años (La Nación, 2024).

En 2021, en una serie de audiencias en el Congreso de Estados Unidos, los ejecutivos de Facebook, TikTok, Snapchat e Instagram se enfrentaron a duras preguntas de los legisladores sobre cómo sus plataformas pueden llevar a los usuarios más jóvenes a contenidos perjudiciales, dañar la salud

---

16. Según la psicóloga Alejandra Díaz, el *feedback* virtual puede ser perjudicial para algunos adolescentes, ya que se pueden expresar desde el anonimato, con un distanciamiento afectivo importante, con bajo nivel de empatía, con una utilización del "pensamiento hablado" y con una gran dificultad para evaluar lo que sus mensajes están generando en el otro. Todo ello tiene consecuencias negativas en la construcción de la identidad de los jóvenes, especialmente cuando la difusión de contenidos negativos o descalificadores se propaga muy rápido y alcanza niveles insospechados. A veces ocurre que algunos adolescentes tienen dificultades para diferenciar el contenido público del privado. No logran acceder a una conciencia que les permita evitar exponerse o verse expuestos a situaciones que, en lo inmediato, les pueden generar altos niveles de estrés y daños importantes en la visión de sí mismos, con serios riesgos para su salud mental. El abuso de redes sociales ha mostrado una asociación con depresión, síndrome de déficit atencional con hiperactividad, insomnio, disminución de horas totales de sueño, disminución del rendimiento académico, repitencia y abandono escolar. También ha sido asociado con un amplio rango de problemas psicosociales. (Las Condes, s.f.).

mental y la imagen corporal, y carecer de suficientes controles parentales y salvaguardias para proteger a los menores (Murphy Kelly, 2022).

La denunciante, Frances Haugen, expresó que "los productos de Facebook dañan a los niños, avivan la división y debilitan nuestra democracia. (…). Estos problemas se pueden resolver. Es posible crear redes sociales más seguras, que respeten la libertad de expresión y que se disfruten más" (Duffy, 2021).

Se trata, sin dudas, de un caso de falla o error del mercado, en que la intervención sutil y estratégica del Estado resulta necesaria para preservar la libertad y el bien común. La libertad nunca fue ni será sinónimo de anarquía. Las reglas prácticas y razonables son indispensables.

Por ejemplo, en la competencia anárquica, las redes sociales pueden emplear algoritmos que fomenten su uso frenético y compulsivo, incluso adictivo, con más repercusión y viralización cuanta más actividad. Así, venderán más publicidad y aumentarán sus ganancias.

En vez de premiarse e incentivarse la racionalidad y el estilo de vida saludable, se hace lo opuesto. Ninguna red social, por si sola, puede cambiar esto sin correr en desventaja frente a la competencia. Empero, la sociedad puede obligar a todas las empresas a respetar ciertos estándares y a competir dentro de ellos. Es preciso regular los algoritmos.

Una regla podría ser que cada acción o publicación en la red social se difunda de forma igualitaria o neutral, según la adhesión y el interés de otros usuarios, y no por la intensidad o cantidad de actividad previa del creador. Otra opción sería que los "me gusta" o *likes* no sean públicos, sino que los vea solo el creador. O, quizás, con la opción de hacerlos públicos manualmente en cada caso puntual o a partir de cierta edad.

Toda esta situación exige un gran cambio en el uso de redes sociales e internet. Es cierto que existen aplicaciones o programas de control parental, pero no siempre son del todo eficaces ni son conocidos y utilizados adecuadamente por todas las familias.

No se trata de estatizar internet o las redes sociales ni mucho menos. No se debe, desde luego, afectar la innovación, iniciativa e inversión de las empresas. Bastaría, simplemente, con algunas cuestiones pequeñas, pero importantes.

Otra posible regulación positiva sería erradicar el anonimato en internet. Obligar a las empresas a que identifiquen fehacientemente la identidad al asignar un usuario, o bien crear un régimen de usuario único universal, de carácter oficial, al cual estén obligatoriamente vinculadas todas las cuentas en plataformas y redes.

Esto ayudaría también a reducir la impunidad en internet de los propios adultos, mejorando la seguridad y la convivencia. No solemos ver bien que la gente ande por la calle con su rostro cubierto, mucho menos agrediendo, insultando o amenazando. Sin embargo, eso es, prácticamente, lo que sucede en el entorno virtual con el anonimato. Imaginemos transitar por una ciudad donde todos poseen su rostro cubierto y son completamente impunes, hagan lo que hagan.

Internet y las redes sociales son, en la práctica, un espacio público, en el sentido de encuentro abierto y libre entre los ciudadanos. Lo que sucede allí afecta a la sociedad como un todo. Lo mismo ocurre en la calle o en las plazas. Aunque un parque público estuviera administrado por una empresa privada, aceptaríamos que es público y que la sociedad tiene derecho a regular lo que sucede allí para proteger la libertad y la seguridad. Desde luego, debe ser una regulación prudente y cuidadosa, pero debe existir.

En la política, se ha puesto de moda lo que podría denominarse "la mafia de los *trolls*" o los grupos de choque virtuales. Miles de usuarios anónimos o con identidad falsa son contratados para amedrentar y hostigar políticamente. Son el equivalente de los grupos de choque de los sistemas totalitarios, y no pueden dejar de favorecer el autoritarismo. Vemos así que el avance tecnológico puede crear un nuevo espacio con un vacío de regulación que permite la proliferación de acciones que no toleraríamos en otros entornos.

Muchas veces las familias reclaman a las escuelas cuando perciben que su hijo es víctima de acoso sin obtener resultados significativos. El problema es que, en ocasiones, las propias escuelas tienen sus manos atadas al darse las acciones agresivas o abusivas en el ámbito de las redes, sin expresarse o evidenciarse en el espacio escolar.

No hay dudas de que, a medida que el menor gana autonomía, se le debe conceder mayor capacidad decisoria. Empero, su libertad de elección tendrá por objetivo entrenarlo, no nivelarlo con el adulto de manera acrítica y dogmática. Será una capacidad decisoria diseñada, regulada y monitoreada por el adulto con un fin educativo específico. Y, si el menor demostrara no hacer buen uso de la ganada autonomía, esta deberá volver a restringirse hasta que, en un tiempo prudencial, se gane la oportunidad de volver a intentarlo.

La democracia, como hemos visto, no es la anarquía, la impunidad o la anomia. Tiene que ver con el orden, el respeto, el mérito y la capacidad decisoria. Educar en la impunidad no es preparar para la democracia, sino todo lo contrario.

La capacidad volitiva no es algo dado y estático, sino dinámico. Y debe desplegarse durante el proceso de desarrollo temprano. De lo contrario, nos encontraremos con un fenómeno del tipo que ha dado en llamarse "generación de cristal" (Del Moral, 2023) o "generación ansiosa" (Haidt, 2024): jóvenes sin fuerza de voluntad, manejo de emociones ni tolerancia a la frustración.

Un estudio realizado en España –que encuestó a 966 líderes empresariales– encontró que una empresa de cada seis prefiere no contratar a los "*centennials*" o integrantes de la "generación Z", nacidos entre finales de 1990 y 2010. Asimismo, seis de cada diez empresas despidieron recientemente a un recién graduado universitario. Entre las razones citadas más frecuentemente para explicar esta realidad se incluyen: falta de profesionalidad y ética del trabajo, escasez de motivación o iniciativa, dificultades para aceptar la retroalimentación, habilidades inadecuadas para resolver problemas e insuficientes competencias de comunicación (Vítora, 2024).

Lo que hagamos los adultos con los niños y adolescentes condicionará su vida, en mayor o menor medida, para siempre. No es algo que se pueda tomar a la ligera ni abordar con dogmas reduccionistas. La racionalidad, la prudencia y la practicidad deben extremarse en un asunto tan delicado.

Concepciones de la calidad educativa

Existe un amplio consenso en torno a la necesidad de una educación "de calidad". Todos los participantes del debate educativo enarbolan, de un modo u otro, la bandera de la calidad educativa. ¿Quién podría estar en contra de ella?

Sin embargo, adviene un grave inconveniente en relación con la delimitación del sentido y las fronteras del concepto de calidad educativa (Adams, 1993; Gálvez, 2005). Cada uno parece entender algo distinto por dicho vocablo y, de esa manera, el debate sobre la educación se ensucia y se parece más a un conjunto de monólogos que a un diálogo. Las discrepancias no alcanzan solamente detalles prácticos o aspectos complejos, como la evaluación, sino incluso el concepto mismo de calidad educativa.

¿Qué es una educación "*de calidad*"? ¿Qué características posee? La respuesta simple sería "una educación que logre que los alumnos aprendan". Empero, si nos preguntamos qué significa que los alumnos aprendan, allí es donde empiezan los problemas y las discordancias. Mucho peor se pone el asunto si nos interrogamos acerca de cómo medir o comprobar esa calidad.

La pregunta sobre qué es una educación de calidad lleva inherente el interrogante sobre la evaluación. Los estudios y discusiones en torno a la calidad educativa se centran fuertemente en esta cuestión. Los elementos que integren el concepto de calidad educativa serán los que, casi con seguridad, se tendrán en cuenta a la hora de evaluarla. "Calidad y evaluación son conceptos estrechamente relacionados, hasta el punto de que no podría entenderse la una sin la otra" (Gálvez, 2005: 18). "Es poco congruente hablar de calidad sin hablar de evaluación, puesto que tildar una cosa como algo que tiene calidad exige realizar una medida, compararla con un referente ideal y elaborar un juicio" (González Galán, 2004: 17).

De todas maneras, si bien la relación entre el concepto y la evaluación de la calidad educativa es ineludible, en este caso, por ser un estudio de carácter teórico y general, el foco estará en la definición conceptual.

Una aproximación al tema, aunque solo sea de manera superficial, conduce a la conclusión de que, en última instancia, el de la calidad educativa es un concepto filosófico (Gálvez, 2005). No hay pleno acuerdo sobre cómo categorizar y clasificar las definiciones de calidad educativa. Como se ha expresado: "Bajo un intenso escrutinio, el concepto de calidad educativa ha permanecido algo esquivo, y muchas preguntas persistentes rodean cualquier intento de definición" (Adams, 1993: 3). "No puede decirse que en estos momentos exista un cuerpo de conocimientos unívoco y suficientemente consolidado sobre la calidad educativa y sus procedimientos de evaluación" (Gálvez, 2005: 18).

Aun así, la calidad educativa y su evaluación son un tema recurrente de la pedagogía contemporánea. A tal punto, que puede afirmarse que existe un movimiento evaluativo en el mundo de la educación (Ríos, 2001). "Los educadores parecen tener al menos seis visiones comunes sobre la calidad: calidad como reputación; calidad como recursos e insumos; calidad como proceso; calidad como contenido [o pertinencia]; calidad como productos y resultados; y calidad como valor agregado" (Adams, 1993: 7).

Cabe agregar enfoques de equidad, así como mixtos o complejos (Tiana, 1993; Gálvez, 2005). Los mixtos o complejos definen la calidad educativa usando una combinación de elementos y reconociendo diversos planos o dimensiones.

Por ejemplo, Seibold (2000) propone una redefinición del concepto de calidad educativa conforme la necesidad de incorporar sus tres condiciones necesarias y trascendentales: la calidad, la equidad y los valores. El autor defiende una evaluación integral que deberá atender cuidadosamente los tres factores (Seibold, 2000).

Para ordenar y esclarecer este asunto, se pueden diferenciar elementos "esenciales", "indiciarios" y "colaterales" de la calidad educativa.

Los "esenciales" hacen a la conceptualización en sentido estricto (es decir, componentes fundamentales de la definición). En cambio, los "indicios" de calidad educativa ayudan a que ella exista o permiten pronosticarla a futuro (por ejemplo, recursos humanos y materiales, reputación, acceso a tecnología, etc.). Por su parte, los elementos "colaterales" de la calidad educativa se refieren a relaciones relevantes vinculadas con ella (por ejemplo, eficiencia, en tanto relación entre recursos invertidos y calidad obtenida).

Si bien no es intención ni está al alcance de esta obra profundizar pormenorizadamente en los debates sobre calidad educativa, se hará foco en los elementos esenciales. Será al mero efecto de analizar las implicancias sobre este concepto de la pedagogía por niveles de profundidad.

Hecho esto, quedan en la lista como elementos esenciales de la definición de calidad educativa:

1. Calidad como resultado o valor agregado.
2. Calidad como pertinencia o contenido.
3. Calidad como proceso.[17]
4. Calidad como equidad.
5. Enfoques mixtos o complejos.

Para simplificar aún más, cabe señalar que, así como hay tres grandes paradigmas o concepciones sobre qué es educar, podríamos definir también tres grandes grupos de definiciones sobre qué es la calidad educativa.

Desde la mirada memorística, una educación de calidad es aquella que logra que los alumnos incorporen y recuerden de manera eficaz grandes cantidades de saberes o información. Se evalúa la calidad educativa, entonces, preguntando a los estudiantes por esos saberes y datos. Se aplica un enfoque de resultados simple o unidimensional.

Desde un paradigma igualitarista, la educación de calidad es aquella que logra que los alumnos transiten su escolarización sin obstáculos, diferenciaciones, discriminaciones ni estigmatizaciones. Se evalúa la calidad educativa, entonces, poniendo el foco en los índices de aprobación y repitencia (enfoque de equidad), así como en el proceso de enseñanza, el bienestar y el sentido de pertenencia hacia la institución educativa (enfoque de proceso). Se cuestiona la evaluación entendida como mera revisión de productos finales (Tiana, 1993).

Desde una perspectiva desarrollista, la educación de calidad es aquella que logra maximizar y potenciar las facultades, aptitudes o capacidades

---

17. Algunos elementos de la calidad educativa como proceso podrían considerarse indiciarios más que esenciales, pero otros pueden ser valorados por sí mismos, más allá de su resultado. Por ejemplo, el respeto, el orden, la libertad de expresión, etc.

humanas. En esta tesitura, se evalúa la calidad educativa indagando sobre dichas habilidades o potencialidades. Es, en cierto modo, un enfoque mayormente de resultado, solo que más integral y multidimensional que la mera evaluación memorística. Los enfoques de pertinencia, en tanto evaluación de la preparación para la vida, así como algunos elementos de proceso o equidad también son compatibles o integrables en esta perspectiva, abonando abordajes mixtos o complejos.

Son muchos los autores que han reconocido la multidimensionalidad del ser humano y del proceso educativo. A modo de muestra, se ha aludido a lo físico, intelectual y moral (Durkheim), al alma y el cuerpo (Platón, Locke, etc.), a toda la perfección (Kant), a todas las facultades (Pestalozzi), a la vida completa (Spencer), a los conocimientos, aptitudes e ideales de vida (Cunningham), etc. (Planchard, [1948] 1978: 29-30). Es decir, desde hace mucho tiempo que el ser humano aspira a la integralidad educativa y reconoce diversas dimensiones que permitirían guiar y asegurar dicho abordaje completo.

Desde la concepción desarrollista se acepta la complejidad de la educación y se intenta abarcar todas las facetas o dimensiones de ella. Este objetivo resulta muy ambicioso, y su complejidad no está exenta de desafíos y limitaciones. Empero, tiende a un resultado superador al combinar un diseño inteligente del sistema de incentivos con un fuerte trabajo a favor de la concientización y del entrenamiento intensivo y sistemático de la mente.

En este paradigma, la preocupación por el bienestar estudiantil existe, pero no como fin en sí mismo, sino como medio para el desarrollo cultural, cognitivo y moral. Es decir, se procura un bienestar razonable de los alumnos para lograr un entorno de justicia, respeto y no violencia, que coadyuve al proceso educativo. Pero no se pretende crear un ambiente utópico, idílico y mentiroso, que les esconda la realidad a los estudiantes y no los prepare para la vida real. Esta suele estar llena de frustraciones, fracasos, presiones y exigencias con las que van a tener que saber lidiar.

En cualquier caso, es pertinente enfatizar que, según cómo se defina y evalúe la calidad educativa, diferentes serán las prácticas que se promoverán en las instituciones educativas. Es decir, si solo se evalúa la memoria, se promoverá una enseñanza memorística. Si solo se tienen en cuenta los índices de repitencia, se alentará el facilismo. Por eso es tan importante construir una definición apropiada de la calidad educativa. La pedagogía integral profunda o por niveles de profundidad puede brindar algunas herramientas útiles a tal efecto.

Calidad educativa y sistemas de incentivos desde los niveles de profundidad

Por lo dicho hasta aquí, estamos en condiciones de ensayar una conceptualización aproximada de la calidad educativa desde la perspectiva de los niveles de profundidad. Desde luego, ninguna definición es perfecta. Siempre es un recorte o síntesis. Por otra parte, el grado de desagregación o detalle puede variar según los objetivos y el contexto.

Dicho esto, es admisible entender la calidad educativa como: "las instituciones y prácticas educativas que tienden a maximizar el desarrollo informacional, competencial, cognitivo, emocional y volitivo del ser humano, entrenando de manera equitativa, oportuna, integral y razonablemente personalizada las distintas aptitudes necesarias para la vida social, democrática y laboral en un contexto sociocultural determinado".

Esta definición de calidad educativa es "relativa" –esto es, acorde con el principio de relatividad–. Integra el factor del contexto, pero lo hace sobre una base objetiva. Por eso, supera tanto el absolutismo como el relativismo, enmarcándose en la relatividad propiamente dicha.

El enfoque integral profundo de la calidad educativa involucra elementos de resultado o valor agregado (maximización de aprendizajes y entrenamiento informacional-competencial-cognitivo-emocional-volitivo), de pertinencia (preparación para la vida social, democrática y laboral), así como de proceso y equidad (entrenando de manera equitativa, oportuna, integral y razonablemente personalizada). Se trata de un enfoque mixto integral.

Los diversos elementos de la definición están concatenados. Por ejemplo, deberá cuidarse que la personalización no exceda ciertos límites al punto de perjudicar el entrenamiento cognitivo, emocional y volitivo. Lo mismo con la adecuación al contexto o entorno. Y la eficacia no puede lograrse al costo de reducir la educación a lo meramente informacional.

La evaluación y el incentivo no han de estar puestos solamente sobre el alumno. Ni siquiera únicamente sobre alumnos y maestros. Deben recaer sobre todos los actores educativos: alumnos, docentes, directivos, escuelas, funcionarios públicos, familias, etc. Toda oportunidad que exista para afinar y perfeccionar los incentivos debe ser aprovechada.

Para generar incentivos sobre los funcionarios, debe haber, entre otras cosas, una democracia de alta calidad institucional, evaluaciones de resultados educativos generales, como así también encuestas anuales y transparentes a docentes y directivos sobre el funcionamiento integral del sistema educativo. Para establecer incentivos sobre escuelas, cabe implementar, por ejemplo, un sistema de financiamiento (sea público o privado, no importa) que esté atado, por lo menos parcial o indirectamente, al desempeño.

Se ha discutido mucho sobre el sistema de váuchers o financiamiento indirecto, popularizado por el liberal Milton Friedman (Friedman & Friedman, [1979] 1983). Este implica darles a las familias necesitadas un bono de dinero que pueden usar en las escuelas privadas. Como todo mecanismo o política pública, sus resultados variarán según esté mejor o peor diseñado e implementado. Excede los límites de esta obra analizar los distintos tipos de sistemas de váuchers educativos o subsidio a la demanda.[18] Sin embargo, cabe decir que pueden constituir una herramienta significativa para incentivar el buen funcionamiento de las escuelas.

El sistema de váuchers consiste en un financiamiento estatal indirecto de las escuelas (a través de los bonos canjeables por dinero). Sin embargo, también puede funcionar a través de un financiamiento estatal "directo condicionado". En caso de haber, en un país cualquiera, un sistema de educación gratuita muy arraigado en su cultura e idiosincrasia, el financiamiento estatal directo condicionado puede resultar más asimilable y eficiente. Así se ha aplicado con éxito, por ejemplo, en Finlandia.

En este sistema, el gobierno gira fondos a las escuelas, sean estas públicas o privadas, dependiendo principalmente de la cantidad de alumnos que se hayan inscripto (aunque se pueden agregar otros condicionamientos). Y tanto las escuelas públicas como las privadas son, por lo general, gratuitas. Así, las instituciones educativas compiten de igual a igual por los recursos. Cuantos más alumnos y familias las elijan, más dinero recibirán. Si nadie o muy pocos las eligen –algo que no suele ocurrir por el efecto de los incentivos que operan–, luego de un plan de mejora que otorgue la oportunidad de recuperarse, deberán cerrar y su personal desvincularse o reasignarse (acaso con la pérdida transitoria y parcial de algunos beneficios, para generar un incentivo positivo). Lo importante, en cualquier caso, es que funcione bien el sistema de incentivos.

Más allá de los incentivos anteriores, la evaluación de la calidad educativa constituye un gran incentivo. Idealmente, para que sea un incentivo

---

18. Estos sistemas buscan compatibilizar el subsidio educativo para los sectores vulnerables con la libre competencia entre instituciones educativas. En vez de financiar el Estado escuelas públicas gratuitas que compiten con ventaja frente a escuelas privadas pagas, se les otorga dinero a las familias en la forma de bonos o váuchers que pueden usar en cualquier institución, sea pública o privada. Luego, las escuelas reciben de parte del Estado, a cambio de esos váuchers, un monto de dinero. El financiamiento de la educación es indirecto. De esta manera, escuelas públicas y privadas compiten de igual a igual por captar a los alumnos. En vez de otorgar el subsidio al prestador (subsidio a la oferta) se lo entrega directamente a quien lo necesita (subsidio a la demanda) e indirectamente al prestador.

positivo debería abarcar, aunque sea mínimamente, los distintos niveles de profundidad.

A la hora de evaluar la calidad educativa a escala masiva se deberán distinguir los elementos esenciales –vinculados con el aprendizaje– y los indiciarios –como los recursos tecnológicos y humanos e infraestructura–. En cuanto a los primeros, la evaluación debería ser integral y multidimensional. Tendría que abarcar, en lo posible, los aspectos informacional, competencial, cognitivo, emocional y volitivo. Asimismo, en cada plano se deberían examinar: 1) niveles o logros alcanzados en promedio, 2) equidad, 3) adecuación al contexto o entorno socioeconómico y 4) personalización. Desde luego, no será tarea sencilla, pero tener presente un ideal ayuda a acercarse lo más posible.

Una breve referencia sobre la equidad: Ella no refiere únicamente a impulsar a quienes arrancan de más abajo, sino también a potenciar los talentos especiales. Para Cobbe, la equidad en educación es "justicia entre grupos distinguibles en términos de acceso, participación y logros en el sistema educativo" (Adams, 1993: 6).

Al evaluar la calidad educativa, se deberán tener en cuenta las cualidades distintivas de cada nivel de profundidad. No siempre podrá lograrse plenamente en evaluaciones masificadas, pero deberá intentarse en la medida de lo posible.

Por ejemplo, sería muy difícil organizar a escala masiva, a nivel país, experiencias vivenciales que permitan observar y evaluar la capacidad volitiva. No por lo menos mientras la tecnología no permita directamente observar el desarrollo volitivo en el cerebro o medirlo con simulaciones realistas.

Empero, una manera vivencial indirecta de analizar la capacidad volitiva podría ser tener en cuenta información real sobre la vida de las personas luego de la escolarización (inserción laboral, estudios y capacitaciones posteriores, antecedentes penales, denuncias o registros de violencia, respeto por normas de tránsito, cumplimiento de cargas ciudadanas, etc.). Aquí, el riesgo es caer en sesgos por información parcial. Empero, como todo, es factible ir perfeccionando estas mediciones por un mecanismo de prueba y error.

Idealmente, no solo se deben publicar índices generales, sino también relativos. Esto es, brindar un puntaje por progresos realizados en relación con la misma institución en el pasado y con otras instituciones comparables.

Es cierto que evaluar de manera confiable y precisa las inteligencias o capacidades de las personas es complejo. Y mucho más si se pretende hacer de manera masiva. Sin embargo, los avances tecnológicos parecen encaminados a hacer eso posible, si es que no ha sucedido ya.

Relatividad educativa

Es importante, a la hora de evaluar y diseñar el sistema de evaluación, diferenciar claramente entre relatividad y relativismo. En las últimas décadas, con la moda del igualitarismo educativo, se ha caído recurrentemente en posturas relativistas. Es decir, se ha afirmado que no hay parámetros objetivos para juzgar o calificar los saberes, que el conocimiento del estudiante es tan valioso e importante como el del profesor, que no se deben hacer diferencias entre los alumnos ni clasificarlos por desempeño y que el rol fundamental de la educación es afirmar la identidad y la acción colectiva, destruyendo la individualidad.

Si bien es cierto que la calidad educativa se ve influida por el contexto, esto no ocurre de cualquier manera ni de forma absoluta. Existen ciertos parámetros generales objetivos que nos deben orientar para evaluar en cada caso concreto y particular.

Llegamos así al principio de relatividad, que no es lo mismo que relativismo. La relatividad implica la aceptación de que los conceptos pueden verse parcialmente modificados en función del contexto. Pero esa modificación no puede ser cualquiera. Debe estar basada en parámetros y evaluaciones objetivas que conecten el concepto con el contexto para obtener un resultado específico.

Ese resultado final, en el caso de la calidad educativa, tiene que ver con el máximo desarrollo informacional, competencial, cognitivo, emocional y volitivo que sea posible según las circunstancias.

Este principio de relatividad fue afirmado por Gardner en relación con las inteligencias:

El potencial de un estudiante no es la suma de sus "puntuaciones" de inteligencia, como implican algunas medidas de inventario de inteligencia múltiple disponibles en el mercado. Si una inteligencia es un obstáculo para otras, entonces el potencial general del estudiante puede ser menor que la suma directa. Si las inteligencias se compensan o mejoran entre sí, el potencial general del estudiante puede ser mayor que la suma simple. Las inteligencias tienen efectos tanto multiplicativos como aditivos. (Moran, Kornhaber, & Gardner, 2006).

Si una medición de inteligencia resultare falsa por estar dicha inteligencia obstruida por otra, y no verse reflejada en la medición –suponiendo que no fuese factible una medición más neutral y directa–, la única forma de abordar el problema sería detectar la medición falsa, para lo cual la medición debe existir. En ocasiones, habrá limitaciones presupuestarias para realizar evaluaciones más profundas y precisas. Empero, con el tiempo, con suerte, estas podrán ser alcanzadas.

Idealmente, cabría pensar en estudios de imagen que puedan dar cuenta de cierto desarrollo cognitivo en un área cerebral que no se estuviera reflejando en el desempeño escolar y las calificaciones. Mientras tanto, hasta que eso sea posible, cuantas más, más diversas y mejores mediciones y calificaciones tengamos, más información habrá a disposición para detectar y abordar temprana y oportunamente los distintos problemas de aprendizaje y potenciar las fortalezas.

No puede decirse –de forma absoluta– que un estudiante sea más inteligente que otro, ni que una escuela sea mejor que otra. No, por lo menos, en un sentido absoluto. Pues, todas las personas son inteligentes de distinta forma y es muy probable que todas sean superiores e inferiores a las demás en por lo menos algún aspecto. Pero, cabe aseverar que un alumno o una institución educativa, en determinadas circunstancias y en relación con un aspecto de su desempeño, obtuvo un mejor o peor resultado que otros.

Como dijimos, relatividad no es relativismo. Por eso, ser conscientes de la relatividad no debe llevarnos a oponernos o negarnos a las mediciones o las valoraciones objetivas. Estas son cruciales como información e incentivo para perfeccionar las prácticas educativas. Es mejor una evaluación imperfecta que la ausencia de evaluación.

Las experiencias educativas más o menos exitosas deben tener presente el principio de relatividad antes de que se intente trasladarlas a otros contextos culturales y sociales. No es que no puedan ser trasladadas. No se las debe desechar de antemano por ser "foráneas", pero la transferencia debe hacerse con especial atención y cuidado sobre la influencia del contexto. "Si no hay continuidad con lo pasado, es improbable que arraigue una innovación educacional" (Gardner, [1983] 2017: 372).

Desde luego, es fundamental el perfeccionamiento y ajuste constante de los instrumentos de medición o calificación a partir de la experiencia. Diversificar la calificación escolar implica que las distintas valoraciones reflejen diversos saberes, competencias, inteligencias y habilidades. Así, ayudarán realmente al autoconocimiento y permitirán que todos los alumnos encuentren sus fortalezas o espacios de seguridad y autoestima, y que sean conscientes de sus debilidades para poder manejarlas y compensarlas.

¿Educar en el hogar?

A causa de que la tecnología actual favorece la comunicación horizontal y el acceso ilimitado a la información, algunos pensadores aseveran que la escuela estaría caduca y debería ser sustituida por la enseñanza en el hogar. Esto, como veremos, es un grave error.

La educación en el hogar posee múltiples riesgos. Por ejemplo, la falta de control e incentivos eficaces, los insuficientes conocimientos pedagógicos y disciplinares de los padres, o bien la ausencia de instancias apropiadas para la sociabilización.

Es cierto que, teóricamente, si todo eso se resolviera, una educación más descentralizada y autónoma podría ser más eficiente. Pero, primero, habría que demostrar fehacientemente que fue resuelto.

Es innegable que las plataformas de autoaprendizaje abren las puertas a un mayor protagonismo del hogar. Sin embargo, cualquier transferencia de funciones educativas al ámbito doméstico debe realizarse con suma prudencia y moderación, cuidando de no afectar el sistema de incentivos, la supervisión de la escuela y la sociabilización.

Nadie sabe con certeza cómo evolucionará la educación en el futuro distante. Es discutible y no puede descartarse plenamente –sujeto a evidencia– que en algún momento una parte del proceso educativo pueda transferirse al hogar manteniendo la supervisión de la escuela. Quizás, en una primera instancia, los estudiantes mayores con alto desempeño y demostrada capacidad de autoaprendizaje, puedan asistir con jornada reducida o menos días a la semana. Si bajaran su rendimiento, volverían a la jornada completa.

Supongamos por unos instantes que todos los riesgos de la educación en el hogar fueran resueltos. En ese caso, se precisará de una gran plataforma online para el autoaprendizaje y la acreditación confiable de saberes y habilidades. Esto es algo que no parece imposible con la tecnología actual –mucho menos con la futura–.

La conjunción de la computación cuántica, el internet de las cosas, la inteligencia artificial y la simulación virtual, perfectamente podría sentar las bases para crear una plataforma online segura. En ella, las personas podrían ejercitar y acreditar sus saberes, competencias, inteligencias y desempeños emocionales-volitivos en tiempo real. Algo así sería revolucionario, tanto dentro como fuera de la escuela.

Otra discusión aparte es el grado de privacidad que deberían tener los resultados, acaso según la edad. Empero, es importante considerar que, cuanta más transparencia, mayores serán los incentivos para el perfeccionamiento

RAFAEL EDUARDO MICHELETTI

constante. Podría darse a cada persona la libertad de publicar u ocultar sus desempeños.

A la hora de evaluar, la inteligencia artificial avanzada podría ser entrenada para conectarse a una videocámara o conjunto de ellas y detectar cualquier tipo de trampa, exigiendo condiciones en el entorno que hagan que la falsación sea imposible. Asimismo, para las inteligencias o destrezas que requieran actividades complejas en el mundo real, podría implementarse la simulación virtual, cada vez más avanzada y realista en nuestros tiempos. Esto podría ser complementado con estudios de imagen del cerebro dotados de inteligencia artificial para detectar niveles de desarrollo de áreas o funciones cognitivas.

Sería conveniente que una eventual plataforma educativa universal fuera acordada, diseñada y administrada en conjunto –o bien regulada– por todas las democracias liberales del planeta. De esta manera, los responsables se encontrarían controlados por instituciones relativamente confiables y representativas.

Algo así sería aprovechable tanto en el ámbito educativo como en el laboral. Implicaría poder conocer en tiempo real y de forma certera los saberes, competencias y desarrollos cognitivos, emocionales y volitivos de las personas. Significaría un incentivo extraordinario a favor del esfuerzo y el aprendizaje constantes.

Con una plataforma de autoaprendizaje universal, eficaz, transparente y supervisada, el Estado podría focalizar sus recursos en los alumnos con dificultades. Esto habilitaría una mejor y más personalizada educación. Incluso, la inteligencia artificial podría avisar al Estado y a la sociedad sobre cualquier niño o adolescente que ingresara en una situación de estancamiento o ni bien empezara a desacelerar su tendencia educativa proyectada. Si los aprendizajes no se acreditaran debidamente, automáticamente la escolarización presencial volvería a ser obligatoria en plenitud.

Sin embargo, aunque algo así podría darse en el futuro, es preciso reconocer que exigiría cierta evolución de la estructura social que todavía aparece distante. Por ejemplo, la difusión y masificación del trabajo en el hogar crearía entornos domésticos más amigables, con presencia y supervisión parental constante. Mientras esto no suceda, la educación doméstica podría parecerse más a la debacle de la enseñanza virtual durante la pandemia del coronavirus que a una utopía educativa descentralizada.

Sea cual sea la evolución futura de la educación, no se debe subestimar la importancia de la escuela. Por eso, cualquier transferencia de sus funciones al hogar debe ser parcial, progresiva, condicionada, supervisada por la propia escuela y sometida a un examen riguroso en relación con los resultados.

De hecho, estudios recientes muestran que "aprender los fundamentos básicos de leer, escribir y hacer cuentas no es lo mismo hacerlo en el contexto de una escuela que fuera de ella", y que "solo unos pocos años de asistir al colegio marcan una diferencia con otros niños que no lo han hecho nunca, aun habiendo aprendido a leer, escribir y hacer matemáticas en casa con la madre o con un maestro particular" (Mora, 2013: 62). Puede decirse, en efecto, que "la escolarización (…) ha dado lugar a un fenómeno positivo sin precedentes para el desarrollo cognitivo de los niños" (*ídem*).

Es un grave error pensar que debilitar o erradicar la institución escolar puede tener un efecto positivo y estimular el "avance de la historia" o algo por el estilo. Eso se hizo, en cierto modo, con el igualitarismo, y fue realmente desastroso.

En todo caso, será al revés. La escuela cederá prudente y parcialmente su protagonismo, conservando la función de supervisión, a medida que quede en evidencia que ya no sea necesaria su intervención directa y compulsiva en determinadas edades y circunstancias y bajo ciertas condiciones.

RAFAEL EDUARDO MICHELETTI

CONCLUSIÓN

No se pretendió en esta obra brindar soluciones mágicas, respuestas definitivas ni verdades absolutas. La educación es un fenómeno extremadamente vasto y complejo. Lo que se intenta es colaborar humildemente con el reconocimiento de esa complejidad y vastedad. Brindar una brújula más, entre tantas otras.

La pedagogía "integral profunda" o "de los niveles de profundidad" es, simplemente, eso: un marco flexible y abierto que nos ayuda a no perder de vista –ni perdernos en– la inmensidad del océano de la enseñanza.

Implica educar sobre dos grandes principios: se deben abarcar todos los niveles de profundidad sin descuidar ninguno, al tiempo que las prácticas deben ajustarse de manera pragmática y eficiente al nivel de profundidad del objetivo principal.

Todos los planos de la enseñanza son relevantes. Hacer el bien requiere de sentir bien. Sentir bien demanda pensar bien. Pensar bien conlleva hacer buen uso de la información. Y hacer buen uso de la información presupone incorporarla adecuadamente. Lo informacional, competencial, cognitivo, emocional y volitivo se coordinan entre sí y trabajan en conjunto para dar lugar al aprendizaje y el desarrollo mental.

Se ha intentado demostrar, a lo largo de esta obra, que las consideraciones pedagógicas fundamentales –como la planificación, la didáctica, la evaluación o el diseño curricular– pueden verse condicionadas y alteradas por el nivel de profundidad. Esto refuerza la idea de que dichos niveles deben estar en la mente del educador.

Distinguir los niveles de profundidad ayuda a que el docente comprenda mejor los objetivos de su propio curso y pueda echar mano a las estrategias más adecuadas. El buen enseñante, dentro de lo posible, tendrá versatilidad para pasar de un nivel a otro, adaptando sus prácticas según lo demande la naturaleza de cada curso –o de cada unidad dentro de un mismo curso–.

En última instancia, cada maestro debe tomar las herramientas que le sirvan y aplicar el sentido común para lograr su objetivo. Es fácil hablar de educación desde una oficina, pero los docentes sabemos que la realidad del aula muchas veces difiere de las teorías, por muy hermosas que estas sean.

Un riesgo potencial de la visión por niveles de profundidad es la pretensión de querer abarcarlo todo. Es preferible hacer pocas cosas, pero bien, antes que muchas, pero mal. Se precisa avanzar de a poco, de menor a mayor, con pasos prudentes y seguros, para no hacer movimientos en falso que destruyan lo logrado hasta el momento.

Este enfoque puede inscribirse en una corriente educativa más amplia, que es la que hemos denominado "desarrollista". Consiste, de hecho, en un desarrollismo integral y humanista. Y adhiere a un paradigma complejo en lo que refiere a la calidad educativa.

La pedagogía integral profunda es una empresa histórica de la humanidad y un desafío pendiente, en permanente construcción. Esta obra no pretende ser más que un humilde aporte adicional que alimente el debate en ese sentido.

Un modelo educativo general puede constituir una importante orientación para lograr una enseñanza verdaderamente integral. Una que evite caer en modas y simplificaciones; que combine lo mejor de lo viejo y de lo nuevo; que permita adaptar la práctica según los objetivos y el contexto; y que articule y potencie adecuadamente las diferentes dimensiones del ser humano.

Nuestras ideas educativas deben resultar útiles y prácticas para la realidad de todo el sistema educativo, no solo para nichos de abundancia en los que la gran cantidad de recursos disponibles puedan suplir casi cualquier falencia. Hay muchas cosas que se pueden hacer con los recursos de los que disponemos actualmente. La finitud de ellos no debe ser excusa para no hacer ningún cambio.

Igualmente, es una realidad que los recursos, bien aplicados, ayudan y mucho a la calidad educativa. Por ejemplo, disminuyendo la tasa de alumnos por maestro, mejorando los recursos humanos, incorporando tecnología, habilitando mayor tiempo de trabajo y estructura, etc.

En términos ideales, a largo plazo, siempre que estuvieran disponibles los recursos, se puede pensar en crear una dirección pedagógica o, mejor aún (si se pudiera asumir el costo), un gabinete pedagógico con un director por cada nivel de profundidad: director informacional, competencial, cognitivo, emocional y volitivo. Estos directores pedagógicos se encargarían de monitorear y actualizar los contenidos de cada nivel de profundidad, así como de asesorar y capacitar a los docentes para optimizar los métodos de enseñanza y evaluación. Quizás podrían trabajar en conjunto o de forma superpuesta con los jefes de departamento por disciplina.

Las grandes transformaciones educativas no pueden ocurrir de un día para el otro. Es precisos ser pacientes, prudentes y prácticos, aunque eso no debería ser una excusa para justificar el estancamiento. Insisto: hay muchas mejoras que podrían aplicarse con los recursos actuales, o incluso sin demandar ningún tipo de erogación: por ejemplo, dotar de autoridad eficaz a los docentes y directivos, establecer un sistema de incentivos adecuado, diversificar los niveles de profundidad de la enseñanza o adecuar los métodos según la naturaleza de los objetivos curriculares.

Es indudable que uno de los mayores desafíos para el desarrollo de una educación por niveles de profundidad es la formación de profesores preparados para ello. Pues, el adiestramiento que recibimos los docentes, en el mejor de los casos, suele capacitarnos para operar en uno o dos niveles de profundidad, los más superficiales (informacional y competencial). A veces, fruto de la moda igualitarista, solo prepara para uno solo (el competencial) o para ninguno (pues no brinda herramientas básicas de autoridad y eficacia).

¿Quién se encargará de enseñar, ejercitar y evaluar las funciones ejecutivas, la creatividad, la imaginación, la memoria, la lógica, la empatía, etc.? ¿Quién llevará adelante un curso para cultivar el placer por la lectura o la curiosidad intelectual? ¿Quién bregará por desarrollar la capacidad volitiva-espiritual de los alumnos en establecimientos no confesionales?

Una opción podría ser llenar las escuelas con psicólogos o neurocientíficos. Empero, no hay tantos y seguramente muchos no quieren o no pueden dedicarse a la enseñanza, además de necesitar ser capacitados en pedagogía. Otra alternativa sería incluir una fuerte formación neurocientífica en todos los profesorados y crear la carrera de neuroeducador. También cabría pensar en exigir un estudio de posgrado en neurociencia educativa para poder enseñar en determinados espacios curriculares.

Probablemente, la solución resida en una combinación de los tres caminos anteriores. Seguramente, habrá un período de transición un tanto desordenado o improvisado, como sucede en todas las transformaciones. Empero, es de esperar que el cambio valga la pena.

Otro gran desafío es el aspecto ideológico o paradigmático. Muchos de los docentes formados en el constructivismo radical y el igualitarismo desdeñan o no valoran lo suficiente todo lo que se parezca a una educación tradicional o informacional. No son conscientes, asimismo, sobre la importancia de ejercer una autoridad firme sobre el alumno, al efecto de entrenarlo integralmente, incluyendo los hábitos, las funciones ejecutivas y los valores. Y esto se agrava si funcionarios y directivos no brindan el apoyo y las herramientas adecuadas para que la autoridad educativa se ejerza con fluidez.

La pérdida de eficacia de la educación es uno de los mayores problemas de nuestro tiempo. Tiene causas múltiples, que van desde los métodos de crianza hasta el impacto de la tecnología y las redes sociales. Pero una causa primordial es, también, el igualitarismo educativo. Por eso los sistemas educativos están en decadencia, en especial en Occidente, donde el igualitarismo tuvo mayor impacto. Resulta preferible una educación tradicional eficaz –que "produjo" a Einstein– antes que una innovadora e ineficaz –que acarrea problemas de lectoescritura elementales y ha llevado, por ejemplo, a la implementación de campañas de alfabetización ¡en el nivel secundario!–. Asegurada la eficacia, es preciso apuntar hacia una diversificación prudente y razonable de los niveles de profundidad abarcados.

Necesitamos volver a una mirada integral de la educación, adaptada al siglo XXI, para valorar lo que tenemos y ser conscientes de lo que nos falta. Debemos construir entre todos un enfoque desarrollista, multidimensional y humanista de la pedagogía, a enriquecer y perfeccionar continuamente, que nos brinde un mapa lo más completo posible del vasto y asombroso fenómeno de la educación humana. La pedagogía por niveles de profundidad es solamente un intento y una herramienta más al servicio de ese objetivo.

RAFAEL EDUARDO MICHELETTI

BIBLIOGRAFÍA CITADA

ADAMS, D. (1993). Defining educational quality. *Improving educational quality project Publication, 1*, 3-24.

ALTHUSSER, L. ([1970] 2003). *Ideología y aparatos ideológicos del Estado. Freud y Lacan.* Buenos Aires: Ediciones Nueva Visión.

ARIAS SILVA, N. (2022). ¿Existen puentes directos entre neurociencias y educación? Falsas creencias, retos y oportunidades. *UCMAULE*(62), 132-149.

ARISTÓTELES ([Siglo IV aC] 2016). *Ética a Nicómaco.* Costa Rica: Editorial Digital.

ARNHEIM, R. (1969). *Visual Thinking.* Berkeley: University of California Press.

BARNÉS, H.G. (2018). *El hombre que ha desmontado la educación finlandesa: "Es un peligro imitarla".* Recuperado de: <https://www.elconfidencial.com/alma-corazon-vida/2018-04-04/hombre-educacion-finlandesa-peligro-imitarla_1544856/>, abril 4.

BARRAZA, P. & LEIVA, I. (2018). Neuromitos en educación: Prevalencia en docentes chilenos y el rol de los medios de difusión. *Paideia*(63), 17-40.

BARRENETXEA-MÍNGUEZ, L. & PASCUA MARTÍN, C. (2024). *Motivar a un adolescente: las claves que nos da la neurociencia.*Recuperado de The Conversation: <https://theconversation.com/motivar-a-un-adolescente-las-claves-que-nos-da-la-neurociencia-230748>, junio 26.

BARRIOS-TAO, H. (2016). Neurociencias, educación y entorno sociocultural. *Educación y Educadores, 19*(3), 395-415. doi:10.5294/ edu.2016.19.3.5.

BELINCO, L.B. (2021). *Jerome Bruner: la revolución cognitiva.* Recuperado de: <https://conexiondocente.com.ar/jerome-bruner-la-revolucion-cognitiva-2/>, noviembre 17.

BLAKEMORE, S.J. & FRITH, U. (2000). *Report on the implications of recent developments in neuroscience for research on teaching and learning.* Consultation paper commissioned by the Teaching and Learning Research Programme, ESRC.

BOURDIEU, P. & PASSERON, J.C. ([1979] 1996). *La reproducción. Elementos para una teoría del sistema de ense-ñanza.* México D.F.: Editorial Laia.

BOWLBY, J. (1982). Attachment and loss: retrospect and prospect. *American journal of Orthopsychiatry, 52*(4), 664.

BRUER, J.T. (1997). Education and the brain: A bridge too far. *Educational Researcher, 26*(8), 4-16.

BRUNER, J.S. ([1960] 1963). *El proceso de la educación.* México D.F.: Unión Tipográfica Editorial Hispano-Americana.

BRUNS, B. (2015). *The magic of education in Finland.* Recuperado de: <https://blogs.worldbank.org/education/magic-education-finland>, octubre 29.

CAINE, R.N. & CAINE, G. (1997). *Education on the Edge of Possibility.* Alexandria: ASCD.

CAJIAO, F. (2008). *Evaluar es valorar: Diálogo sobre la evaluación del aprendizaje en el aula.* Bogotá: Cooperativa Editorial Magisterio.

CAMPOS, A.L. (2010). Neuroeducación: Uniendo las neurociencias y la educación en la búsqueda del desarrollo humano. *La Educación*(143).

CANELO, P. (2020). *¿Mérito o meritocracia?: Alberto Fernández y la frase que abrió debate.* Recuperado de: <https://www.eldestapeweb.com/opinion/alberto-fernandez/-merito-o-meritocracia-un-analisis-a-la-frase-de-alberto-fernandez-20209198028>, septiembre 19.

CATTELL, R.B. (1971). *Abilities: Their structure, growth and action.* Boston: Houghton Mifflin.

CENTRE FOR EDUCATION STATISTICS AND EVALUATION (2017). *Centre for Educa-tion Statistics and Evaluation.* NSW Government.

CHASE, W.G.; ERICSSON, K.A. & FALOON, S. (1980). Acquisition of a memory skill. *Carnegie-Mellon University, Department od Psychology.*

CONTRERAS-SILVA, M.Y.; ÁLVAREZ VILLA-LOBOS, N.A.; DE LEÓN-GUTIÉRREZ, H.; ELIZONDO-OMAÑA, G.G.; NAVARRETE-FLORIANO, G. & ROMO-SALAZAR, J.C. (2023). Impacto del uso de dispositi-vos electrónicos a edad temprana en el lenguaje. *Revista medica del Instituto Mexicano del Seguro Social, 61*(4), 427-432. doi: <https://doi.org/10.5281/zenodo.8200118>.

DE BONO, E. ([1992] 2014). *Cómo ense-ñar a pensar a tu hijo.* Grupo Planeta.

DE BONO, E. ([2007] 2015). *Creatividad* (Primera. Edición electrónica, epub, ed.). Barcelona: Paidós.

DE JONG, T. (2008). *Explorations in lear-ning and the brain: On the potential of cognitive neuroscience for educa-tional science.* (T. De Jong, Ed.) The Hague: Netherlands Organisation for Scientific Research.

DE LUCA, S.L. (2004). El docente y las inteligencias múltiples. *Revista ibe-roamericana de educación, 34*(1), 1-12.

DEHAENE, S. (2019). *¿Cómo aprendemos?* Ciudad Autónoma de Buenos Aires: Siglo Veintiuno Editores Argentina.

DEL MORAL, M. (2023). Generación de cristal: las fragilidades y frustracio-nes de los nuevos adultos y por qué inquietan al mercado laboral. *Info-bae.* Recuperado de <https://www.infobae.com/sociedad/2023/06/11/generacion-de-cristal-las-fragilidades-y-frustraciones-de-los-adultos-nue-vos-y-por-que-inquieta-al-mercado-laboral/>, junio 12.

DELGADO, C.L. (2015). *El cerebro invisible.* Bogotá: Penguin Random House Grupo Editorial.

DESCARTES, R. ([1642] 1977). *Meditaciones metafísicas.* Ediciones Alfaguara.

DEWEY, J. ([1938] 1997). *Experience & Education.* New York: Touchstone-Simon & Schuster.

DÍA INTERNACIONAL CRIANZA RESPETUOSA (2024). *Las claves de la crianza respetuosa.* Recuperado de: <https://www.diainternacionalcrianzarespetuosa.org/las-claves-de-la-crianza-respetuosa/>, abril 1.

DI NICOLA, G. (2024). *Alarma por grupos de WhatsApp a los que suman compulsivamente a niños y los exponen a imágenes sexuales.* Recuperado de: <https://www.lanacion.com.ar/seguridad/alarma-por-grupos-de-whatsapp-donde-suman-compulsivamente-a-ninos-y-mandan-archivos-con-imagenes-de-nid12062024/>, junio 12.

DUFFY, C. (2021). *Análisis. Por qué la denunciante Frances Haugen es la peor pesadilla de Facebook.* Recuperado de: <https://cnnespanol.cnn.com/2021/10/06/frances-haugen-pesadilla-facebook-analisis-trax/>, octubre 6.

DURÁN, A.J. (2024). *La mala educación de Einstein.* Recuperado de Blog del Instituto de Matemáticas de la Universidad de Sevilla: <https://institucional.us.es/blogimus/2024/04/la-mala-educacion-de-einstein/>, abril 2.

ESSEILY, R.; RAT-FISCHER, L.; SOMOGYI, E.; O'REGAN, K.J. & FAGARD, J. (2016). Humour production may enhance observational learning of a new tool-use action in 18-months-old infants. *Cognition and Emotion, 30*(4), 817-825.

ETCHEVERRY, G.J. ([1999] 2005). *La tragedia educativa.* Buenos Aires: Fondo de Cultura Económica de Argentina.

EURONEWS (2016). *Francia lanza un plan para frenar la baja de calidad de su educación pública.* Recuperado de: <https://es.euronews.com/my-europe/2016/11/25/francia-lanza-un-plan-para-frenar-la-baja-de-calidad-de-su-educacion-publica>, noviembre 25.

FOUCAULT, M. (1973). *La verdad y las formas jurídicas.* Recuperado de: <http://www.fmmeducacion.com.ar/Bibliotecadigital/Foucault_Laverdad.pdf>, enero 6, 2017.

FOUCAULT, M. ([1975] 2002). *Vigilar y castigar. Nacimiento de la prisión.* Buenos Aires: Siglo XXI Editores Argentina.

FREIRE, P. ([1970] 2008). *Pedagogía del oprimido* (Tercera ed.). Buenos Aires: Siglo XXI Editores.

FRIEDMAN, M. & FRIEDMAN, R. ([1979] 1983). *Libertad de elegir.* Barcelona: Ediciones Orbis.

FURMAN, M. (2021). *Enseñar distinto. Guía para innovar sin perderse en el camino.* Siglo XXI Editores.

GÁLVEZ, I.E. (2005). Reflexiones en torno a la evaluación de la calidad educativa. *Tendencias pedagógicas, 10,* 17-28.

GARCÍA, J. & JUANES, J.A. (2013). El cerebro y las TIC. *Teoría de la educación. Educación y cultura en la sociedad de la información, 14*(2), 42-84.

GARDNER, H. ([1983] 2017). *Estructuras de la mente. La teoría de las inteligencias múltiples.* México D.F.: Fondo de Cultura Económica.

GARDNER, H. ([1993] 2015). *Inteligencias múltiples. La teoría en la práctica.* Barcelona: Espasa (edición electrónica).

GARDNER, H. ([1999] 2016). *La inteligencia reformulada. Las inteligencias múltiples en el siglo XXI.* Lectulandia.

GARDNER, H. (2022). *Frequently asked questions-Multiple intelligences and related educational topics.* Recuperado de: <https://www.howardgardner.com/faq>.

GEAKE, J. (2007). Neuromythologies in education. *Educational Research, 50*(2), 123-133. doi: <https://doi.org/10.1080/00131880802082518>.

GENCEL, I.E. & SARACALOĞLU, A.S. (2018). The Effect of Layered Curriculum on Reflective Thinking and on Self-Directed Learning Readiness of Prospective Teachers. *International Journal of Progressive Education, 14*(1), 8-20. doi:10.29329/ijpe.2018.129.2.

GHISELIN, B. (1955). *Creative Process.* Signet.

GOLDIN, A. (2022). *Neurociencia en la escuela.* Ciudad Autónoma de Buenos Aires: Siglo XXI Editores Argentina.

GOLOMBEK, D.A. (2015). *Cerebro: últimas noticias.* Ciudad Autónoma de Buenos Aires: Colihue.

GÓMEZ, M.C. (2022). *El despertar de la educación en Santa Fe.* Recuperado de: <https://www.infobae.com/opinion/2022/11/23/el-despertar-de-la-educacion-en-santa-fe/>, noviembre 23.

GÓMEZ, M.C. & SCHENONE, M. (2022). *Discapacidad e inclusión: de la ley a los hechos.* Recuperado de: <https://www.infobae.com/opinion/2022/11/01/discapacidad-e-inclusion-de-la-ley-a-los-hechos/>, noviembre 1.

GONZÁLEZ GALÁN, A. (2004). *Evaluación del clima escolar como factor de calidad.* Madrid: La Muralla.

GORDON, A. & BROWN, P. (2023). *El director general de Sanidad de EE.UU. dice que 13 años es "demasiado pronto" para incorporarse a las redes sociales.* Recuperado de: <https://cnnespanol.cnn.com/2023/01/29/director-general-sanidad-ee-uu-13-anos-demasiado-pronto-redes-sociales-trax/#:~:text=(CNN)%20%2D%2D%20El%20director%20general,est%C3%A1n%20%22desarrollando%20su%20identidad%22>, enero 29.

GRUSHKA, K.; DONNELLY, D. & CLEMENT, N. (2014). Digital Culture and neuroscience: A conversation with learning and curriculum. *Digital Culture & Education, 6*(4), 358-373.

GUILFORD, J.P. (1967). *The nature of human intelligence.* New York: Mac Graw-Hill.

GUILLÉN, J.C. (2017). *El cerebro en la adolescencia: el secreto del éxito de nuestra especie.* Recuperado de: <https://escuelaconcerebro.wordpress.com/2017/02/02/el-cerebro-en-la-adolescencia-el-secreto-del-exito-de-nuestra-especie/>, febrero 2.

HACKER, D. (2018). Pantallas y primera infancia: ¿cuáles son las consecuencias de la exposición a tablets y celulares entre los 0 y 5 años? *Infobae.* Recuperado de: <https://www.infobae.com/tendencias/2018/04/24/pantallas-y-primera-infancia-cuales-son-las-consecuencias-de-la-exposicion-a-tablets-y-celulares-entre-los-0-y-5-anos/>, abril 24.

HAIDT, J. (2024). *La generación ansiosa.* México: Paidós.

HAMEROFF, S. (1998). Quantum computation in brain microtubules? The Penrose–Hameroff 'Orch OR' model of consciousness. *The Royal Society, 356*, 1869-1896. Recuperado de:

<https://legacy.cs.indiana.edu/classes/b629-sabr/QuantumComputationIn-BrainMicrotubules.pdf>.

HAMEROFF, S. & PENROSE, R. (1996). Orchestrated reduction of quantum coherence in brain microtubules: A model for consciousness. *Mathematics and computers in simulation, 40*(3-4), 453-480.

HANCOCK, J. (2015). *Entrenando la memoria para estudiar con éxito. Guía práctica de habilidades y recursos.* Madrid: Narcea.

HEBB, D.O. ([1949] 2002). *The Organization of Behavior. A Neuropsychological Theory.* New York: Psychology Press.

HELLER SAHLGREN, G. (2015). *Real Finnish Lessons. The true story of an education superpower.* Centre for Policy Studies.

HOERR, T.R. (2000). *Becoming a Multiple Intelligences School.* Alexandria (Virginia, USA): Association for Supervision and Curriculum Development.

HONEY, M.; PEARSON, G. & SCHWEIN-GRUBER, H. (2014). *TEM Integration in K-12 Education: Status, Prospects, and an Agenda for Research.* Washington DC: Natl. Acad. Press.

HOWARD-JONES, P. (2011). *Investigación neuroeducativa. Neurociencia, educación y cerebro: de los contextos a la práctica.* Madrid: La Muralla.

HURLEY, M.M.; DENNETT, D.C. & ADAMS, R.B. (2011). *Inside Jokes. Using Humor to Reverse-Engineer the Mind.* Cambridge: MIT Press.

ISTF (n.d.). *Qué es la educación STEM.* Recuperado de: <https://science-teaching.org/es/educacion-stem/que-es-la-educacion-stem>, febrero 17, 2025.

JAMES, W. ([1890] 1989). *Principios de Psicología.* México: Fondo de Cultura Económica.

JENSEN, E. (2000). Brain-based learning: A reality check. *Educational leadership, 57*(7), 76-80.

KANT, I. ([1787] 2003). *Crítica de la razón pura.* Biblioteca Virtual Universal. Recuperado de: <http://www.biblioteca.org.ar/libros/89799.pdf>.

KANT, I. (1803). *Pedagogía.* Escuela de Filosofía Universidad ARCIS (Edición Electrónica).

KELLING, G.L. & WILSON, J.Q. (1982). *Broken Windows.* Recuperado de: <https://www.theatlantic.com/magazine/archive/1982/03/broken-windows/304465/>.

KEY, E. ([1900] 1909). *The Century of the Child.* New York: The Knickerbocker Press. Recuperado de: <https://www.gutenberg.org/ebooks/57283>, septiembre 21, 2024.

KING, G.; KEOHANE, R. & VERBA, S. (2000). *El diseño de la investigación social. La inferencia científica en los estudios cualitativos.* Madrid: Alianza Editorial.

LA NACIÓN (2024). *Australia prohibirá por ley el acceso a redes sociales a usuarios menores de 16 años: "Están haciendo daño de verdad".* Recuperado de: <https://www.lanacion.com.ar/el-mundo/australia-prohibira-por-ley-el-acceso-a-redes-sociales-a-usuarios-menores-de-16-anos-estan-haciendo-nid06112024/>, noviembre 6.

LAS CONDES (n.d.). *Adolescentes y redes sociales.* Recuperado de: <https://www.clinicalascondes.cl/centros-y-especialidades/Centros/Centro-de-Adolescentes/Noticias/Te-puede-inte-

resar/Adolescentes-y-redes-sociales. aspx>, febrero 24, 2024.

MACLEAN, D. (2017). *When you die you know you are dead: Major study shows mind still works after the body shows no signs of life.* Recuperado de: <http://www.independent.co.uk/news/science/mind-works-after-death-consciousness-sam-parnia-nyu-langone-a8007101.html>.

MADRESFERA (2022). *La disciplina positiva tiene un problemón...* Recuperado de: <https://madresfera.com/la-disciplina-positiva-tiene-un-problemon/>, junio 7.

MARINA, J.A. (2012). El diálogo entre neurociencia y educación. *Participación educativa, 1,* 7-14.

MARTIN, A. (2016). *Using Load Reduction Instruction (LRI) to boost motivation and engagement.* British Psychological Society.

MARTÍNEZ, Y. (2014). *Vibraciones cuánticas neuronales respaldan una controvertida teoría de la conciencia.* Recuperado de: <https://www.tendencias21.net/Vibraciones-cuanticas-neuronales-respaldan-una-controvertida-teoria-de-la-conciencia_a29700.html>.

MARX, K. ([1867] 2008). *El capital.* Caseros: Gradifco.

MARX, K. & ENGELS, F. ([1848] 2008). *Manifiesto del partido comunista: el Dieciocho Brumario de Luis Bonaparte.* Rosario: Intelectos.

MEDNICK, S.A. (1962). The associative basis of the creative process. *Psychological Review*(69), 220-232.

MEYER, C.; BORCH-JACOBSEN, M.; COTTRAUX, J., PLEUX, D. & VAN RILLAER, J. (2007). *El libro negro del psicoanálisis. Vivir, pensar y sentirse mejor sin Freud.* Buenos Aires: Sudamericana.

MICHELETTI, R.E. (2020). Hacia una ciencia social liberal. Fundamentos para una epistemología democrática favorable a la libertad humana. In C. d. Libertad, *Decimocuarto concurso de ensayo: Caminos de la Libertad. Memorias.* (pp. 275-316). Ciudad de México: 14° Concurso de Ensayo Caminos de la Libertad-Mención de Honor. Recuperado de: <https://rafamicheletti.blogspot.com/2020/03/hacia-una-ciencia-social-liberal.html>.

MICHELETTI, R.E. (2022). El fracaso de la no exigencia educativa. Crítica del paradigma pedagógico marxista-posestructuralista y defensa del sistema meritocrático de incentivos en Santa Fe, Argentina. *Diálogos Pedagógicos, 20*(40), 121-148. doi: <http://dx.doi.org/10.22529/dp.2022.20(40)08>.

MINICI, A.; DAHAB, J. & RIVADENEIRA, C. (2012). El mito de la "revolución" cognitiva. *Revista de terapia cognitivo conductual*(21).

MINISTERIO DE EDUCACIÓN DE ARGENTINA (2022a). *Mirar a la escuela desde los datos. Reporte de datos e indicadores educativos.* Secretaría de Evaluación e Información Educativa. Ministerio de Educación. República Argentina.

MINISTERIO DE EDUCACIÓN DE ARGENTINA (2022b). *Aprender 2022.* Secretaría de Evaluación e Información Educativa. Ministerio de Educación. República Argentina.

MINISTERIO DE EDUCACIÓN DE ARGENTINA (2022c). *Resultados Aprender Nivel Secundario 2022. Ciudad Autónoma de Buenos Aires.* Secretaría de Evaluación e Información Educativa. Ministerio de Educación. República Argentina.

MINISTERIO DE EDUCACIÓN DE ARGENTINA (2022d). *Resultados Aprender Nivel Secundario 2022. Santa Fe.* Secretaría de Evaluación e Información Educativa. Ministerio de Educación. República Argentina.

MORA, F. (2013). *Neuroeducación.* Barcelona: Alianza Editorial.

MORAN, S.; KORNHABER, M. & GARDNER, H. (2006). Orchestrating Multiple Intelligences. *Educational leadership, 64*(1), 22. Recuperado de: <https://www.wtc.ie/images/pdf/Multiple_Intelligence/mi18.pdf>.

MORENO CONDIS & Brothers (2021). *María Cristina Gómez.* Recuperado de: <https://youtu.be/4LYhGRHjjqM?si= Et64sAMl_Pc6wx-Q>, octubre 5.

MURPHY KELLY, S. (2022). *Una guía sobre los controles parentales en las redes sociales.* Recuperado de: <https://cnnespanol.cnn.com/2022/11/14/guia-controles-parentales-redes-sociales-trax/>, noviembre 14.

NADAL VIVAS, B. (2015). Las inteligencias múltiples como una estrategia didáctica para atender a la diversidad y aprovechar el potencial de todos los alumnos. *Revista de Educación Inclusiva.*

NEWMAN, J.H. (2010). *Gramática del Asentimiento.* Madrid: Ed. Encuentro.

NUNLEY, K F. (s.f.). *Layered Curriculum, in a nutshell.* Recuperado de: <https://help4teachers.com/nutshell.htm>.

OCDE (2018). *Country Note. Programme for International Student Assessment (PISA). Results from PISA 2018. Finland.* Recuperado de: <https://www.oecd.org/pisa/publications/PISA2018_CN_FIN.pdf>, noviembre 7, 2021.

OCHSE, R. (1990). *Before the gates of excellence.* Cambridge: Cambridge University Press.

OECD (2000-2021). *PISA.*

OECD (2010). *PISA 2009 Results: What Students Know and Can Do.* Recuperado de: <https://www.oecd.org/en/publications/pisa-2009-results-what-students-know-and-can-do_9789264091450-en. html>, diciembre 7.

OROZCO GIRALDO, C. (2019). *Inteligencias múltiples en la educación del siglo XXI.* Pereira: Universidad Tecnológica de Pereira.

PATINO, E. (s.f.). *Biorretroalimentación: Qué es y cómo funciona.* Recuperado de: <https://www.understood.org/es-mx/articles/biofeedback-what-it-is-and-how-it-works>.

PEIRÓ, C. (2018). *Cómo hizo el ministro de Educación de Francia para ser el más popular del gabinete.* Recuperado de: <https://www.infobae.com/sociedad/2018/03/12/como-hizo-el-ministro-de-educacion-de-francia-para-ser-el-mas-popular-del-gabinete/>, marzo 12.

PEIRÓ, C. (2024). *Las culpas de Foucault, "el teórico de la destrucción de la escuela y de la autoridad".* Recuperado de: <https://www.infobae.com/opinion/2024/07/07/las-culpas-de-foucault-el-teorico-de-la-destruccion-de-la-escuela-y-de-la-autoridad/>, julio 7.

PERAZO, C. (2023). El dilema del primer celular. ¿A qué edad hay que darles un teléfono a los chicos? *La Nación.* Recuperado de: <https://www.lanacion.com.ar/sabado/el-dilema-del-primer-celular-a-que-edad-hay-que-darles-un-telefono-a-los-chicos-nid04022023/>, febrero 4.

PERKINS, D. ([1992] 2001). *La escuela inteligente. Del adiestramiento de la memoria a la educación de la mente.* Barcelona: Editorial Gedisa.

PETRILLI, M.J. (2023). *"Because equity" is not a good reason to lower standards.* Recuperado de: <https://

fordhaminstitute.org/national/commentary/because-equity-not-good-reason-lower-standards>, marzo 7.

PIAGET, J. ([1936] 1952). *The Origins of Intelligence in Children.* International Universities Press.

PICKERING, S.J. & HOWARD-JONES, P. (2007). Educators' views on the role of neuroscience in education: Findings from a study of UK and international perspectives. *Mind, Brain, and Education, 1*(3), 109-113.

PIÑA, O.L. & LINARES, J.A. (2006). La Modelación Teórica como método de la investigación científica. *Varona, 42,* 8-15.

PLANCHARD, E. ([1948] 1978). *La pedagogía contemporánea.* Madrid: Ediciones Rialp.

POPHAM, W.J. (2018). *Evaluación transformativa. El poder transformador de la evaluación formativa.* Madrid: Narcea.

PORTELLANO, J. & GARCÍA, J. (2014). *Neuropsicología de la atención, las funciones ejecutivas y la memoria.* Síntesis.

PRADA, R.; RINCÓN, G.A. & HERNÁNDEZ, C.A. (2018). Inteligencias múltiples y rendimiento académico del área de matemáticas en estudiantes de educación básica primaria. *Infancias Imágenes, 17*(2), 163-175.

PUEBLA, R. & TALMA, M.P. (2011). Educación y neurociencias. La conexión que hace falta. *Estudios Pedagógicos, XXXVII*(2), 379-388. Recuperado de: <http://dx.doi.org/10.4067/S0718-07052011000200023>.

PUIGGRÓS, A. (2016). Meritocracia o democracia en la educación. *Página 12.* Recuperado de: <https://www.pagina12.com.ar/diario/sociedad/ subnotas/299501-77720-2016-05-17.html>, mayo 17, 2016.

QUINTANILLA, P. (2007). La conquista aristotélica de las emociones. *Revista Psicoanálisis*(5), 139-146. Recuperado de: <https://spp.com.pe/wp-content/uploads/2017/09/Quintanilla_5.pdf>.

RECURSOS AULA (2021). *Cómo INICIAR una Clase.* Recuperado de: <https://youtu.be/frJpsLMc35M?si=tWQ70VYTvk1Jur3d>, enero 12.

REGO DE PLANAS, L. (2010). *¿Quién secuestró a los maestros? De cuando los niños aprendían en la escuela.* Lulu Press.

REUTERS (2024). *Australia plans minimum age for social media use, angering digital rights advocates.* Recuperado de:< https://www.nbcnews.com/news/world/australia-plans-minimum-age-social-media-use-rcna170357?utm_source=substack&utm_medium=email>, septiembre 10.

RÍOS, C. (2001). Procesos de acreditación y evaluación en los EU y México: un estudio comparativo. *Revista de la Educación Superior, XXX*(119), 57-67.

RÍOS, J. (2024). *La Generación Z está acabando con una habilidad humana de hace miles de años por la tecnología: cuál es y qué tiene que ver un iPad.* Recuperado de: <https://www.infobae.com/tecno/2024/12/31/la-generacion-z-esta-acabando-con-una-habilidad-humana-de-hace-miles-de-anos-por-la-tecnologia-cual-es-y-que-tiene-que-ver-un-ipad/>, diciembre 31.

ROJAS-BARAHONA, C.; FÖRSTER, C.; SUSPERREGUY, M. & CARRACO, X. (2017). Funciones ejecutivas y su vínculo con educación. In C. A. Rojas-Barahona (Ed.), *Funciones ejecutiva y educación* (pp. 17-39). Ediciones Universidad Católica de Chile.

Román, L. (2024). *El año de la fiesta interminable: un retrato del facilismo argentino.* Recuperado de: <https://www.lanacion.com.ar/opinion/el-ano-de-la-fiesta-interminable-retrato-del-facilismo-argentino-nid11122024/>, diciembre 12.

Salas Silva, R. (2003). ¿La educación necesita realmente de la neurociencia? *Estudios Pedagógicos, 29,* 155-171.

Sánchez, L.P. & Llera, J.B. (2006). Dos décadas de "inteligencias múltiples": implicaciones para la psicología de la educación. *Papeles del psicólogo, 27*(3), 147-164.

Scriven, M. (1967). The methodology of evaluation. In R. W. Tyler, *Perspectives of curriculum evaluation* (pp. 39-83). Chicago: Rand McNally.

Seibold, J.R. (2000). La calidad integral en educación: Reflexiones sobre un nuevo concepto de calidad educativa que integre valores y equidad educativa. *Revista Iberoamericana de educación.*

Shearer, C.B. & Karanian, J.M. (2014). The neuroscience of intelligence: Empirical support for the theory of multiple intelligences? *Trends in Neuroscience and Education, 6,* 211-223.

Sousa, D.A. (2014). La fisiología del cerebro. In D. A. Sousa (Ed.), *Neurociencia educativa. Mente, cerebro y educación* (pp. 19-46). Madrid: Narcea.

Spiller, P. (2017). ¿*Cómo le está yendo a Finlandia con el "phenomenon learning", el nuevo modelo de enseñanza del "mejor sistema educativo del mundo"?* Recuperado de: <https://www.bbc.com/mundo/noticias-internacional-40108708>, mayo 31.

Sternberg, R.J. (1985). *Beyond IQ: A triarchic theory of human intelligence.* Cambridge: Cambridge University Press.

Sternberg, R.J. & O'Hara, L. (2005). Creatividad e inteligencia. *CIC. Cuadernos de Información y Comunicación*(10), 113-149. Recuperado de: <http://www.redalyc.org/articulo.oa?id=93501006>.

The Economist (2024). *El declive de Finlandia y otros: la paradoja de los países ricos que empezaron a mostrar resultados educativos pobres.* Recuperado de: <https://www.lanacion.com.ar/sociedad/el-declive-de-finlandia-y-otros-la-paradoja-de-los-paises-ricos-que-empezaron-a-mostrar-resultados-nid09072024/>, julio 10.

Tiana, A. (1993). Evaluación de centros y evaluación del sistema educativo. *Bordón, 45,* 295-305.

Tiramonti, G. (2022). *El gran simulacro. El naufragio de la educación argentina.* Buenos Aires: Libros del Zorzal.

Torrance, E.P. (1974). *Torrance tests of creative thinking.* Lexington, MA: Ginn & Company (Xerox Corporation).

Torrance, E.P. (1975). Creativity research in education: Still alive. In A. Taylor, & J. W. Getzels, *Perspectives in creativity* (pp. 278-286). Chicago: Aldine.

Torres, A. (2016). *La teoría de la inteligencia de Francis Galton.* Recuperado de: <https://psicologiaymente.com/inteligencia/teoria-inteligencia-francis-galton>, noviembre 13.

Valenzisi, V.E. (2022). *De la mano: ¿Por qué y cómo construir escuelas para la paz?* Tigre: Ed. Facundo Darío Fernández.

Valenzisi, V.E. (2024). *Educar en la era de los huérfanos digitales.* Ciudad Autónoma de Buenos Aires: Autores de Argentina.

VARMA, S.; MCCANDLISS, B.D. & SCHWARTZ, D.L. (2008). Scientific and pragmatic challenges for bridging education and neuroscience. *Educational Researcher, 37*(3), 140-152.

VERA, V. (2024). *Qué significa la crianza positiva, el modelo que busca educar hijos más independientes y felices.* Recuperado de: <https://www.lanacion.com.ar/salud/que-significa-la-crianza-positiva-el-modelo-que-busca-educar-hijos-mas-independientes-y-felices-nid22082024/?utm_source=n_&utm_medium=nl_titulares_del_dia&utm_campaign=nota_titulo_8>, agosto 23.

VERGARA, M.Á. & BEA, J.M. (2017). *Consigue una memoria de elefante. Técnicas, ejercicios y trucos infalibles.* Barcelona: Editorial Planeta.

VISSER, B.A.; ASHTON, M.C. & VERNON, P.A. (2006). Beyond g: Putting multiple intelligences theory to the test. *Intelligence, 34*(5), 487-502.

VÍTORA, M. (2024). *¿El fracaso de la generación Z? Una empresa de cada seis prefiere no contratar a los centennials.* Recuperado de: <https://www.infobae.com/espana/2024/10/19/el-fracaso-de-la-generacion-z-una-empresa-de-cada-seis-prefiere-no-contratar-a-los-centennials/>, octubre 19.

VYGOTSKY, L.S. ([1934] 1995). *Pensamiento y lenguaje. Teoría del desarrollo cultural de las funciones psíquicas.* Ediciones Fausto.

WALLACH, M. & KOGAN, N. (1965). *Modes of thinking in young children.* New York: Holt, Rinehart, & Winston.

WALLACH, M. & KOGAN, N. (1972). Creativity and intelligence in children. In J. McVicker Hunt (Ed.), *Human intelligence* (pp. 165-181). New Brunswick NJ: Transaction Books.

WATERHOUSE, L. (2023). Why multiple intelligences theory is a neuromyth. *Frontiers in Psychology, 14.*

WECHSLER, C. (2020). *El asentimiento en cuestiones religiosas. Sobre la posibilidad de adquirir certezas en cuestiones religiosas a partir de la subjetividad desde el pensamiento de John H. Newman* (tesis de licenciatura). Universidad del Norte Santo Tomás de Aquino.

WERTSCH, J. (1988). *Vygotsky y la formación social de la mente.* Barcelona: Paidós Ibérica.

WILLIS, J. (2010). The current impact of neuroscience on teaching and learning. In R. De Sousa, *Mind, brain, and education: Neuroscience implications for the classroom* (pp. 45-66). Bloomington: Solution Tree.

WORLD POPULATION REVIEW (2022). *PISA Scores by Country 2024.* Recuperado de: <https://worldpopulationreview.com/country-rankings/pisa-scores-by-country>.

ZAROMB, F. M.; KARPICKE, J. D. & ROEDIGER, H. L. (2010). Comprehension as a basis for metacognitive judgements: Effects of effort after meaning on recall and metacognition. *Journal of experimental psychology: learning, memory, and cognition, 36*(2), 552-557.

RAFAEL EDUARDO MICHELETTI

ANEXOS

Comentario/informe del Prof. Franco Contesti (20/05/2024):

Pregunta: *¿Qué tipo de impacto tuvo la materia Habilidades Blandas en los alumnos de 2020 a 2022? ¿Qué pudiste observar en torno al impacto efectivo en el desarrollo de habilidades blandas de parte de los alumnos?*

Para responder esta pregunta, en primer lugar, tengo que hacer un breve preámbulo respecto a las bases teóricas en las cuales se encuentra cimentada la materia Habilidades Blandas. Esto coincide con un proceso personal de formación profesional, en el cual, a lo largo de mi recorrido como terapeuta, y posterior al egreso de la facultad de psicología, he ido realizando una serie de formaciones en diferentes modelos terapéuticos, a los fines de encontrar aquel con el que me sintiera cómodo al momento de ejercer el análisis clínico. Habiendo finalizado varias especializaciones, me encontré con un modelo en particular, con el que me sentí a gusto desde la lectura del marco epistemológico, que se denomina modelo Cognitivo Posracionalista.

Menciono este recorrido para enmarcar que dicho modelo terapéutico encuentra su sustento teórico en una epistemología de tipo constructivista. Al momento de pensar el armado de las asignaturas Habilidades Blandas (de primer año) y Habilidades Blandas II (de cuarto año), intenté seguir un lineamiento constructivista para el análisis de la comprensión de la realidad (relación con el entorno), de la construcción del sentido de sí mismo (autoconocimiento), y de las dinámicas intersubjetivas (relaciones interpersonales).

Así como en el Posracionalismo el método está orientado a la autoobservación, y su principal técnica, la moviola, está dirigida a ampliar el nivel de análisis de una situación, sesgado por una lectura autorreferencial del entendimiento de la realidad, ambas materias tienen como objetivo ampliar las variables de análisis que tenemos del mundo circundante. Esto lo llevo a cabo a lo largo del todo el año, introduciendo una serie de conceptos que voy a analizar a continuación, para luego cerrar el análisis de las preguntas.

En primer lugar, hacemos un recorrido centrado en la concepción del ser humano, ubicándolo como un ser biológico, psicológico, social y espiritual. Esto permite sentar las bases de lo que será el análisis integral que llevaremos a lo largo del ciclo lectivo. Por supuesto que, si bien nos detenemos en la parte biológica para explicar algunos procesos neuronales, y para analizar el ciclo fisiológico de las emociones; y en la parte espiritual, para explicar la tendencia natural que existió a lo largo de la historia en el ser humano, en depositar su confianza y orientar su vida más allá del plano físico en el que está emplazado, la asignatura se orienta específicamente en las variables psicológica y social.

Ahora sí, habiendo delimitado las bases de ambas materias, voy a mencionar una serie de conceptos teóricos que son analizados en paralelo al trabajo de las Habilidades Blandas propiamente dichas, los cuales serán mencionados a modo de ítems, con una muy breve descripción de cada uno de ellos, a los fines de no extenderme en la respuesta:

- *Sentido de sí mismo y Autoimagen:* son utilizados en la materia para mencionar que cada ser humano tiene una propia percepción, explicación e imagen consciente de sí mismo, la cual determinará cómo se posicionará en la vida y en relación con los demás. Esta explicación va a estar determinada por el grado de queribilidad y afecto que esa persona haya recibido por parte de sus cuidadores en su primera etapa de vida.
- *Síntoma:* empleado para determinar aquella novedad, que indica que algo está sucediendo en el plano afectivo. Normalmente tenemos la creencia que los síntomas solo aparecen frente a algo negativo, pero en la perspectiva constructivista, se entiende que el síntoma aparece cuando algo rompe con la estructura cotidiana de existencia. A modo de ejemplo, esto quiere decir que una persona, que siempre fue violentada en su núcleo familiar, puede hacer síntoma frente al trato cariñoso que pueda recibir de una hipotética pareja, reaccionando con incomodidad y desconfianza, ya que su registro afectivo se encuentra distorsionado por las experiencias primarias.

RAFAEL EDUARDO MICHELETTI

- *Autoengaño:* no es utilizado como un término peyorativo, sino para determinar aquella estrategia que tiene todo ser humano, de orientar las explicaciones de los eventos del mundo circundante a los fines de mantener estable su sentido de sí mismo. A modo de ejemplo, una persona que siempre fue tratada como deficiente en su núcleo familiar, si recibe una buena calificación en un examen escolar, no va a poder referirla como propia (no la puede integrar como propia en el marco de su sentido de sí mismo), y adjudicará una serie de explicaciones que tenderán a mantenerlo como un deficiente: "el profesor fue bueno", "el examen era fácil", "seguro se equivocó al momento de corregir".

- *Doble dimensión de la experiencia humana:* partiendo del análisis de que, a raíz del proceso de división hemisférica cerebral, el ser humano tiene la capacidad de "vivir en dos momentos". Para ser más claro, existe un primer momento que es la Experiencia, lo que está sucediendo, con las sensaciones e impresiones que conlleva el acontecer; y la Explicación, que es la capacidad propia del ser humano de poder referirse a algo que sucedió en otro momento. En esta doble dimensión van a tener lugar los síntomas. Y es que el síntoma justamente aparece cuando hay una discrepancia entre la experiencia y la explicación. Como se mencionó antes, si una persona recibe una buena calificación, pero internamente no se siente merecedora, va a surgir un síntoma, el cual va a generar una serie de movimientos afectivos, que la persona deberá acomodar para volver a armar su sentido de sí mismo.

- *Atribución causal:* utilizado para analizar las explicaciones que las personas suelen dar a los eventos que suceden a su alrededor. Existen dos tipos de atribución causal: Interna, donde el evento tiene que ver directamente con la persona; Externa, el evento y su responsabilidad es ajena a la persona. En la materia siempre tratamos de analizar situaciones reales, para ver dónde está la responsabilidad de un determinado suceso. Empleamos principalmente estos conceptos para reflexionar en aquellas situaciones donde han sido advertidos o sancionados, y que puedan atribuirse la responsabilidad y merecimiento de dicha sanción (Atribución Interna), por sobre una serie posible de explicaciones: "el colegio es estricto", "el profesor fue malo", "el preceptor me delató" (Atribución Externa).

Habiendo hecho un recorte de los conceptos analizados en las asignaturas, considero que el principal impacto que tiene sobre los alumnos radica en el hecho de ampliar el sesgo con el que analizan la realidad. Esto permite a los estudiantes comprender que existen diferentes formas de percibir el mundo, las cuales vienen dadas por las diferencias en sus historias personales y, por ende, indirectamente, se trabaja la empatía.

Por otra parte, además de comprender la lectura que su compañero realiza de la realidad, también les permite a los alumnos comprender muchas de sus reacciones sintomáticas, las cuales suceden frente a determinados eventos que tienen lugar en su vida cotidiana, pudiendo así apropiarse de su malestar, entenderlo y ordenarse afectivamente.

A su vez, como mencioné en los ítems anteriormente, considero que uno de los principales impactos radica en que los estudiantes puedan responsabilizarse de sus actos, y que no todo lo que sucede alrededor de ellos, radica en mala predisposición del cuerpo docente y no docente. Hablo al menos desde el espacio de mi materia, donde veo cómo los alumnos (sobre todo en primer año) comienzan a regularse internamente, y mutuamente, para ordenar el momento de la clase. Ya en cuarto año, donde se encuentran adaptados al ritmo de secundaria, la asignatura está orientada a desarrollar la capacidad para hacerse responsables si cometieron algún error.

Por último, y para dar cierre, lo que puedo observar y evaluar (dentro de las dificultades que conlleva evaluar una habilidad blanda), es que cuando vuelvo a tener en cuarto año al grupo que ya tuve en primer año, todos los estudiantes cuentan con una serie de conceptos incorporados, y formas de analizar la realidad, que dan cuenta de que el espacio funciona activamente.

Comentario/informe de la Prof. Lorena Cardona (13/06/2024):

Pregunta: *¿Qué tipo de impacto tuvo la materia Creatividad en los alumnos? ¿Qué pudiste observar en torno al impacto efectivo en el desarrollo de la creatividad o de la conciencia sobre la creatividad?*

En su inicio, en 2019, se pensó en generar un espacio curricular especial de "Creatividad", con una modalidad en un punto intermedio entre taller y espacio curricular convencional, que sea primordialmente práctico y que incluya un marco teórico básico introductorio, con el foco puesto en la toma de conciencia sobre el fenómeno de la creatividad, la percepción y experimentación de la propia creatividad y su entrenamiento y evaluación, con miras a favorecer un mejor autoconocimiento y un mayor desarrollo de las aptitudes creativas del alumno. Se propuso como un espacio práctico en el que, entre otras cosas, los alumnos pudieran experimentar e implementar el pensamiento creativo.

Cada contenido del espacio "Creatividad" es elegido y articulado particularmente en post de acercar contenidos vivos, actuales y eficaces, dentro de un marco de reflexión y sentido. El rol docente en este caso es un rol curatorial, en tanto construye orden y sentido frente al caos de información disponible, diseñando y acercando un guion de lectura y aprendizaje para potenciar masa crítica entre los alumnos. Se propone también sumar interlocutores, y es allí donde se presentan una serie de charlas con profesionales y referentes de distintas disciplinas que cuentan a los alumnos, en primera persona, sus experiencias profesionales atravesadas por la creatividad. Los alumnos se entusiasman con los contenidos y responden positivamente a las consignas propuestas a partir de ellos. Asocian con facilidad experiencias y anécdotas personales con los procesos creativos más simples desarrollados en clase.

Como docente, creo que los alumnos, luego de transitar el año del espacio Creatividad, comprenden que con el pensamiento creativo pueden acceder a resultados diferentes a los habitualmente esperados, y entienden que pensar creativamente implica tomar riesgos porque salimos de los carriles habituales de acción. Los alumnos se van con esas ideas latentes que activarán eventualmente en su práctica escolar o profesional.

Hay pequeños comentarios, situaciones que ellos advierten, cosas en las que pueden estar más atentos en relación con su potencial creativo, pero siempre son pequeñas anécdotas, no grandes situaciones. Creo que la materia ayuda a tomar conciencia acerca de que la creatividad puede potenciar o mejorar cualquier cosa que hagamos tanto en el ámbito profesional (que se ve en el testimonio de los invitados) como en el ámbito escolar (que es lo que los alumnos experimentan con los ejercicios).

El cambio en el proceso de pensamiento no siempre se manifiesta y es difícil medir resultados o mensurar el impacto en el momento, ya que justamente la idea de este espacio curricular es poner el foco en el fenómeno de la creatividad y entrenar estrategias que la alienten y la desplieguen en cualquier ámbito y a largo plazo.

No sé si hay un efecto inmediato o tan lineal como de generar un impacto en función de la creatividad. Lo que sí observo claramente y puedo exponer con sinceridad es que el trabajo en la materia ayuda a tomar conciencia de las posibilidades que implica tener un pensamiento creativo. Me animo a decir que el espacio les deja esa idea latente de que poseen la capacidad creativa para potenciar y expandir cualquier práctica. Les queda esa seguridad y está en ellos, antes o después, activarla.

Entrevista a Psicopedagoga Romina Analía Cardigni, con formación en neurociencias y educación:

Se realiza entrevista a Psicopedagoga especializada en neurociencias y educación en fecha 11/06/2024. Romina posee experiencia en psicopedagogía clínica, asesoramiento psicopedagógico en instituciones educativas y docencia. Ha realizado una Maestría en Integración Educativa y Social, una Especialización en Neuropsicología y una Diplomatura en Neurodiagnóstico.

Pregunta: *¿Considera que el concepto de calidad educativa se ve afectado de un modo fundamental por la Teoría de las Inteligencias Múltiples (TIM)? ¿De qué manera?*

Sí, completamente. La Teoría de las Inteligencias Múltiples promueve una visión más inclusiva, diversificada y personalizada de la educación. La calidad educativa debe ir más allá de las medidas tradicionales del rendimiento académico si la correlacionamos con la TIM. El objetivo principal sería contemplar una variedad más amplia de habilidades y competencias, reconociendo y valorando las diferencias individuales entre los estudiantes.

Pregunta: *¿Considera que sería factible y conveniente para la calidad educativa crear espacios curriculares o materias dedicados a entrenar en forma directa y sistemática determinadas inteligencias, como la creatividad, la inteligencia emocional, la memoria, la capacidad de abstracción/imaginación, etc.? ¿Por qué?*

Lo considero tanto factible como necesario. Esto cambia el proceso, lo torna más inclusivo y holístico. Asimismo, prepararía mejor a los estudiantes para una vida plena y satisfactoria en múltiples aspectos y no solo para el éxito académico.

Empero, considerar implementar estas estrategias requiere una planificación cuidadosa, formación adecuada de los docentes y recursos apropiados, pero los beneficios potenciales hacen que valga la pena el esfuerzo.

Pregunta: *En caso de ser afirmativa la pregunta anterior, de modo general y a grandes rasgos, ¿qué protagonismo o porcentaje de la currícula considera que deberían tener estos espacios curriculares o materias focalizados en el entrenamiento directo y sistemático de las inteligencias múltiples y en qué edades serían más convenientes, necesarios o estratégicos?*

Considero que debe tener un protagonismo significativo en la currícula. Empero, no podría calcular el porcentaje exacto, ya que va a variar según el enfoque educativo y las necesidades específicas del grupo de estudiantes.

En relación con la edad, debería aplicarse desde el nivel inicial hasta el culmen de los niveles educativos. Incluir estas estrategias en la edad temprana facilitaría un entrenamiento y desarrollo integral que se lograría naturalizarlo desde el inicio permitiendo explorar y desarrollar todos los talentos desde la base del desarrollo de una persona adaptándose a lo largo del ciclo vital a los intereses del grupo de estudiantes. Por lo que la inclusión de estas estrategias en otros niveles resultaría sencillo y hasta natural.

Pregunta: *¿Pueden las neurociencias colaborar con la educación en valores y hábitos y el logro de una adecuada disciplina y convivencia dentro de las escuelas? ¿Cómo?*

Totalmente, los nuevos aportes de la neurociencia permiten comprender el funcionamiento y desarrollo del cerebro a lo largo de toda la vida basados en evidencia científica. Esto permite conocer y comprender los momentos críticos para adquirir determinadas funciones o aquello que incrementa u optimiza el desarrollo.

En particular, la neuropsicología cognitiva nos permite comprender cómo se desarrollan las habilidades sociales y emocionales en las diferentes etapas del desarrollo que incrementan la comprensión de las estrategias asertivas para el desarrollo de estas habilidades.

Asimismo, se reconoce la importancia del trabajo sistemático de hábitos y rutinas para la consolidación de redes neurológicas que fomenten el desarrollo de hábitos y la extinción de vicios o conductas inapropiadas mediante la reiteración de estrategias por un mínimo de 21 días para disminuir la actividad de una red neuronal.

Pregunta: *¿Considera que las neurociencias hoy en día rechazan la exigencia académica por ser esta estresante y nociva para el cerebro? ¿O, por el contrario, la promueven en virtud del principio de plasticidad cerebral, que permite presumir que el cerebro se complejiza y adapta en función del entorno y la experiencia?*

Considero que las neurociencias promueven la exigencia académica en post de aprendizajes de calidad y significativos que puedan ser generalizables a la vida cotidiana y que favorezcan el desarrollo y la socio-adaptación.

Los mecanismos de neuroplasticidad nos explican que el cerebro se reorganiza de modo constante, logrando cambios estructurales y funcionales centrados en la estimulación recibida por el contexto.

Considerando que el cerebro tiene la capacidad de reorganizarse y aprender toda la vida, el sistema educativo debería propiciar espacios significativos y centrados en los intereses de la población estudiantil que resulten significativos para la vida cotidiana.

Esto resulta evidente. Si la biología nos propicia mecanismos favorables para el aprendizaje, el entorno debería garantizar las experiencias significativas.

Pregunta: *Si lo desea, siéntase libre de agregar algún comentario o información relevante adicional:*

Es indispensable considerar a la neuropsicología cognitiva dentro de la ecuación, atento a que las personas no somos solo órganos funcionales, sino que hay que comprender cómo se correlaciona la estructura-función del Sistema Nervioso y las aptitudes cognitivas superiores como son las habilidades de razonamiento-comprensión verbales y visoespaciales como aquellas que efectivizan los recursos en el ambiente, como son las funciones ejecutivo-atencionales.

Dentro del sistema educativo, contemplando la diversidad de las aulas de hoy en día, resulta indispensable comprender y conocer cómo el funcionamiento cognitivo individual de cada estudiante impacta en el proceso de aprendizaje porque al fin y al cabo, es con base al perfil del grupo que los docentes deberían planificar. Es decir, se debe considerar la evidencia de base científica que aportan las neurociencias, aunque es indispensable contemplar cómo esto se concretiza en los perfiles individuales de cada estudiante.

ÍNDICE DE CUADROS, TABLAS Y GRÁFICOS